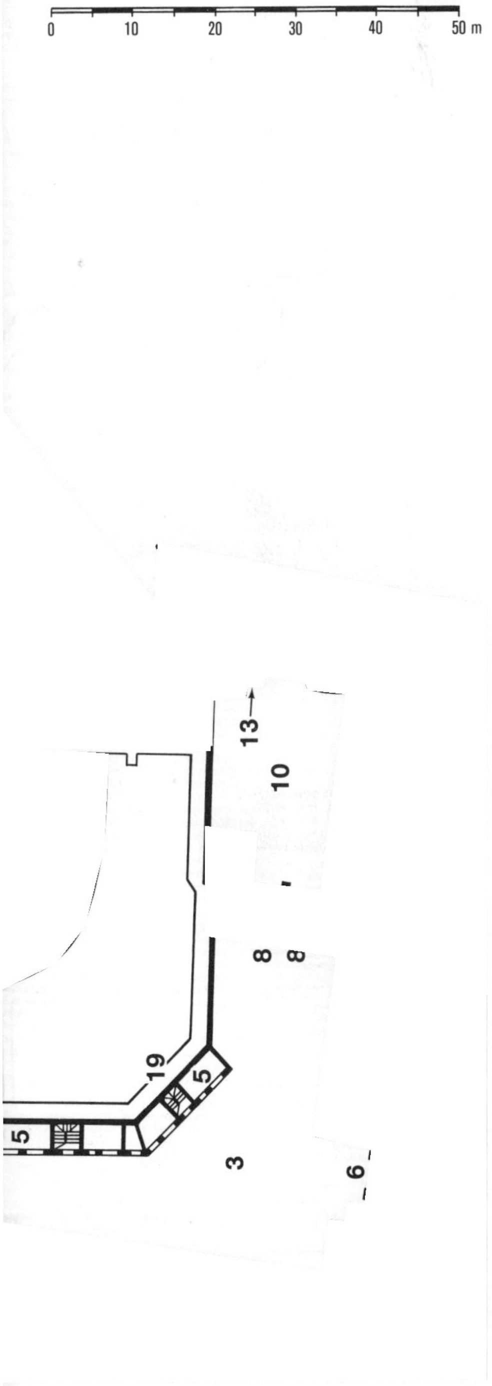

Innerer Bereich:

A Brunnenturm
B Freiheitsturm
C Turm La Bertaudière
D Turm La Bazinière
E Eckturm
F Kapellenturm
G Schatzturm
H Turm La Comté
I Brunnenhof
K Bibliothek
L Ratssaal
M Großer Innenhof
N Altes Stadttor
O Kapelle
P Altes Tor zur Bastei
Q Wachthaus
R Unteres Archiv
S Zweite Zugbrücke

Äußerer Bereich:

1 Eingangstor
2 Passage zum 1. Außenhof
3 1. Außenhof oder Ulmenhof
4 Unterkünfte der Invaliden
5 Ladenlokale, u.a. die Boutique von Riquet
6 Tor des Ulmenhofes, Richtung zum Arsenal
7 Ställe und Wagenschuppen
8 Vordere Zugbrücke
9 Wachthaus
10 Gouvernementshof
11 Wohnung des Gouverneurs
12 Terrasse
13 Treppe zu den äußeren Gräben
14 Aussichtsplattform
15 Treppe zu den inneren Gräben
16 Steinbrücke
17 Küchen
18 ehemaliger Wassergraben
19 Wachgang
20 Bastion
21 Rue Saint Antoine

Winfried Schulze

Der 14. Juli 1789

Biographie eines Tages

Klett-Cotta

Inhalt

Unser Interesse am 14. Juli 1789 *7*

Frankreich, Paris
und die Bastille vor der Revolution *21*

Der Hagelsturm vom 13. Juli 1788 *21* – Der Anstieg der Brotpreise 1788/89 *23* – Paris vor der Revolution *26* – Die Pariser Polizei *29* – Die Gardes Françaises und die Armee des Königs *31* – Die Bastille *33*

Die Krise des Königreichs seit 1787 *47*

Krönungsfeier und Hungerrevolte *47* – Das Defizit und seine Folgen *49* – Der Kampf mit den Parlamenten *50* – Welche Generalstände? *51* – Neue Ansprüche des Bürgertums *54*

Die Wahlen zu den Generalständen *57*

Der Sieg der Juristen *57* – Die Niederlage des Camille Desmoulins *60*

Die Réveillon-Affaire:
Der Angriff auf die Reichen *63*

Der »vierte« Stand meldet sich zu Wort *63* – Ein Gerücht tut seine Wirkung *65*

Der 30. Juni: Eine gewaltsame
Gefangenenbefreiung und ihre Folgen *75*

Befreit die Gefangenen! *75* – Die Patrioten vom Palais Royal *80* – Die Regierung bereitet den Gegenschlag vor *84*

Der 11. Juli: Die Entlassung Neckers *89*

Der 12. Juli:
Der Lambesc-Zwischenfall in den Tuilerien *95*

Eine Familie hat ihren Vater verloren *95* – Die Bewegung im Palais Royal *97* – Der Zwischenfall in den Tuilerien *104* – Die Gardes Françaises greifen ein *109*

Der 13. Juli: Paris bewaffnet sich *113*
Der Angriff auf die Zollmauer *113* – Die Gründung der Bürgermiliz *116*

Der 14. Juli: Die Eroberung der Bastille *125*
Eine Lateinklausur am 14. Juli? *125* – Die Bedingungen des Tages *128* – Hôtel des Invalides, 7 Uhr 30 *131* – Hôtel de Ville, am Morgen *136* – Versailles, 9 Uhr vormittags *138* – Bastille, 8 Uhr *140* – Bastille, 12 Uhr 30 *144* – Bastille, 15 Uhr *151* – Die Ermordung Flesselles *167* – Versailles, Nationalversammlung, 17 Uhr *172* – Die Nacht in Versailles *174*

Die Welt hat sich verändert! *177*
Versailles, 15. Juli *177* – Ein Tag wie ein Jahrhundert! *185*

Palloy, der Patriot, und die Zerstörung der Bastille *195*
Ein zweiter Kampf um die Bastille *195* – Die Vermarktung der Bastille beginnt *202*

Das Loblied auf die »Sieger« *205*
Die »Vainqueurs de la Bastille« finden sich *205* – Das Fest der nationalen Verbrüderung am 14. Juli 1790 *212*

Eine Pension für die »Sieger«? *217*

Der 14. Juli als Symbol der französischen Republik *227*

Spuren der Bastille? *235*

Nachbemerkung *239*

Hinweise auf Quellen und Literatur *241*

Die Distrikte von Paris im Jahre 1789 (Legende zum Stadtplan auf dem hinteren Vorsatz) *250*

Unser Interesse am 14. Juli 1789

Der Tagesablauf Seiner Allerchristlichsten Majestät, Ludwigs XVI., König von Frankreich, war ungewöhnlich gewesen, vor allem deshalb, weil an diesem Tag das gewohnte Jagdvergnügen ausgefallen war. Ununterbrochene Staatsgeschäfte hatten diesen Tag gründlich verdorben. Im Verlauf des späten Nachmittags und des Abends hatte sich Ludwig XVI. schließlich noch mit zwei Deputationen der in Versailles tagenden Nationalversammlung abgeben müssen, die ihn besorgt über die gefährliche Lage in Paris informiert und von ihm den Rückzug seiner Truppen verlangt hatten, die Paris angeblich bedrohten. Nach den Anstrengungen dieses Tages hatte sich der König von Frankreich erst nach Mitternacht – erheblich später als gewöhnlich – in seine Gemächer zurückgezogen, ohne von seinen Ministern über die wahren Vorgänge in Paris informiert worden zu sein. Doch gut zwei Stunden später hielt es den obersten königlichen Kammerherrn, den Herzog François-Alexandre-Frédéric LaRochefoucauld-Liancourt, nicht mehr zurück. Durch mehrere Boten war ihm aus Paris zuverlässig berichtet worden, daß die Bastille vom Volk von Paris erstürmt, der Gouverneur der Bastille und der Bürgermeister von Paris ermordet worden seien. Diese Nachricht glaubte er trotz der Nachtzeit seinem Monarchen nicht vorenthalten zu dürfen. Der Herzog betrat das königliche Schlafgemach, weckte seinen Herrscher und berichtete ihm die Ereignisse des Tages aus Paris: »Aber, das ist eine Revolte«, empörte sich der König. Doch der Herzog korrigierte ihn sofort: »Nein, Sire, das ist eine Revolution«.

Was für eine Szene! Wie kaum ein anderes Wort scheint sie die Bedeutung der Bastille-Eroberung nicht nur für die Macht des Königs, sondern auch für den raschen Wandel der politischen Sprache auszudrücken. Hier der naive Monarch, unfähig, das Ereignis politisch richtig einzuschätzen und noch geneigt, den traditionellen Begriff für die üblichen Volksunruhen zu verwenden, dort der getreue, aber weitsichtige Diener, selbst Mitglied der Nationalversammlung, der sofort die Tragweite und die neue Qualität der Pariser Vorfälle erkennt und sie dazu noch bonmotreif formuliert. Kein Drama könnte das Geschehen des Tages besser beschreiben als dieser wahrhaft historische Wortwechsel.

Es kann deshalb nicht erstaunen, wenn beinahe alle Autoren, die die Geschichte der Französischen Revolution beschrieben haben, bis in unsere Gegenwart hinein auch diese charakteristische Szene im königlichen Schlafzimmer erzählt haben. Die Geschichte wurde sofort in Versailles und Paris weitererzählt, abgebildet findet sie sich der Sache nach zum erstenmal schon in einer zeitgenössischen Graphik, die die nächtliche Szene zu einem Fußfall des Herzogs vor seinem Herrscher verwandelte, um ihn zu einem Kompromiß mit der Nationalversammlung zu bewegen (Vgl. Abbildung Nr. 1!). Einen breiteren Leserkreis erreichte sie zum erstenmal durch die populäre »Geschichte der Französischen Revolution« von Adolphe Thiers aus dem Jahre 1823, doch sie war vorher schon in vielen Quellenveröffentlichungen von Mitgliedern der Hofgesellschaft angesprochen worden. Seitdem ist sie unverzichtbares Gemeingut der historischen Literatur geworden, kaum ein Historiker, der sich diese Szene entgehen ließe, gleichgültig ob er vor hundert Jahren schrieb oder für die Zweihundertjahrfeier der Revolution in diesem Jahr schreibt. Jean Renoir verfremdete sie in seinem 1937 gedrehten Film »La Marseillaise« zu einer Szene, in der der Herzog dem König, der gerade mit Heißhunger ein Hühnchen verspeist, die Nachricht vom Fall der Bastille beibringt.

Beinahe alle Autoren vergaßen jedoch, die genaue Quelle zu zitieren, die diese nächtliche Diskussion im Schlafgemach des Königs zweifelsfrei belegen könnte. Viele Historiker werden die Szene auch zum etablierten Grundbestand historischen Wissens gezählt haben, so daß für sie gar kein Anlaß zu genauerer Nachsuche bestand.

Wie beinahe alle guten Geschichten, die ein großes historisches Ereignis oder einen komplizierten Tatbestand in einem Satz verdichten wollen, ist diese Geschichte leider falsch, oder sagen wir besser, sie ist höchst wahrscheinlich in der immer wieder zitierten Form nicht zu belegen. Zu seinem großen Bedauern muß der Historiker, der mit der Szene gerne die Bedeutung des Tages der Bastille-Erstürmung auch für die politische Sprache illustrieren möchte, der Wahrheit die Ehre geben und die Geschichte – jedenfalls in der oben geschilderten Variante – zur Legende erklären.

ÉVÉNEMENT DE LA NUIT DU 14 AU 15 JUILLET 1789.

M. de Liancourt se jette aux pieds du Roi, et lui fait le recit fidel des malheurs de la Capitale.

Abb. 1: Die erste bildliche Darstellung der Unterredung zwischen dem Herzog von LaRochefoucauld-Liancourt und Ludwig XVI. in der Nacht vom 14. zum 15. Juli 1789

Was geschah aber wirklich in dieser Nacht im königlichen Schlafzimmer? Der König hatte von den oben erwähnten Deputationen der in Versailles versammelten Generalstände längst erfahren, daß die Bastille erobert worden war, ja er hatte sich trotz dieser beunruhigenden Nachrichten niedergelegt. So ist es wahrscheinlicher, daß das Gespräch zwischen dem König und seinem Kammerherrn am frühen Morgen des 15. Juli stattgefunden hat, als es um die Bewertung der Pariser Ereignisse ging und die weitere Taktik des Hofes diskutiert und über einen etwaigen Auftritt des Königs vor den Generalständen gesprochen wurde. Die Tatsache, daß die vage Information über ein Gespräch zwischen dem König und seinem Kammerherrn sehr bald am Hof, in diplomatischen Kreisen und dann auch in Paris die Runde machte, spricht für die besondere Qualität dieses »Zitats«, das – gleichgültig ob so ausgesprochen oder nicht – einen historischen Umbruch signalisiert, der damals von allen Zeitgenossen so empfunden wurde. Mehr soll hier noch nicht verraten werden, denn der genaue Verlauf dieses Tages und der folgenden Nacht wird uns noch ebensosehr beschäftigen wie die späteren Auseinandersetzungen um die nächtliche Begebenheit im königlichen Schlafgemach. Sie soll unser roter Faden durch die verworrene Geschichte und Nachgeschichte des 14. Juli sein.

Vermutlich ist der 14. Juli 1789 eines jener historischen Daten, die auch den Zeitgenossen vertraut sind, die man nicht als historisch besonders interessiert bezeichnen kann. Vielleicht ist es sogar das bekannteste welthistorische Datum überhaupt, möglicherweise in scharfer Konkurrenz mit der russischen Oktoberrevolution. An diesem Tag – so glauben wir alle zu wissen – wurde die Bastille, finstere Zwingburg und Staatsgefängnis zugleich und *das* Symbol des Despotismus schlechthin, vom Volk von Paris gestürmt, und damit begann die Französische Revolution. So oder ähnlich wird jener Rest von Erinnerung aussehen, der unseren Geschichtsunterricht oder die letzte Stadtrundfahrt in Paris überdauert hat. Vielleicht mischen sich solche Reste von Erinnerung bei dem einen oder andern noch mit den Bildern paradierender Soldaten auf den Champs-Elysées und fröhlich tanzender Menschen in den Quartiers, die alljährlich am Abend des 14. Juli über unsere Fernsehgeräte laufen. Bei manchem deutschen Beobachter wird die eigenartige Mischung eines vom Volk erstürmten Staatsgefängnisses, von paradierenden Soldaten, donnernden Düsenkampfflugzeugen, die im Tiefflug blau-weiß-rote Streifen an den Himmel malen, und tanzenden Menschen vielleicht sogar eine gewisse Unruhe hervorrufen. Der drohende zweihundertste Jahrestag dieses Ereignisses, die Vorahnung eines multimedialen Spektakels und des unvermeidlichen politischen Streits um die »richtige« Revolution mag diese Unruhe noch verstärken.

Diese »eigenartige Mischung« aus historischem Ereignis und nationalem Feiertag bildet das Thema dieses Buches. Die Geschichte dieses 14. Juli – oder genauer gesagt der sieben Tage zwischen dem 11. und dem 17. Juli – soll erzählt und aus vielen verschiedenen Perspektiven beleuchtet werden. Einige Personen werden uns als vertraute Führer durch diese Tage hindurch begleiten: Der vierzehnjährige Schüler Marc-Antoine Jullien, der englische Arzt Dr. Rigby, der zu Besuch in Paris war, der pensionierte Buchhändler Hardy, der amerikanische Politiker und Geschäftsmann Gouverneur Morris, der Theaterdirektor Toussaint Mareux, der arbeitslose Koch François-Felix Desnot. Wir werden von ihnen und vielen anderen Zeugen im Detail erfahren, was an diesen Tagen eigentlich geschah, warum es geschah und was das Geschehen dieser Tage einmal bedeuten sollte. Das historische Ereignis selbst ist damit ebenso das Ziel des Buches wie seine symbolische Bedeutung und seine Nachwirkung spätestens seit dem Jahre 1880, als der 14. Juli zum französischen Nationalfeiertag bestimmt wurde. Aber schon vorher erwies sich der Tag der Erstürmung der Bastille als Fluchtpunkt aller innenpolitischen Ortsbestimmungen. Eine doppelte Biographie ist das Ziel dieses Buches, die des historischen 14. Juli und die – wenn auch kürzere – des 14. Juli als zentrales Thema französischer Innenpolitik im 19. und 20. Jahrhundert.

Jedes historische Ereignis erscheint uns als Schnittpunkt eines ganzen Bündels einzelner Entwicklungslinien. Große historische Ereignisse aber sind nicht nur Schnittpunkte solcher Linien für einen kurzen Augenblick, sondern sie werden selbst wieder zum Anfangspunkt einer eigenen Entwicklungslinie. So finden sie ihren Weg in die Zukunft, ja sie bestimmen sie mit und entfalten dabei eine eigentümliche Wirkung und eine eigene Dynamik. Ich glaube, daß die Erstürmung der Bastille am 14. Juli 1789 als ein solches großes historisches Ereignis zu bezeichnen ist. Selbst nur erklärbar durch eine Fülle einzelner Fäden der historischen Entwicklung, wird es nicht nur zum mythologischen Ausgangspunkt der französischen Republik, sondern auch unserer modernen Welt. Alles deutet darauf hin, daß dieses Datum zum Fluchtpunkt der Moderne geworden ist, so wie die Französische Revolution »unser aller Mutter« wurde, wie es ein französischer Historiker einmal verklärend formuliert hat.

Tatsächlich, wenn wir alle komplizierenden Umstände und Relativierungen einmal beiseite lassen und auf den Kern unserer modernen Welt kommen, dann führt nichts an der Erkenntnis vorbei, daß ohne die Französische Revolution diese Welt ein anderes Gesicht haben würde. Dies gilt sowohl für die Gewinn- als auch für die Verlustrechnung, die wir den seither vergangenen zweihundert Jahren vorhalten können.

Die moderne historische Forschung hat sich vor allem in den letzten hundert Jahren intensiv darum bemüht, die Gründe für den Ausbruch der Französischen Revolution herauszufinden. Sie hat zuletzt auch die Frage gestellt, ob denn die Revolution überhaupt die enorme Bedeutung gehabt habe, die man lange als sicher angenommen hat. Wir können heute ebensowenig mehr glauben, daß die Revolution das Werk einer kleinen Verschwörergruppe aus aufgeklärten Schriftstellern und Freimaurern war. Auch ist die Annahme unhaltbar geworden, daß mit der formellen Aufhebung der Feudallasten in der berühmten Nacht vom 4. auf den 5. August 1789 die französischen Bauern wirklich frei wurden. Alles, was wir zu wissen glaubten, ist zweifelhaft geworden. Die glücklichen Wahrheiten der älteren Geschichtsschreibung über das Ancien Régime, als die königlichen Minister noch korrupt waren, der Adel reaktionär auf seinen Privilegien beharrte, die Schriftsteller die blutige Revolution herbeischrieben, das teure Brot die Revolution auslöste und das »gute« Volk in gerechtem Zorn das despotische Regime stürzte, sie stimmen so nicht mehr.

Das Bild der Revolution ist unübersichtlicher, komplizierter geworden. Sie selbst löst sich in mehrere einzelne »Revolutionen« auf, ja sie verliert zuweilen ihre vermutete Bedeutung als historischer Bruch, wenn man an die Stabilität der wirtschaftlichen und sozialen Verhältnisse durch das Revolutionsjahrzehnt hindurch oder an die Tatsache erinnert, daß die Revolution die Zentralisierung Frankreichs weiter förderte, die das Ancien Régime schon erfolgreich begonnen hatte. Dies alles ist partiell richtig und gewiß der wissenschaftlichen Diskussion wert, es überläßt uns aber die schwierige Frage nach der Bedeutung der Revolution ohne den Versuch einer überzeugenden Antwort. Nicht zuletzt haben solche notwendigerweise unübersichtlichen Erklärungsschaltpläne zu einem gewissen Mißvergnügen an einer so konstruierenden Geschichtsschreibung geführt.

Je mehr wir uns der verwickelten Zusammenhänge zwischen dem alten, vorrevolutionären und dem modernen, bürgerlichen Europa bewußt werden, je mehr Bündel ganz ungleich verlaufender Entwicklungslinien wir dank der modernen historischen Forschung herauspräparieren können, desto mehr empfinden wir vielleicht das Bedürfnis nach der Symbolkraft eines großen historischen Ereignisses, das alles erklärt und keinen Zweifel mehr erlaubt. Gerade angesichts der immer komplizierteren Erklärungen für solch elementare historische Veränderungen wie die Reformation Martin Luthers, die Industrielle Revolution in England oder die Entstehung des deutschen Nationalstaats im 19. Jahrhundert mag uns das große historische Ereignis zuweilen wie ein befreiender Schlag in das Dickicht der Einzelheiten und Widersprüche erscheinen: Das Ereignis selbst, gewissenhaft und in der richtigen Reihenfolge der Ereignisse protokolliert, muß doch endlich Klarheit schaffen können! Hier liegt wohl der Kern des nie erlahmenden Interesses am großen historischen Ereignis, an der Kaiserkrönung Karls des Großen, dem Bußgang Heinrichs IV. nach Canossa, dem (zweifelhaften) Thesenanschlag Luthers, dem (teilweisen) Untergang der Armada, dem Attentat auf den habsburgischen Thronfolger Franz Ferdinand am 28. Juni 1914 und eben auch am 14. Juli 1789. Das große historische Ereignis wird so zum oftmals stilisierten Symbol eines komplizierten historischen Prozesses und zur kleinen Münze historischen Wissens. Es konkurriert hierin mit der Biographie, deren Attraktion ähnlich zu erklären ist.

Natürlich wissen wir nur zu gut, daß auch das minutiöse Protokoll eines Ereignisses noch lange nicht dessen Erklärung beinhaltet. Doch auch wenn der Historiker Unbehagen empfindet an der dramatischen Verdichtung des Geschehens auf einen Tag, so kann er sich der Anziehungskraft des großen historischen Ereignisses nicht entziehen. Dies gilt umso eher, wenn dieses Ereignis selbst historisch weiterwirken konnte. Dem Reiz, die Anteile von langfristig vorherbestimmten Entwicklungen mit den Zufälligkeiten des

Tages überzeugend zu mischen, ist kaum zu widerstehen. Er wird dieser Versuchung um so eher nachzugeben bereit sein, je mehr die Wissenschaft selbst die harten Bedingungen des Dramas aufgeklärt, den strukturellen Rahmen gezimmert hat und die Fülle der Quellen Ablauf und Zusammenhang der Ereignisse immer schwerer erkennbar werden ließ. Immer mehr Einzelschicksale wurden in das Netz der handelnden und passiven, der miterlebenden und fernstehenden Menschen hineingewoben. Immer mehr Analysen der konjunkturellen Entwicklung in Landwirtschaft und Gewerbe präzisieren die Rahmenbedingungen.

Nur der 14. Juli, wird mancher Leser fragen, ist das nicht ein zu schmaler Zugang zur »Großen Französischen Revolution«? Verdeckt nicht die Detailfülle dieses Tages die Tragweite der kommenden Ereignisse? Werden so nicht die Verfassungs- und Menschenrechtsdiskussion, die Frage der feudalen Lasten, der revolutionäre Krieg, die Sansculotten, die Anfänge Napoleons schließlich, zugedeckt oder vergessen gemacht? Nichts wäre leichter als der entschuldigende Hinweis auf die vollen Regale der Buchhandlungen und Bibliotheken, zu deren Eroberung man uns in diesem Gedenkjahr der Revolution aufruft. Aber es wäre ein unredlicher Ausweg, der zudem den besonderen Reiz dieses Tages ungenutzt ließe. Warum nicht stattdessen aus seinem Verlauf die zukünftigen Parteiungen, Verwicklungen und Entscheidungen so herauszulesen versuchen, wie es die Zeitgenossen zu tun gezwungen waren? Wer den 14. Juli 1789 immer nur im fertig geschnürten Paket mit dem Staatsstreich Napoleons am 18. Brumaire des Jahres VIII (9. November 1799) sieht, läßt sich die aufregende Perspektive der Ungewißheit über die Zukunft, aber auch ihre Offenheit zu schnell entgehen.

Wir können heute die tägliche Entwicklung des Brotpreises in Paris bis auf den letzten Sou genau beschreiben, wissen, wieviel Liter Wein (jedenfalls den vorschriftsmäßig versteuerten) die Pariser jährlich konsumierten, können die Zahl derer angeben, die lesen und schreiben konnten, wir kennen die Lebensläufe der Verfasser aufrührerischer Schriften in Paris, und wir kennen die Namen der Polizeikommissare, die sie verhafteten. Und doch bleibt angesichts solch immens gewachsener Kenntnisse das Grundproblem aller historischen Interpretation bestehen, ja es gewinnt noch an Bedeutung: die Bewertung der Unwägbarkeiten des Geschehens, der unbestreitbaren Zufälligkeiten des Ereignisablaufs. Der

Historiker wird sich zwar bemühen, diesen Zufallsrest durch die genannten Forschungsoperationen zu verkleinern, doch entkommen wird er ihm nicht. Dem einen wird dieser Zufallsrest als schreckliche Last erscheinen, der andere wird sich über jede noch verbleibende Ungewißheit herzlich freuen.

Vorüberlegungen dieser Art sind Versuche, sich der Schwierigkeiten des Unternehmens bewußt zu werden und sie dem Leser mitzuteilen. Er soll auf diese Weise teilhaben an der Rekonstruktion des dramatischen Ablaufs einiger weniger Tage, die zu einem einzigen entscheidenden Tag hinführen. Doch diese Art der Teilhabe soll noch einen Schritt weitergeführt werden, wenn von Anlaß und Absicht eines solchen Buches gesprochen wird. Um diese beiden Fragen zu erläutern, will ich schildern, wie ich selbst den Zugang zu der hier erzählten Geschichte des 14. Juli gefunden habe, der vorher für mich ein professionelles Datum wie viele andere war, wenn auch gewiß ein besonders hervorgehobenes, nicht zuletzt deshalb, weil dieser Tag 1880 zum französischen Nationalfeiertag bestimmt wurde. Doch sind solche Bedeutungszuweisungen für den Historiker oft gerade Anlaß zu besonderer Skepsis, zumal wenn ein solcher Tag in diesem Jahr mit großem publizistischen und politischen Aufwand zum 200. Mal gefeiert wird.

Vor einigen Jahren stieß ich bei der Vorbereitung einer Vorlesung über die Französische Revolution auf die kleine Episode in der Nacht vom 14. auf den 15. Juli 1789, die ich einleitend erzählt habe. In einem kleinen Büchlein für den Schulunterricht fand ich den Hinweis, daß das berühmte Gespräch zwischen König Ludwig XVI. und dem Herzog von LaRochefoucauld-Liancourt in der Nacht vom 14. zum 15. Juli zwar immer wieder zitiert werde, aber eigentlich nicht genau belegt werden könne, jedenfalls nicht durch eine zweifelsfreie Originalquelle. Da ich selbst aber dieses wichtige Zitat in der Vorlesung verwenden wollte und insofern auf einen überprüfbaren Beleg angewiesen war, bemühte ich mich um Nachweise, sondierte die verschiedenen Literaturschichten und wurde nach langem Suchen in einer älteren Biographie des Herzogs von LaRochefoucauld selbst fündig; insoweit jedenfalls, als ich einen Hinweis auf den Zeitpunkt und den Ort bekam, an dem das Zitat in der uns überlieferten Form zum ersten Mal öffentlich diskutiert wurde.

Es geschah nämlich in den Debatten der französischen Nationalversammlung der Jahre 1832/1833, in denen es um eine Staatspension für die sog. »Sieger der Bastille« ging. Doch wer waren diese »Sieger der Bastille« im Jahre 1833? Es waren inzwischen ergraute Männer, die einst am Sturm auf die Festung teilgenommen hatten, und die jetzt – ermutigt durch die Julirevolution des Jahres 1830 und eine günstige innenpolitische Konstellation – endlich die lang vermißte und wohl auch letzte Gelegenheit sahen, sich ihr Heldentum nach 43 Jahren durch eine Staatspension belohnen zu lassen.

Die Hitze dieser Debatten zeigte schnell, daß das Datum des Bastillesturms mehr als nur ein bestimmtes Ereignis in der langen Revolutionsgeschichte war, die gewiß wildere Szenen, mehr Blutvergießen und größere Menschenansammlungen gesehen hat als den 14. Juli 1789. Es ging auch nicht um die Summen, die das Land noch für einige Jahre an Renten zu zahlen haben würde. Das Datum war längst zum Symbol geworden für den gewaltsamen Bruch mit dem »Ancien Régime« und darüber hinaus zum Symbol für die Gewalt in revolutionären Prozessen schlechthin. In der Parlamentsdebatte schieden sich schnell die Geister an der Frage, ob man Aufrührern auch noch eine Pension zahlen solle, ob man den Geist des Ungehorsams auch noch prämieren müsse. Angesichts der Debatten um die Ereignisse dieses Tages in den beiden Kammern des französischen Parlaments und ihre umstrittene Deutung durch die Kontrahenten wurde mir schnell klar, daß der Weg zunächst zurückführen mußte zum 14. Juli selbst. Nur damit war die Kernfrage zu klären, warum dieses Datum eine solche Symbolkraft nicht nur bis zum Jahre 1833, sondern bis weit in unsere Zeit gewinnen konnte.

Insofern ist dieses Buch nach einem einfachen Bauprinzip geschrieben worden. Der Ereignisablauf des 14. Juli selbst soll unter ständigem Perspektivwechsel von zwei Seiten beleuchtet werden, zum einen aus der Perspektive der politischen Nachwirkungen des Tages und zum anderen aus der Perspektive der vorrevolutionären Zeit als dem Zeitraum, in dem jene Entwicklungslinien entstehen, denen dann der 14. Juli zum gemeinsamen Schnittpunkt wird. Es sind einfache Fragen, die wir stellen wollen: Wie kommt es zum 14. Juli, was geschieht an diesem Tag, was bewirkt und bedeutet dieser Tag?

Die Zweihundertjahrfeier eines ohne Zweifel welthistorischen Ereignisses – so lehrt die Erfahrung vergangener Jubiläen – ist selten die Gelegenheit, um neue Detailforschungen zu fördern und zu präsentieren. Das Wieder-ins-Gedächtnis-Rufen, die gemeinsame Vergegenwärtigung und die Überprüfung der Bedeutung des Ereignisses für die heutige Zeit überwiegen bei solchen Gelegenheiten. Eine solche Überprüfung will sich nicht vorrangig an der Genauigkeit der Einzelheiten, sondern eher an Nutzanwendung und Bestätigung orientieren. Jeder will »seinen« Luther, »seinen« Bismarck, »sein« Preußen und »seine« Französische Revolution wiederfinden und sich dieses Bildes vergewissern. Dieser Bericht über den 14. Juli 1789 zieht aus diesem Dilemma die Konsequenz, auf dem bekannten, insgesamt erstaunlich breiten und bisher selten voll genutzten Quellenmaterial aufzubauen und das Ereignis aus vielen, auch widersprüchlichen Perspektiven zu beleuchten.

Die oben angesprochene Frage einer Pension für die »Sieger der Bastille« im Jahre 1833 berührt zugleich die Stelle, an der der 14. Juli uns auch im Jahre 1989 noch treffen kann, jenseits allen legitimen Wissenwollens um die genauen Umstände dieses Tages, oder was sonst immer unser Interesse an diesem Datum begründen mag. Es wird vielen Lesern nicht leicht fallen, eine Beziehung zu einem Vorgang zu finden, der unzweifelhaft als Revolution bezeichnet werden muß und der zum Modellfall anderer revolutionärer Vorgänge des 19. und 20. Jahrhunderts geworden ist. Der zweiten Hälfte unseres 20. Jahrhunderts der europäischen Geschichte ist schon mehrfach ihr Stillstand vorgeworfen worden, das scheinbare Versickern der Möglichkeiten weiterer Fortentwicklung in den berühmten Sachzwängen der technisierten Welt. Dieser Vorwurf wird schon im frühen 19. Jahrhundert formuliert. Chateaubriand spricht 1826 davon, daß es nach der Französischen Revolution eigentlich »nichts Neues mehr unter der Sonne« gebe, und er nimmt damit eine Argumentationsfigur unserer Zeit vorweg, die ein Ende der Geschichte gekommen sieht.

Tatsächlich erkennt unsere Zeit wenig Bedarf für eine glorifizierende Revolutionserinnerung, und so ist es naheliegend, einen Ausweg zu suchen und die Revolution endgültig in Museen und Archiven abzulegen oder sie mediengerecht zu inszenieren und damit zu neutralisieren. François Furet, einer der führenden französischen Historiker, hat vor einigen Jahren seiner Hoffnung Ausdruck verliehen, daß man eines Tages die Französische Revolution als ein historisches Thema genauso wie die merowingischen Könige behandeln werde. Er empfahl, endlich aufzuhören mit einer Art von Revolutionsgeschichte, die er eine Gedenkfeier-Geschichte nannte. So sehr der kritische Historiker zuweilen die Politisierung der Revolutionsforschung, ja geradezu die Entstehung von »heiligen« Wissensbeständen bedauern muß, so wenig kann er letztlich ein Interesse an der Einbalsamierung der Revolution haben. Es bedarf nur geringer Phantasie, um sich eine historische Revolutionsforschung vorzustellen, die der politischen und weltanschaulichen Impulse entbehren müßte. Alle Wertschätzung der Arbeit der professionellen Historie kann nicht jenen Gewinn vergessen machen, den die Erforschung der Revolution den gewiß oft einseitigen Anregungen verdankt, die ihr in verschiedenen Epochen zugemutet wurden. Alle jene perspektivisch verengten Blickwinkel hinterließen – immer heftig kritisiert – ihren Abdruck im Gesamtbild der Revolution und bereicherten es.

Als 1897 der französische Premierminister Clémenceau in einer Debatte der Nationalversammlung sein berühmtes – gleichwohl immer nur verstümmelt zitiertes – Wort sprach, daß die »Revolution ein Block« sei, aus dem man nichts heraustrennen könne, glaubte er, die damals um das Verbot eines radikalen Theaterstücks ausgebrochenen heftigen Debatten der Nationalversammlung damit erklären zu können, daß der 1789 begonnene revolutionäre Kampf immer noch andauere. Gewiß wird sich heute kein Politiker mehr in eine solche Traditionslinie hineinstellen, die revolutionäre Konstellation vom Ausgang des 18. Jahrhunderts läßt sich nicht bruchlos ins 20. Jahrhundert verlängern. Diese Einsicht wird auch für den Historiker gelten müssen. Ich sehe weder die Voraussetzungen dafür noch einen Nutzen darin, die 200. Wiederkehr einer vergangenen großen Revolution feierlich zu begehen, um einer künftigen Revolution das Wort zu reden oder die Arsenale ihrer Gegner zu füllen. Aber die Frage bleibt: Was machen wir mit dieser Revolution?

Mir scheint der Hinweis angebracht zu sein, daß unser Europa der scheinbaren Stabilität und Prosperität seine heutige Gestalt eben jener Revolution verdankt, die nun einmal »unser aller Mutter« ist und die man schlecht verleugnen kann. Auch läßt sich dieses Erbteil nicht nur auf die »gute Revolution« der Menschenrechte und der liberalen Verfassung reduzieren. Hier gewährt die Revolution einen Blick in die ungewisse Zukunft der modernen Welt und läßt uns unsere Welt besser erkennen: Neben den Menschenrechten liegt die Schreckensherrschaft, neben den liberalen Verfassungsprinzipien erkennen wir die Vernichtung der »Feinde der Revolution« und die schreckliche Demokratisierung des Krieges. Es ist die Vergegenwärtigung dieses bedrohlichen Nebeneinanders, die uns heute den Grund für den Blick zurück in das Jahr 1789 liefert. Dieser Blick zurück müßte eine Gedenkfeier-Geschichte eigentlich unmöglich machen.

Genauso wie Europas spezifische Prägung durch Feudalsystem und Christentum gesehen werden muß, ist unübersehbar, daß es revolutionäre Vorgänge oder deren Folgewirkungen waren, die Freiheit und Gleichheit durchgesetzt haben. Dieser Widerspruch zwischen der einstmals revolutionär gewonnenen Freiheit und Gleichheit und dem offensichtlichen Mangel an revolutionärer Legitimation in unserer Zeit wird freilich nur den beunruhigen, der glaubt, daß die Geschichte Europas auf der schwindelnden Höhe von 1989 tatsächlich angehalten werden wird. Dieser Widerspruch löst sich ebenso schnell auf, wie die Geschichte selbst ihren Fortgang nimmt.

Doch kehren wir von der Wirkungsgeschichte der Revolution zu ihr selbst zurück. Es bleibt das erstaunliche und faszinierende Phänomen eines einzigen Tages, der die Welt veränderte. Dies ist keineswegs eine nachträgliche Einsicht der Historiker, die post festum bekanntlich immer alles besser wissen, sondern es ist dies eine Erkenntnis, die noch am Abend dieses Tages und an den folgenden Tagen von den Zeitzeugen selbst in frappierender Eindringlichkeit ausgesprochen wurde. »Dieser gestrige Kampftag wird als ewig denkwürdig in den Festkalender unserer Geschichte eingehen. Er bereitet die größte und vielleicht glücklichste Umwälzung vor«, schrieb der Journalist Gorsas im »Courrier de Versailles«, und der englische Botschafter Lord Dorset berichtete am 16. Juli aus Paris an den Duke of Leeds: »Auf diese Weise, Mylord, hat sich die größte Revolution der bisherigen Geschichte vollzogen, und wenn man sich deren Bedeutung vor Augen führt, so hat sie nur relativ wenig Blut gekostet. Von diesem Augenblick können wir Frankreich als ein befreites Land betrachten, den König als einen Monarchen mit sehr eingeschränkter Macht, und der Adel ist mit dem Rest der Nation auf ein Niveau gerückt.«

Es lohnt die Mühe, sich diesen besonderen Tag genauer anzusehen und nachzufragen, warum die Erstürmung der Bastille eine solche Bedeutung gewinnen konnte.

Frankreich, Paris und die Bastille vor der Revolution.

Der Hagelsturm vom 13. Juli 1788

Man schreibt den 13. Juli 1788, ein Jahr und ein Tag vor dem Sturm auf die Bastille. Der Morgen dieses Sonntags versprach dem Städtchen Pontoise im Oisetal, nordöstlich von Paris, einen angenehmen Sommertag, der Himmel war bis auf wenige kleine Wolken blau, die schwüle Hitze der letzten Tage war endlich verschwunden, um sieben Uhr wurden 18,2° gemessen. Der Samstag war mit 33° der bislang heißeste Tag des Sommers gewesen, und noch während der Nacht hatte die Schwüle über dem Tal gelastet. Jetzt endlich gegen halb acht regte sich ein leichter Wind und kräuselte ab und zu, noch unregelmäßig, die Oberfläche des Flusses. Einem genauen Beobachter dieses friedlichen Sommermorgens hätte auffallen müssen, daß die Schwalben, die bislang über den Fluß gejagt waren, plötzlich verschwunden waren und sich unter den Bögen der Brücke, die nach Saint-Ouen hinüberführte, versteckten. Um 8 Uhr 15 war plötzlich ein entfernter Donner zu hören. Er lenkte die Aufmerksamkeit zunächst nur auf eine einzelne dunkle Wolke, die von Westen heranzog und sich unter beständiger Veränderung ihrer Form zu einem gewaltigen Wolkenberg auftürmte, der schon bald drohend den westlichen Horizont beherrschte.

Eine Viertelstunde später war aus dem unruhigen Wind ein heftiger Sturm geworden. Um 8.36 platzten die ersten schweren Regentropfen auf den ausgetrockneten Boden, ein Unwetter von unvorstellbarer Gewalt entlud sich. Über Pontoise schien die Welt unterzugehen. Es war ganz plötzlich stockdunkel geworden, und mit ungeheurer Wucht entlud sich binnen kürzester Zeit und ohne jede Vorwarnung ein Hagelsturm, der weite Teile des Landes zu einer eisbedeckten Wüste machte. Einer der ersten präzisen Beobachter beschreibt das Ereignis so: »Ein starkes Donnergrollen war zu hören. Die Temperatur fiel binnen weniger Augenblicke um 13 Grad. Eine ganz schwarze Wolke, die auch einen weißlich-gelben Teil enthielt, war urplötzlich da. Diese Wolke machte einen erheblichen Lärm, der dem glich, der entsteht, wenn mehrere Kutschen über Kopfsteinpflaster fahren.«

Wie in Pontoise dauerte der Hagelsturm an jedem Ort, der auf der Unglücksspur dieses Unwetters lag, genau sieben bis neun Minuten lang, sieben lange Minuten, die mit ununterbrochenen Donnerschlägen und heftigen Blitzen von allen Seiten her erfüllt waren, so daß viele Menschen in ihrer Angst glaubten, die Blitze kämen sogar aus dem Erdboden. Dann brach der Eishagel los, der in diesen wenigen Minuten eine Schneise der Verwüstung über das Land zog. Bäume und Weinstöcke wurden entwurzelt und zerschlagen, Hausdächer zerbrochen, Hasen, Rebhühner und manchmal weidendes Vieh getötet, auch Menschen fanden den Tod. Im Schloßpark von Rambouillet, wo sich der König während des Unwetters aufhielt, zählte man im Park ca. 1 000 entwurzelte Bäume, in der Stadt 11 749 zerbrochene Fensterscheiben. In vielen Dörfern wurden die Kirchtürme und die Windmühlen zerstört. Nach dem Durchzug des Hagelsturms lag das Land wie von einer riesigen Walze überrollt da. Die Getreidefelder flachgedrückt, die Gartenkulturen verwüstet, kleine Krater, die von den Hagelgeschossen geschlagen worden waren, überzogen die Gärten. Ungewöhnlich große Hagelkörner waren beobachtet worden, zumeist groß wie eine Faust und 500 – 700 Gramm schwer, an einigen Stellen wurden Eisklumpen von fast zwei Kilo aus der Erde gegraben. An manchen Orten dauerte es Stunden, bis diese Hagelkörner schmolzen.

Dieses Unwetter war ein Jahrhundertsturm, so unvorstellbar in seinen Ausmaßen und Auswirkungen, daß die hervorragendsten Wissenschaftler des Königreiches eine Untersuchung dieser Katastrophe anstellten. Sehr bald lag ein genauer Überblick über den Weg des Hagelsturms und über das Ausmaß der Schäden vor. Danach hatte sich das Sturmzentrum um 6.30 in der Touraine gebildet, um 7 Uhr erreichte es Chartres, um 8 Uhr Schloß Rambouillet, wo sich an diesem Tag der König aufhielt. Gegen 8.30 passierte der Sturm gerade noch die Bastille und die östliche Vorstadt Saint-Antoine von Paris, während das Stadtzentrum verschont blieb. Um 11 Uhr erreichte das Zentrum des Sturms Douai, um 14.40 Utrecht. Dort verlief sich die Gewalt des Unwetters. Die genaue Schadensaufnahme ergab, daß der Sturm in zwei voneinander getrennten Bahnen mit einer Geschwindigkeit von etwa

60–70 km pro Stunde weitergezogen war, die westliche der beiden Bahnen etwa 15–16 km, die östliche nur 8 km breit. Zwischen den beiden Sturmbahnen blieb eine Zone erstaunlicher Ruhe, wo nur normaler Regen fiel.

Genau 1039 Dörfer mit 900 000 Hektar bebautem Land waren von diesem Unwetter betroffen, und die Wissenschaftler errechneten die genaue Schadenssumme mit 24 962 692 Livres. Ihre Recherchen über den Weg des Unwetters von der westfranzösischen Touraine bis nach den Niederlanden legten sie in einer bemerkenswert präzisen Karte nieder. Diese Art von akribisch-wissenschaftlicher Aufarbeitung der größten Naturkatastrophe Frankreichs im 18. Jahrhundert stand in krassem Gegensatz zu der Art und Weise, wie das Unwetter von den einfachen Menschen auf dem Lande interpretiert wurde. Hier hatte schon am 21. März ein Komet große Unruhe hervorgerufen, und der Hagelsturm galt als die Verwirklichung dieser Himmelsdrohung.

Die Vernichtung der sehnlichst erwarteten Ernte an Getreide und Wein in den fruchtbarsten Gegenden Frankreichs konnte nicht ohne Auswirkungen für die Nahrungsmittelversorgung dieses mit ca. 27 Millionen Menschen bevölkerungsreichsten Landes Europas bleiben. Zwar wurden durch das Unwetter nur wenige Prozent der bebauten Fläche des Landes berührt, aber es war die Kornkammer Frankreichs, die betroffen war. Es kommt hinzu, daß die Bedingungen für die Ernte des Jahres 1788 insgesamt schlecht waren. Der Herbst 1787 war zu naß gewesen, so daß die Bebauung der Felder lange verzögert worden war. Der Winter war zu mild gewesen, und der Sommer brachte zu früh große Hitze, so daß die Ausbildung des Korns unterbrochen wurde. Zwar gab es dadurch eine gute und sehr frühe Weinlese, aber die Getreideernte war generell schlecht, auch dort, wo der Hagelsturm nicht gewütet hatte.

Der Anstieg der Brotpreise 1788/89

Die dadurch verursachte schlechte Ernte des Sommers 1788 mußte natürlich Fernwirkungen bis weit in das Jahr 1789 hinein haben, denn Frankreich mit seiner großen, relativ schnell gewachsenen Bevölkerung war auf gute Ernten angewiesen. Die Erhöhung des Brotpreises im Lauf des Winters und des Frühjahrs 1789 kulminierte ausgerechnet am 14. Juli des nächsten Jahres, als der Preis für das übliche Vier-Pfund Brot in Paris von 9 Sous im Juli 1788 auf 16 Sous gestiegen war. Der Preis für Brotgetreide war besonders im Zeitraum zwischen 1785 und 1789 um 65 % gegenüber dem Stand der Preise um 1740 gestiegen. Hinzu kam, daß der Winter 1788/89 außergewöhnlich frostreich war und schon früh begann. Nicht nur, daß wenig Getreide zur Verfügung stand, der Frost machte auch die Wind- und Wassermühlen unbrauchbar, so daß der für Paris zuständige Minister Laurent de Villedeuil am 11. Februar 1789 von M. de Condorcet, dem Sekretär der Akademie der Wissenschaften, ein Gutachten darüber erbat, ob der Betrieb dieser Getreidemühlen nicht besser und billiger mit »Feuermaschinen, die das Wasser zu Dampf machen«, zu bewerkstelligen sei. Es war die Not, die den König zu diesem Schritt zwang.

Die Seine war wochenlang zugefroren, so daß die dringend notwendigen Material- und Brennholztransporte die einzelnen Stadtviertel nicht erreichten. Auch hier verdoppelten sich die Preise, und damit waren viele Handwerker- und Arbeiterhaushalte in Paris an den Grenzen ihrer Belastung angekommen. Bittere Not herrschte in den Vorstädten der Hauptstadt, in der sich ungefähr 650 000 Menschen zusammendrängten. Vor allem die vielen zugewanderten Arbeiter im Maurer- und Zimmerergewerbe, die der Bauboom dieser Jahre nach Paris gelockt hatte, waren lange Monate ohne jede Arbeit. Zwar hatte der König versucht, in anderen europäischen Ländern Getreide aufzukaufen, doch diese Notkäufe vermochten die Ernteverluste des vorhergehenden Sommers nicht auszugleichen, zumal sich das englische Parlament wenig geneigt zeigte, die Ausfuhr von Getreide gerade nach Frankreich zu genehmigen. Dort hatte man die Unterstützung Frankreichs für die amerikanische Unabhängigkeitbewegung keineswegs vergessen. Vor allem konnten solche Notkäufe die Preise nicht senken, so daß die große Masse der Bevölkerung wirkliche Not litt. Auch die Lotterie, die Ludwig XVI. mit 12 Millionen Livres ausstattete und deren Erträge zur Linderung der Not der betroffenen Gebiete gedacht waren, konnte nicht helfen.

Es war nicht die übliche Not der »normalen« Armen, die das Ancien Régime in allen Ländern Europas kennzeichnete, sondern in diesem Winter und im folgenden Frühjahr und Frühsommer waren Familien betroffen, die sonst ein knappes, aber hinreichendes Einkommen hatten. Insofern war der Hagelsturm des 13. Juli 1788 nicht nur die Vorahnung des kommenden Unheils, wie dies viele Zeitgenossen im Nachhinein gesehen haben, sondern die durch ihn ausgelöste Teuerung der Grundnahrungsmittel spielt eine wichtige Rolle in der Erklärung des Klimas der Unzufriedenheit, der Gereiztheit, der Unbotmäßigkeit, das sich vor allem seit dem Frühjahr 1789 in Paris und in vielen anderen Städten Frankreichs breitmachte. Als am 10. Juli 1789 die »Gazette de France« meldete, daß der Finanzminister insgesamt schon 1 404 463 Zentner Getreide im Ausland, 56 000 davon sogar in den Vereinigten Staaten von Amerika, angekauft habe, schilderte diese Meldung die Notlage im Lande ebenso wie die Notwendigkeit, diese wohltätigen Maßnahmen der königlichen Regierung einer breiten Öffentlichkeit bekannt zu machen.

Knappheit an Brotgetreide bedeutete besonders in Paris immer auch Unruhen, Sturm auf Getreidemagazine, Kornhändler und Bäckerläden und Festsetzung des Getreide- oder Brotpreises durch die revoltierenden Bürger. »Taxation populaire« (volkstümliche Preisfestsetzung) nannte man verharmlosend diese gewaltsame Abwehr hoher Nahrungsmittelpreise. Zuletzt hatte der berühmte »Mehlkrieg« von 1775 in Paris und seiner Umgebung die Reizbarkeit der Bevölkerung gegenüber der drastischen Verteuerung des Brots bewiesen. Er mußte der Regierung noch in sehr deutlicher Erinnerung sein, und er hätte sie gegenüber dem Preisanstieg für Brot sensibler machen müssen, auch wenn sich die Unruhen 1775 noch durch den Einsatz des Militärs und durch die Verhaftung einiger Anführer hatten beilegen lassen.

Unmittelbar nach seiner Thronbesteigung im Jahre 1774 hatte der junge Ludwig XVI. den renommierten Finanz- und Wirtschaftsfachmann Anne-Robert Turgot zum Finanzminister berufen. Es gehörte zu den Grundsätzen dieses neuen Ministers, den Getreidehandel Frankreichs von den bisherigen Reglementierungen zu befreien. Angesichts der insgesamt steigenden Ernteerträge glaubten Turgot und seine Berater aus der Gruppe der Physiokraten, daß jetzt auch in Frankreich die Zeit gekommen sei, die Getreideversorgung des Landes – wie in England – dem Mechanismus des Marktes anzuvertrauen. Für Frankreich stellten diese Maßnahmen eine Sensation dar. Bislang galt als geheiligte Regel französischer Getreidepolitik, daß der Staat Getreide zwangsweise aufkaufen und es selbst lagern mußte, um in Jahren schlechter Ernte eine Mindestversorgung zu garantieren. Auch der Verkauf von Getreide über die Grenzen einzelner Provinzen hinweg war ebenso wie der Getreidehandel ins Ausland verboten.

Es war eine denkbar schlechte Voraussetzung für die Erprobung von Turgots neuem System, daß die Getreideernte des Jahres 1774 im Vergleich zu den Vorjahren extrem schlecht ausfiel. Im Frühjahr 1775 wurde deshalb auf den traditionellen Getreidemärkten um Paris herum das Getreide knapp, und der Preis für das Vierpfundbrot stieg von 8 auf 14 Sous Anfang Mai. Sehr bald wurde auch Paris von den Unruhen erfaßt. Noch angestachelt durch eine angebliche Erklärung des Königs, die Bäcker sollten das Pfund Brot für 2 Sous (dies war ungefähr der Stundenlohn eines Arbeiters) verkaufen, stürmten die beunruhigten Pariser die Läden der Bäcker und erzwangen den Verkauf zu diesem Preis, wenn sie nicht gar das Brot ohne jede Bezahlung mitgehen ließen. Erst allmählich gelang es der Regierung, durch Einsatz von regulären Truppen und umfangreiche Verhaftungen die Unruhen einzudämmen, die zusätzliche Nahrung durch politische Feinde des neuen Finanzministers aus Kreisen des Pariser Parlaments, des obersten Gerichtshofs, erhalten hatten. Warum, diese Frage liegt nahe, gelang es der Regierung denn im Frühjahr 1789 nicht, die Erregung über den noch höheren Preisanstieg für Brot auf ähnlich bewährte Weise beizulegen? Warum half der Einsatz der Armee 14 Jahre später nicht mehr gegen die rebellischen Einwohner der Hauptstadt? Werfen wir also einen Blick auf diese Stadt und achten dabei besonders auf die Polizei von Paris und die anderen Truppen, die dem König zur Verfügung standen.

Paris vor der Revolution

»Diese Stadt zu erwähnen, heißt eigentlich schon zu sagen, was sie ist, denn es gibt niemanden, der nicht wüßte, daß sie zu Recht als die schönste, die reichste, die bevölkerungsreichste, die blühendste und als eine der größten Städte Europas gilt. Man weiß auch, daß sie vor keiner Stadt auf der Welt zurücksteht, sei es was die erstaunliche Zahl ihrer imposanten Gebäude, die Weisheit ihrer Regierung, die Zahl der hier gepflegten Wissenschaften und anderen Künste, alle die Annehmlichkeiten und Unterhaltungsmöglichkeiten oder den bemerkenswerten Handel angeht, der sich dort abspielt.« So wie der Abbé Expilly im Jahre 1768 die Stadt beschrieb und pries, so haben Hunderte von Reisenden aus ganz Europa ihrer Bewunderung Ausdruck verliehen und den Mythos dieser Stadt begründet. Sie war der bewunderte und ersehnte Mittelpunkt der europäischen Welt.

Doch die Stadt fand auch kritische Beobachter: »Politisch gesehen ist Paris viel zu groß: ein Wasserkopf, an dem der Staatskörper viel zu schwer zu tragen hat. Doch da es heute bereits zu gefährlich wäre, die Geschwulst zu schneiden, wird man sie wohl weiterwachsen lassen müssen. Es gibt Übel, denen, wenn sie einmal Wurzel geschlagen haben, nicht mehr beizukommen ist. Überdies sind die großen Städte genau nach dem Geschmack der absolutistischen Regierung. Sie tut alles, um Paris mit Menschen vollzustopfen; die großen Herren lockt sie mit Luxus und Genüssen – die Massen treibt sie in den Pferch wie Lämmer, auf daß es den Schäferhunden leicht falle, die Herde zusammenzuhalten und den Gesetzen Geltung zu verschaffen. Und schließlich ist Paris ein Kessel, in dem die Menschheit unter sicherem Verschluß gehalten wird.«

Dem Verfasser dieser grimmigen Beschreibung, Louis-Sébastian Mercier, ging es bei seinen präzis beobachteten, kritischen Kapiteln über die Hauptstadt seines Heimatlandes keineswegs um die möglichst pompöse Beschreibung der Stadt als Ziel für Besucher aus allen Ländern. Was ihn viel mehr bewog, seine Beobachtungen auf Straßen und Plätzen, in Theatern, Kneipen und Gerichten zu Papier zu bringen, war die Überzeugung, in dieser Stadt exemplarisch neue Entwicklungen in der Gesellschaft beobachten zu können. Es erstaunt deshalb nicht, wenn wir im Grunde bei ihm schon alle Paris-Bilder vorweggenommen finden: Paris ist die »Milchkuh«, die der König melkt, Paris ist der summende »Bienenkorb«, der »ungeheure Käfig« und natürlich das »Herz des Königreiches«.

Das was alle Paris-Reisende dieser Zeit geradezu schockte, war die aus Feldern, Wiesen und zuletzt Gärten plötzlich aufwachsende Stadt, die seit 1786 durch die berühmte Zollmauer eingeschlossen wurde. Die Stadt konnte nur durch eine der 54 Zollbarrieren betreten werden, an denen alle Reisenden, alle Bauern und Handwerker aus der nahen Umgebung kontrolliert wurden, ob sie Waren, die dem »octroi« unterlagen, in die Stadt bringen wollten. Ein in seinen Ausmaßen schwer vorstellbares System von Zöllen lag auf den Mengen an Versorgungsgütern, die die Märkte der Stadt täglich verschlangen. Gut 80 000 Rinder und 324 000 Schafe passierten jährlich die Zollschranken, 734 320 Hektoliter Wein wurden verzollt, so daß ca. 36 Millionen Livres im Jahr allein aus diesen Zöllen in die Kassen des Königs flossen.

Dieses Paris war für die umliegenden Provinzen ein gefräßiger Moloch, dessen Aufkäufer die Märkte im weiten Umkreis absuchten, um den grenzenlosen Appetit der wachsenden Stadt zu befriedigen, deren Ausmaß die aus der ländlichen Welt der Provinzen ankommenden Menschen ängstigen mußte. Tatsächlich erlebte Paris gerade im Jahrzehnt vor der Revolution – wir sprachen schon davon – eine enorme bauliche Veränderung. Brücken und Quais wurden gebaut oder neu befestigt, neue Stadtviertel entstanden, Bauunternehmer machten beachtliche Gewinne, Bauarbeiter, Maurer, Zimmerleute, Schreiner wurden gesucht und kamen in die Stadt, die ein anderes, ein besseres Leben versprach. Seit der Mitte des 18. Jahrhunderts stieg die Zahl der Stadtpläne schnell an, im Jahrzehnt vor der Revolution erschienen allein 28 neue Pläne und versuchten, mit den raschen Veränderungen Schritt zu halten. Die Stadt wuchs und wuchs, so daß in einem Faubourg wie Saint-Antoine gut zwei Drittel aller Bewohner nicht in Paris geboren waren. Kein Wunder, wenn unter den verurteilten Dieben, Aufrührern und behandelten Kranken, die sich zahlenmäßig fassen lassen, immer zwei Drittel in der Provinz geboren waren.

Damit wurde Paris immer mehr zu einer Stadt der Widersprüche. Hier die prächtigen Häuser der Kaufleute, Finanziers und Adeligen an der Rue St. Honoré, um die Place des Victoires oder im Maraisviertel, das jedoch schon aus der Mode kam, dort die übervölkerten Arbeiter- und Handwerkerviertel Saint-Marceau auf der linken Seite oder Saint-Antoine auf der rechten Seite des Flusses. Hier die dichtgedrängten Juwelier-, Stickerei- und Kunsthandwerksgeschäfte auf den Brücken zur Cité, dort die engen, dunklen, ungepflegten und stinkenden Straßen der Handwerkerquartiere. In einem Haus der Rue St. Honoré finde man mehr Geld, schrieb Mercier, als im ganzen Viertel Saint-Marceau, wo das unruhige und undisziplinierbare niedere Volk lebe.

Die Pariser Polizei

Paris war in diesen Jahren ohne seine Polizei undenkbar. Zu krass waren die Gegensätze zwischen arm und reich, zu bekannt war die Ungeduld der Einwohner der armen Viertel, zu bedrohlich war der stetige Zustrom hungriger Provinzbewohner. Wie stand es um die Polizei und die anderen bewaffneten Kräfte, die dem König vor der Revolution in Paris zur Verfügung standen, um Ruhe und Ordnung aufrechtzuerhalten, Verbrecher zu bestrafen oder Regimekritiker unschädlich zu machen? Paris war eine Stadt mit einer für diese Zeit erstaunlich großen Zahl von Polizeikräften, die wegen ihrer guten Organisation in ganz Europa hohes Ansehen genossen. Aus gutem Grund ließ sich 1772 Maria Theresia Aufbau und Tätigkeit der Pariser Polizei in einem Bericht des Kommissars Lemaire ausführlich beschreiben: Die Pariser Polizei galt nicht nur in den europäischen Hauptstädten als vorbildlich, auch in der Stadt selbst war man offensichtlich davon überzeugt, daß ein Aufstandsversuch angesichts der Polizeikräfte, der Garden und der Garnisonsstädte um die Hauptstadt herum sinnlos sei. »Wenn der Pariser, der Momente der Empörung kennt, sich empören würde«, so schrieb Mercier in seinem »Tableau de Paris« 1783, »würde man ihn bald in den großen Käfig sperren, den er bewohnt.« Ein Aufruhr sei »moralisch unmöglich« geworden.

Seit dem späten 17. Jahrhundert unterstand die Stadt, die sich als Residenzstadt der Könige nie zu einer freien Stadt mit eigener Kommunalverfassung hatte entwickeln können, einem »Lieutenant général de la police«, der selbst wieder dem für den königlichen Haushalt verantwortlichen Minister unterstellt war. Jeden Montagmorgen fuhr dieser Chef der Pariser Polizei nach Versailles, um seinem Minister, zuweilen auch dem König selbst, Bericht über die Sicherheitslage der Hauptstadt zu erstatten.

Die Stadt war seit 1701 in 20 Stadtviertel aufgeteilt, jedes unterstand einem »inspecteur de police«. Daneben waren in jedem der Viertel zwei oder drei der insgesamt 48 Kommissare stationiert, die neben polizeilichen Aufgaben auch als Schnellrichter tätig waren und notarielle Funktionen ausübten. Ihnen oblag das alltägliche Geschäft der Ahndung der kleinen Gesetzesübertretungen, der Beleidigungen, der Angriffe auf Personen, der Ordnungswidrigkeiten, so daß viele Beobachter der Meinung waren, diese Kommissare sorgten eigentlich für »die gute Ordnung und die erstaunliche Ruhe« in Paris. Am 21. März 1789 befahl der Polizeichef Thiroux de Crosne seinem Kommissar Dupuy, der mit einem Kollegen im Viertel Saint-Benoît arbeitete, am kommenden Freitag in seinem Büro zu bleiben. An diesem Tage werde das Urteil gegen die Anstifter eines Aufruhrs in Saint-Antoine gefällt, und es seien neuerliche Unruhen zu erwarten. Er solle die eventuell Arrestierten verhören und über ihr weiteres Schicksal entscheiden.

Polizei bedeutete auch im Paris des späten 18. Jahrhunderts viel mehr als Überwachung der Stadt und Verbrechensbekämpfung. Polizei erstreckte sich noch auf praktisch alle Bereiche des städtischen Zusammenlebens. So gehörten die Feuerwehr, die Wasserversorgung, die Reinigung oder auch die Beleuchtung der Straßen durch 3528 neue Straßenlaternen in der Nacht selbstverständlich zum Aufgabenbereich der Polizei. Obwohl auf diese Weise für alles und jedes eine Spezialpolizei existierte, von der Wein- bis zur Zeitungspolizei und von der Sitten- bis zur Schauspielpolizei, so war doch der Informationsbedarf dieser Beamten letztlich höher als ihre Effektivität im Durchgreifen. Angesichts ihrer relativ guten Personalausstattung genoß die Polizei hohes Ansehen und wurde zugleich gefürchtet. Man traute ihr jedenfalls zu, über alles informiert zu sein. Ein wirksames Netz von vielleicht 400 kleinen Informanten und Spitzeln, die – oft genug während vorausgegangener Gefängnisaufenthalte rekrutiert – im Sold der Polizei standen, verstärkte hierbei die normalen Polizeibeamten, sie waren aber schon Teil der Zahl von insgesamt 2 000 Polizeikräften, die dem Polizeichef für den täglichen Dienst zur Verfügung standen. Die sich damit ergebende Zahl von etwa 1 500 Beamten für Überwachung und Einsatz führt zugleich alle Übertreibungen über die immer wieder kolportierte Allgegenwärtigkeit der Pariser Polizei auf ein realistisches Maß zurück, auch wenn wir bedenken, daß die bezahlten Spitzel noch durch eine dreimal höhere Zahl von Gelegenheitsinformanten ergänzt wurde.

Bei aller bemerkenswerten Fähigkeit der Polizei, die Händler handgeschriebener Zeitungen oder unerlaubter Schriften zu beschatten und schließlich dingfest zu machen, beschränkte sich ihre Wirksamkeit doch eher auf die Überwachung und Bestrafung der normalen Kriminalität. Diebe, Wechselfälscher und die Verfasser »gefährlicher« Schriften waren gut bei ihr aufgehoben, sie war aber keine Macht, die im Falle einer Revolte des Volks von Paris wirksam eingreifen konnte. Für die Angehörigen der Polizei galten zudem die gleichen Vorschriften für das Tragen von Waffen wie für alle anderen Bürger. Sie führten keine Feuerwaffen, nur Degen oder Säbel.

Die Gardes Françaises und die Armee des Königs

Sicher, es gab die Gardes Françaises in der Stadt, und sie hatten auch bei der Niederschlagung der Unruhen von 1775 loyal zur Regierung gestanden, ja sie hatten noch im April 1789 beim Kampf um das Haus des Fabrikanten Réveillon auf die plündernden Arbeiter aus Saint-Antoine geschossen. Doch diese in der Bevölkerung verankerte Truppe, die zudem auf mehrere kleine Kasernen verteilt war, hatte sich in den letzten Jahren, vor allem aber seit dem Frühjahr 1789, immer stärker mit den Interessen des Dritten Standes solidarisiert. Angesichts der vielen Nebentätigkeiten der Gardesoldaten konnte das auch nicht erstaunen. Es war in Paris auch ein offenes Geheimnis, daß viele Mitglieder der Gardes Françaises ihren knappen Sold durch erhebliche Nebeneinnahmen als Zuhälter oder andere kriminelle Tätigkeiten aufbesserten, die Gardesoldaten waren Dauerkunden der Polizeikommissare. In jedem Fall stellten sie für die königliche Regierung keinen verläßlichen Machtfaktor dar, schon gar nicht seit dem Frühsommer 1789, also nach dem Réveillonaufstand und nach dem Dienstantritt ihres neuen Kommandeurs, der mit eisernem Besen kehren wollte. Um so mehr mußte es angesichts begrenzter oder sogar unzuverlässiger Polizeikräfte auf die Linienregimenter ankommen, das Rückgrat der militärischen Macht des Königreiches.

Es waren immerhin etwa 156 000 Mann, die der König in diesen Jahren unter Waffen hielt, wobei die schon erwähnten Gardetruppen der »Maison du roi« in Stärke von 7 200 Mann nicht mitgezählt wurden. Ca. 116 000 Männer dienten in 102 Infanterieregimentern, 33 000 in 62 Kavallerieregimentern. Die schwächste Gruppe des Landheeres bildeten ca. 6 600 Artilleristen. Diese Armee, auf Freiwilligen aufbauend, war ganz überwiegend im Norden und Osten des Landes stationiert, und sie rekrutierte sich auch hauptsächlich aus den jungen Leuten dieser Grenzprovinzen.

Trotz vieler sog. deutscher und Schweizer Regimenter lag der Anteil ausländischer Soldaten doch immer unter 10 %, eine nicht unwichtige Tatsache angesichts der heftigen Reaktionen in Paris und in den Generalständen gegen die »ausländischen Horden«, die der König um Paris versammelt habe.

Diese Armee wurde von einem Offizierkorps geführt, das ganz überwiegend den Adelsstand entstammte, und diese Tendenz zur Dominanz des Adels gegenüber vereinzelt aufrückenden bürgerlichen Offizieren hatte sich gerade vor 1789 noch verstärkt. Die Unzufriedenheit der Unteroffiziere über mangelnde Aufstiegsmöglichkeiten und das schlechte Verhältnis zum Offizierstand, die Empörung der einfachen Soldaten über schlechte Behandlung und drakonischen Strafvollzug war allen Beobachtern dieser Armee bekannt. Es ist bezeichnend, daß ausgerechnet am 14. Juli 1789 die Zeitungen der Hauptstadt meldeten, daß der neue Kriegsminister die Prügelstrafe für Soldaten mit dem flachen Säbelblatt verboten habe.

Diese Armee sollte im Lauf des Jahres 1788 immer mehr zu einem innenpolitischen Entscheidungsfaktor werden. Der Versuch des Königs, die Macht der einflußreichen Parlamente zu beschneiden, rief revoltenartige Zustände in der Bretagne (Rennes) und in der Dauphiné (Grenoble) hervor, die nur mit Hilfe der dort stationierten Regimenter beigelegt werden konnten. Doch schon in diesen Auseinandersetzungen verweigerten einzelne Obristen den Einsatz ihrer Truppen, vor allem den Schießbefehl gegen politische Demonstranten. Als im März 1789 in Besançon die Häuser der Mitglieder des Parlaments von Bürgern angegriffen wurden, weigerte sich ein Marquis de Langeron, seine Truppe einzusetzen: Die Armee solle gegen die Feinde des Staates eingesetzt werden, aber nicht gegen seine Bürger.

Während der Einsatz der Armee innerhalb der Elite des Landes höchst umstritten war, wenn es um die Auslegung der Rechte des König und der Parlamente ging, bestand sofort Einigkeit unter ihnen, wenn die Armee zum Schutz von Ruhe und Ordnung gegen Bewegungen der sozialen Unterschichten aufgeboten wurde. Ein Jahr nachdem die Mitglieder des Parlaments von Rennes den Einsatz der Armee heftig kritisiert hatten, als es um die Verteidigung ihrer Rechte ging – wobei man auch gerne die gefährliche Hilfe des Volkes annahm – forderten sie den Einsatz der Armee, als im

Mai 1789 die Bevölkerung der Stadt gegen die hohen Brotpreise aufstand. Man hat geschätzt, daß in diesem Hungerfrühjahr 1789 über 300 lokale Revolten in Frankreich ausbrachen. In den allermeisten Fällen wurde die Armee zu Hilfe gerufen, um die Getreidemärkte oder die Bäckerläden zu schützen. Schnell wurde klar, daß die einfachen Soldaten wenig Lust zeigten, gegen ihre notleidenden Landsleute vorzugehen. Sobald der kommandierende Offizier nicht am Ort war, ließ man den Dingen ihren Lauf. Diese ständigen Einsätze meist kleinerer Truppeneinheiten unter erschwerten Bedingungen, der unmittelbare Eindruck von der Not des Volkes, Formen des Einsatzes, die dem Selbstverständnis vieler Soldaten widersprachen, all dieses schwächte die Moral der Truppe und machte sie anfällig für die allgemeine Regimekritik oder sogar für die sich immer wieder bietenden Chancen zur Desertion. Schon das Jahr 1788 konnte eigentlich keinen Zweifel mehr daran erlauben, daß die Armee keine unbedingt verläßliche Stütze des Königtums mehr war.

Die Bastille

Wer Paris vor der Revolution in östlicher Richtung verlassen oder von Osten her die Stadt betreten wollte, mußte unweigerlich das Stadttor Saint-Antoine, das jedoch schon 1773 abgerissen worden war, bzw. die Place Saint-Antoine passieren, und er mußte damit auch die Bastille in Augenschein nehmen. Diese Festung, deren zwei Mitteltürme ehemals selbst den Zugang zur Stadt gebildet hatten, beherrschte seit dem Ende des 14. Jahrhunderts den östlichen Teil der Stadt auf dem rechten Seineufer. Die Baugeschichte dieses Teils der Stadtbefestigung beginnt mit der Grundsteinlegung durch den Vorsteher der Kaufmannschaft Hugues Aubriot am 22. April 1370 an der Stelle, wo schon vorher ein Wehrturm (»Bastide«) gestanden hatte, der ebenfalls den Namen Saint-Antoine trug. Auf Befehl und auf Kosten Karls V. sollte mit der neuen Bastille die Stadtbefestigung weiter verbessert werden. Diese Phase der Baugeschichte wurde im wesentlichen im Jahre 1382 abgeschlossen, als eine aus acht Türmen bestehende Anlage entstanden war, die durch dicke Mauern miteinander verbunden waren. Diese Anlage war mit einem Graben umgeben, der von der

Seine aus mit Wasser gespeist wurde. Nach dem Ausbau des ursprünglich zweitürmigen Stadttors zur Festung mußte der eigentliche Zugang zur Stadt neben die Festung verlegt werden, die die alte Rue Saint-Antoine vollständig absperrte. Seit der Regierungszeit Heinrichs II. in der Mitte des 16. Jahrhunderts wurde dieser Festungsbau zusätzlich durch eine dreieckige Bastion geschützt, deren Spitze nach Osten gerichtet war.

Das äußere Erscheinungsbild der Bastille unterschied sich am Ende des 14. Jahrhunderts nur unwesentlich von dem des späten 18. Jahrhunderts. Der wichtigste Unterschied wird wohl in der Relation zwischen der massigen Festung und den sie umgebenden Häusern gelegen haben. Während die neuerbaute Bastille mit ihren Türmen von 24 Metern Höhe, ihrer Länge von 66 und ihrer größten Breite von 34 Metern ein Bauwerk darstellte, das aus der mittelalterlichen Bebauung wuchtig herausragte, hatte sich dieser Eindruck gegen Ende des 18. Jahrhunderts doch schon stark abgeschwächt. Mehrstöckige Gebäude waren näher an sie herangerückt und minderten damit die optische Gewalt dieser Festung. Der gewandelte äußere Eindruck des Bauwerks entsprach damit eigentlich auch seinem Wandel vom ursprünglichen Festungwerk zum Staatsgefängnis, denn vor allem diese beiden Funktionen hatte die Bastille im Lauf ihrer vierhundertjährigen Geschichte erfüllt, und seit dem späten 17. Jahrhundert war sie ganz eindeutig zu einem besonderen Gefängnis geworden.

Doch werfen wir noch einen Blick in das Innere der Festung, das in zwei Innenhöfe aufgeteilt war. Bewohnbar waren ohnehin nur die acht Rundtürme, die einen äußeren Durchmesser von gut 11 Metern hatten, wobei allerdings die Mauern jeweils um zwei Meter dick waren. Noch mächtiger waren die Mauern, die die acht Türme miteinander verbanden. Jeder dieser Türme – mit Ausnahme des Freiheitsturms, der sechs Stockwerke hatte – war in fünf Stockwerke unterteilt. Darunter befanden sich die »cachots«, Kellergefängnisse, die wegen ihrer Feuchtigkeit, Kälte und wegen der dort lebenden Ratten gefürchtet waren. Erst als seit der Mitte des 17. Jahrhunderts die Wassergräben nicht mehr regelmäßig mit Seinewasser, sondern nur noch sporadisch durch Regengüsse gefüllt wurden, verbesserten sich die Lebensbedingungen in den cachots, wenn sie überhaupt noch benutzt wurden. 1776 wurde ihre Benutzung für die Unterbringung von Gefangenen ohnehin untersagt.

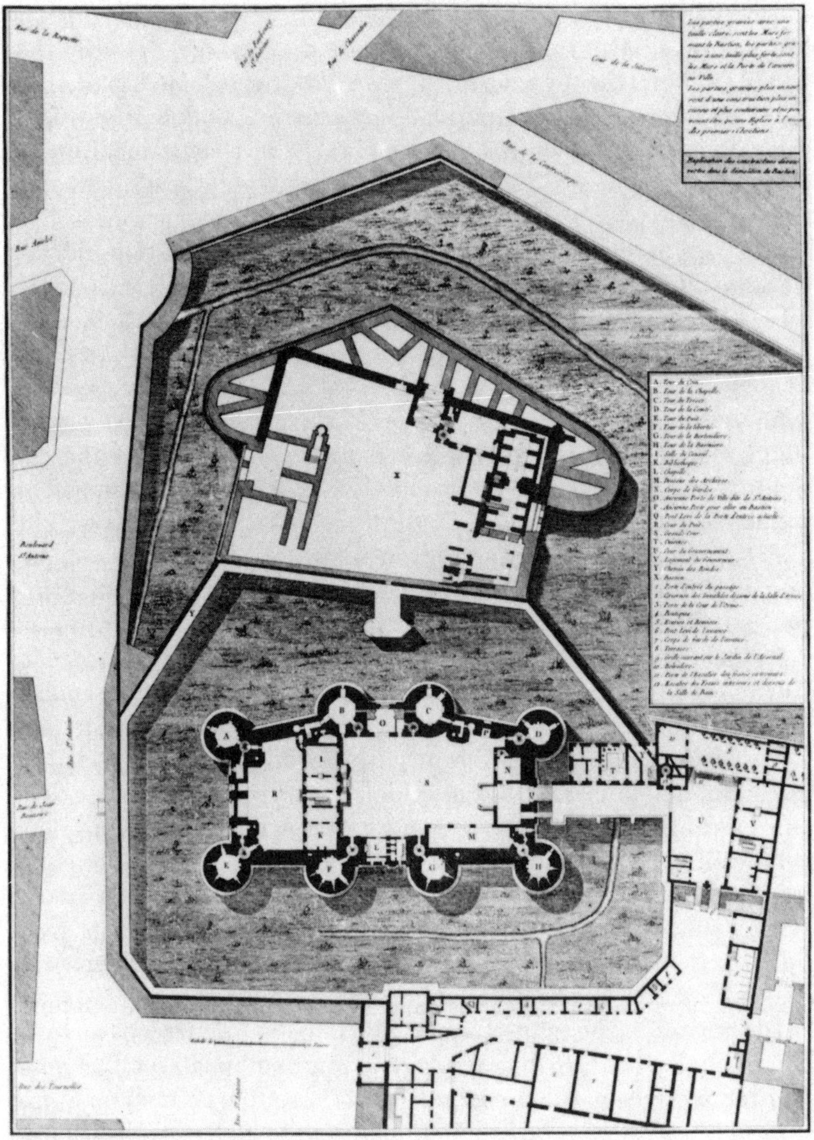

Abb. 2: Plan der Bastille im Jahre 1789

Doch waren diese Kellerräume eigentlich auch nicht für die Gefangenen gedacht. Ihrer Unterbringung dienten die Turmzimmer, die über Wendeltreppen erreicht wurden. Nur das jeweils oberste Zimmer war wegen der Hitze im Sommer wenig beliebt und wurde deshalb auch nicht genutzt. Da die Mauern zwischen den Türmen die gleiche Höhe wie die Türme selbst besaßen, war ein außerordentlich kompaktes Bauwerk entstanden, das unter militärischen Gesichtspunkten eigentlich schwer zu erobern war. Die Geschichte der Bastille zeigt jedoch, daß sie Belagerungen niemals lange widerstand. 1594, während der Religionskriege, und 1649, während der Fronde, hatte sie ihren Angreifern nur kurz Widerstand leisten können. Eine Plattform, die nur unzureichend gegen Beschuß gesichert war, ermöglichte der Besatzung und zuweilen auch den Gefangenen einen vorzüglichen Blick über die benachbarten Stadtviertel. Hier standen 15 Schiffsgeschütze, die aber nurmehr bei freudigen Anlässen als Salutgeschütze benutzt wurden.

Erhebliche Veränderungen im Inneren und in den angrenzenden Vorhöfen hatte dieser Festungsbau erst im Lauf des 18. Jahrhunderts erfahren. Der Grund dafür liegt eindeutig darin, daß – wie schon angedeutet – die Bastille seit den Zeiten des Kardinals Richelieu zu einem Staatsgefängnis geworden war. Ihre Festungsfunktionen traten immer stärker zurück, um so mehr mußte den neuen Anforderungen Rechnung getragen werden. 1761 wurde im Innenhof der Quertrakt, der in seinen Grundzügen schon aus dem 17. Jahrhundert stammte, erneuert und nahm das Archiv, die Bibliothek, sowie Wohnräume für die Offiziere, den Chirurgen und den Priester auf. Schon ein Jahrzehnt früher hatte man im ersten Vorhof außerhalb der Bastille Kasernen für die Kompanie der Invaliden gebaut, denn diese Kompanie war erst 1749 eigens für die Bewachung der Bastille aufgestellt worden.

Die gegenüberliegende Ladenzeile hatte eine sehr wechselvolle Geschichte. Schon früh war einigen Kaufleuten dieser Platz am vielfrequentierten östlichen Stadttor als besonders günstiger Standort für ihre Läden erschienen, und so hatte sich hier zunächst mit der Genehmigung des benachbarten Frauenklosters eine Zeile von durchaus provisorischen hölzernen Läden entwickelt, die sich dann trotz mancher Versuche zur Bereinigung dieses Teils des Vorhofs gehalten hatte. Dies konnte vermutlich nur deshalb geschehen, weil der Gouverneur der Bastille auf diese Weise einige Tausend Livres an Mieten kassieren konnte, nachdem die Läden 1785 neu erbaut und den Besitzern Mietverträge auf 6 Jahre ausgestellt worden waren: Ein Konditor, ein Perückenmacher, ein Parfumeur, zwei Kurzwarenhändler und der Wirt einer Kantine für die Invaliden hatten sich hier angesiedelt. Die Lage der Geschäfte erwies sich auch deshalb als günstig, weil dieser Vorhof der Bastille, der sog. Ulmenhof, einen dem allgemeinen Publikum zugänglichen Durchgang zum Arsenalgarten bildete, der früh um 5 Uhr geöffnet und erst spät am Abend geschlossen wurde. So bildete die Bastille, zumindest mit ihrem Vorhof und den dort lebenden Invaliden, einen festen Teil des städtischen Lebens, von einer hermetischen Abschließung des Komplexes konnte keine Rede sein.

Jeden Morgen betrat z. B. der Uhrmachermeister der Bastille die Festung, begab sich zum Querbau, der die beiden Höfe trennte, und stieg die Treppen bis zum dritten Stock hoch, wo sich der Maschinenraum eines großen Uhrwerks befand. Dort machte er sich daran, das Uhrwerk aufzuziehen, ab und zu korrigierte er auch den Stand der Zeiger oder schmierte ihren Mechanismus. Seit dem 14. März 1764 war dies die tägliche Pflicht zunächst des Uhrmachermeisters Quillet, denn er hatte selbst dieses Uhrwerk konstruiert und eingebaut. Seit 1787 hatte ihn M. Festeau abgelöst, und seit Juni 1789 versah M. Lejeune dieses Amt. 150 Livres im Jahr war dem König diese tägliche Sorge um die genaue Zeit in der Bastille wert.

Simon-Nicolas-Henri Linguet, von 1781–1782 Häftling der Bastille, hatte sich auch dieses Uhrwerk genau angesehen. Besonders stieß er sich daran, daß die beiden allegorischen Figuren, die die Uhr an ihren Seiten zierten, durch Ketten mehrfach miteinander verbunden waren. Daß der Künstler damit eigentlich Jugend und Alter hatte darstellen wollen, war dem Häftling Linguet – verständlich in seiner Lage – nicht aufgefallen. Obwohl selbst keineswegs an Ketten geschmiedet, hatte er in seinem Erfahrungsbericht diese mit Ketten verbundenen Figuren besonders angegriffen. Für ihn standen da oben Mann und Frau, aneinander gefesselt, und er empfand dieses Bild als wenig erfreulich für den Innenhof eines Staatsgefängnisses. Da Linguets Memoiren in der Öffentlichkeit starke Beachtung fanden, gab der Baron de Breteuil als verantwortlicher Minister während eines Besuchs der Bastille den Befehl, die Ketten von den beiden Figuren zu entfernen.

Ein bewachter Zugang zur Festung fand sich erst an der Zugbrücke, die den Vorhof mit dem Gouvernementhof verband. Hier stand eine Wache, die Neugierige zurückwies und die regelmäßigen Besucher der Bastille wie Rechtsanwälte, Lieferanten, den Uhrmacher und die Angehörigen von Gefangenen kontrollierte. Das Haus des Gouverneurs und die Küchengebäude auf der steinernen Brücke zum großen Haupttor waren erst in der letzten Epoche der Bastille entstanden. Es scheint, daß sich vor allem Bernard-René Jourdan, Marquis de Launey, der der letzte Gouverneur der Bastille sein sollte, selbst um die Verbesserung seiner Wohn-und Arbeitsmöglichkeiten gekümmert hat, denn für ihn wie für die Besatzung stellte der Bastillekomplex auch die Wohnung dar, in der sich unter den Augen der Häftlinge sein Familienleben abspielte. So war es für die Häftlinge immer eine willkommene Abwechslung, die Frau des Gouverneurs auf ihrem Weg zum Badehaus im Innenhof zu beobachten, ein Vorgang, der jedesmal von aufwendigen Sicherheitsvorkehrungen der Wachen vorbereitet wurde.

Unser Gewährsmann Linguet beschrieb diesen Vorgang, der mit dem Vorbeimarsch des Dienstboten für das warme Wasser und der Kammerfrau für die Wäsche begann, mit spöttischer Akribie in seinen »Mémoires de la Bastille« von 1783 folgendermaßen: »Endlich kommt Madame selbst; sie ist nicht gerade schlank; ihr Gang ein wenig schwerfällig, der Weg, den sie zu gehen hat, ist ziemlich lang; der Wachtposten, um ihr die Ehre zu erweisen und seine Genauigkeit zu bekunden, schreit: »Au cabinet«, sobald er sie erkennt; jetzt muß man verschwinden oder im Zimmer bleiben, bis daß sie sich aus dem Bad zurückbegibt. Und wenn sie es verläßt, dann ist ihr Abgang von den gleichen Formalitäten in umgekehrter Reihenfolge begleitet.» Als einmal ein Wachtposten den Warnruf »Au cabinet« vergaß und Linguet auf diese Weise der Dame im Morgenmantel ansichtig werden konnte, mußte der Soldat seine Ungeschicklichkeit mit 8 Tagen Gefängnis büßen.

Ein solcher Bericht eines Juristen und kritischen Publizisten mag schon andeuten, daß es sich bei der Bastille um kein normales Gefängnis für gewöhnliche Kriminelle handelte. Sie war vielmehr ein Gefängnis vor allem für zwei Kategorien von Häftlingen. Zum einen wurden hier politische Gefangene im weitesten Sinne, also z. B. Verfasser aufrührerischer Schriften, Feinde der königlichen

Religionspolitik, untreue hohe Beamte, rebellische Parlamentsmitglieder und ähnliche Fälle verwahrt. Diese Fälle machten den ganz überwiegenden Anteil der Gefangenen aus. Zum anderen wurden hier zuweilen Adelige festgehalten, deren Lebenswandel und sittliches Verhalten von ihren Familien nurmehr dadurch kontrolliert werden konnte, daß man sie einsperren ließ. Einer der berühmtesten Häftlinge der Bastille überhaupt, der Marquis de Sade, wurde auf Antrag und auch auf Kosten seiner Familie für fünf Jahre hier verwahrt. Er wurde im Februar 1784 aus dem Gefängnis von Vincennes in die Bastille eingeliefert und zehn Tage vor dem Sturm auf die Bastille in die Irrenanstalt von Charenton gebracht. Häftlinge wie Sade, aber auch einer der am 14. Juli befreiten Häftlinge, waren also eher Opfer erzieherischer Maßnahmen ihrer Familien als der königlichen Justizwillkür.

Die Einlieferung in die Bastille oder vergleichbare Staatsgefängnisse bewirkte eine sog. »lettre de cachet«, berüchtigtes Zeugnis absolutistischer Justizwillkür. Tatsächlich kann man feststellen, daß die Zahl dieser gefürchteten königlichen Haftbefehle vor allem seit Beginn der Regierungszeit Ludwigs XVI. stark abgenommen hatte. Während seiner Regierung wurden lediglich 45 dieser Verhaftungsbefehle ausgestellt, und allein diese Zahl macht deutlich, daß von einem despotischen Willkürregime erheblichen Ausmaßes kaum gesprochen werden kann. Die von der Regierung ausgehenden Befehle machten darüber hinaus nur noch einen geringen Prozentsatz aller »lettres de cachet« aus, die – wie schon angedeutet – meist von den Familien der »Opfer« beantragt wurden, wenn etwa junge Adelige einen unsittlichen Lebenswandel führten, ihr Vermögen verschleuderten, Mesalliancen eingingen oder auf ähnliche Weise den Ruf ihrer Familien gefährdeten.

So weist die Liste der 5279 Gefangenen, die von 1659 bis zum 1. Mai 1789 in die Bastille eingeliefert wurden, unbekannte und prominente Namen auf. Es sind im 17. Jahrhundert vor allem Spione, Verräter, Abenteurer aller Art, die den königlichen Absolutismus vielleicht gefährden konnten. Bis in die Mitte des 18. Jahrhunderts hinein sind es Angehörige der protestantischen Religion und Jansenisten (Anhänger einer von den Jesuiten bekämpften katholischen Gnadenlehre, die unter französischen Gelehrten viele Anhänger hatte). Es sind schließlich, vor allem im 18. Jahrhundert, Schriftsteller wie Voltaire und Morellet, königskritische

Mitglieder des Parlaments und die Deputierten des bretonischen Adels im Jahre 1788, Angehörige des Hochadels wie der Kardinal von Rohan, der wegen seiner Verwicklung in die »Halsbandaffäre« eingeliefert wurde, aber auch Systemkritiker wie der erwähnte Linguet. Zwar nahm der prozentuale Anteil der Adeligen zwischen dem späten 17. Jahrhundert und dem späten 18. Jahrhundert leicht ab, aber die Bastille blieb ein besonderes Gefängis: Ein Aufenthalt in ihr galt nicht als der Ehre eines Adeligen abträglich. Mit einem Dienstboten, Lektüre, zusätzlichem Essen und anderen Annehmlichkeiten versehen, ließ sich ein solcher Zwangsaufenthalt schon überstehen. Auch die durchschnittliche Aufenthaltsdauer der Gefangenen spricht nicht gerade für die Härte der Strafen. 83 % bleiben weniger als ein Jahr, 13 % zwischen einem und fünf Jahren, 3,8 % länger als fünf Jahre. 44 Gefangene bleiben länger als zehn Jahre und nur neun länger als 20 Jahre.

Was der Bastille im 18. Jahrhundert an adeliger Klientel verlorenging, gewann sie an philosophisch-publizistischer Kundschaft hinzu. Nachdem die hohen Zahlen von Gefangenen, die wegen ihres Bekenntnisses zur »vorgeblich reformierten Religion« oder ihrer Bindung an den Jansenismus abgenommen hatten, wurden die Schriftsteller zur prägenden Gruppe der Gefangenen. Sie bestimmten das Klima der öffentlichen Auseinandersetzungen über die Bastille, und es gelang ihnen, in der Öffentlichkeit ein Bild der Bastille zu zeichnen, das der Wirklichkeit eines Vorzugsgefängnisses in keiner Weise entsprach: Sie schufen den »Mythos« der Bastille! Dieser Mythos der Bastille als Symbol despotischer Herrschaft schlechthin, menschenverachtender Grausamkeit, geheimer Justiz, fehlender Rechtsmittel war ein Produkt vor allem der zweiten Hälfte des 18. Jahrhunderts, und seine Entstehung war eher ein Indiz für die sich jetzt vermehrt bietenden Möglichkeiten einer öffentlichen Diskussion über Mißstände als für die Mißstände selbst. In dieses Bild der Bastille fügte es sich, wenn zusammen mit den Schriftstellern ihre Bücher in den »pilon« der Festung eingeliefert wurden, um dort vernichtet zu werden.

Es waren die literarischen Angriffe eines Constantin de Renneville, der 1715 in seiner »Histoire de l'Inquisition française ou l'Histoire de la Bastille« zum erstenmal den Feldzug gegen die Protestanten angriff, und eines Linguet, der 1783 vom sicheren London aus seine »Mémoires de la Bastille« publizierte, die für den europäischen Ruhm der Bastille sorgten. Als der Deutsche Heinrich Storch 1787 Paris besuchte, schrieb er nach Hause: »Nur noch eines öffentlichen Gebäudes will ich erwähnen und das ist die fürchterliche Bastille. Ein Ort, der ehedem zur Aufbewahrung des königlichen Schatzes diente, und izt als ein berüchtigtes Staatsgefängnis allenthalben bekannt ist. Seit wenigen Jahren ist das Kastel durch seine merkwürdigen Gefangenen der anhaltende Gegenstand der Aufmerksamkeit Europas geworden.«

Für den Höhepunkt dieses bastille-kritischen Schrifttums aber sorgte Henri Danry alias Maser de Latude, dem 1756 einmal der Ausbruch aus der Bastille gelungen war, dessen anonym herausgegebene Memoiren 1787 in Amsterdam erschienen. Sogar die ehrwürdige Akademie reihte sich in den Jubel um seine schließlich durchgesetzte Entlassung im Jahre 1784 ein, indem sie Madame Legros, der wichtigen Helferin Latudes, ihren jährlichen Tugendpreis verlieh. Von unbeugbarer Widerstandskraft, auch durch seine erneute Inhaftierung nach dem Ausbruch nicht entmutigt, wurde Latude zum lebenden Symbol des Kampfes gegen die despotische Justiz, die ihn schließlich, mit einer Staatspension versehen, freigeben mußte. Seine kurz nach der Zerstörung der Bastille veröffentlichten Memoiren wurden in drei Jahren 20 mal nachgedruckt. Daneben reagierten viele Schriftsteller auf die Existenz der Bastille. Von Voltaires »Le Huron ou l'Ingénu« bis zu Caron de Beaumarchais' »Figaros Hochzeit« wird das Grundthema einer »verkehrten Welt« durchgehalten: Die wahre, weil verfolgte, Tugend dieses Landes schmachtet im Kerker, während die wirklichen Verbrecher in Freiheit leben und ihre tugendhaften Kritiker auch noch verfolgen.

Als sich der König und die Königin von einer Hofdame die kritischen Passagen aus Beaumarchais' Stück vorlesen ließen, empörte sich der König: »Das ist abscheulich, das wird nie gespielt werden. Man müßte die Bastille zerstören, damit die Aufführung dieses Stückes keine gefährliche Inkonsequenz sein soll.« Da das Stück schließlich doch aufgeführt wurde (was seinem Verfasser einen Gefängnisaufenthalt, wenn auch nicht in der Bastille, einbrachte), erforderte die Logik dieser Bemerkung die Zerstörung der Bastille. Diese kleine Begebenheit um ein gewiß unwichtiges Schauspiel ist gleichwohl charakteristisch für die Situation dieses Staates: Der Zeitpunkt, an dem durch Zensur, Strafe und verschärfte Kontrolle das öffentliche Räsonnement hätte unterbunden werden können, war längst vergangen. Als 1787 der Polizeichef die Lesegesellschaften und -clubs in Paris schließen wollte, hielt man ihm im Palais Royal, dem Informationszentrum der Stadt mit vielen Cafés, Buchhandlungen und Restaurants, kühl entgegen, dann müsse er wohl alle Franzosen, die lesen könnten, in die Bastille sperren.

So entstand Stück für Stück, Episode für Episode, Opfer für Opfer jene Situation, in der die Bastille zur Verkörperung des verhaßten Systems wurde. Dabei ist auffallend und geradezu charakteristisch, daß angesichts ernsthafter Ansätze zu einer Justizreform der Mythos Bastille noch wuchs. Am Ende des Ancien Régime gehörte es folglich zum Karrieremuster eines Schriftstellers, der bekannt werden wollte, einige Zeit in der Bastille gesessen zu haben. Ein wenn auch kurzer, so doch geschickt vermarkteter Aufenthalt in der Festung adelte das Bastille-Opfer, verbesserte auch seine Chancen auf dem heißumkämpften literarischen Markt der Hauptstadt: Der Abbé Morellet gestand 1760 nach einigen Wochen Gefangenschaft selbstkritisch diese Funktion eines Bastilleaufenthalts ein: »Ich sah einigen literarischen Ruhm die Mauern meines Gefängnisses erhellen: Als Verfolgter würde ich bekannter werden. Die Schriftsteller, die ich gerächt hatte, und die Philosophie, deren Märtyrer ich war, begründeten meinen Ruf. Leute von Welt, die die Satire lieben, empfingen mich jetzt eher als vorher. Eine Karriere tat sich vor mir auf, und ich konnte sie mit größeren Vorteilen durchlaufen. Diese sechs Monate in der Bastille würden eine vorzügliche Empfehlung sein und würden mein Glück bedeuten.«

Ganz ohne Zweifel haben die Schriftsteller geholfen, den Mythos der Bastille aufzubauen, ihn zu popularisieren. Gewiß, sie haben davon auch profitiert. Gleichwohl wäre es wenig sinnvoll, diesen Mythos allein durch den ernüchternden Blick auf die wirkliche Bastille konterkarieren zu wollen. Die wirkliche Bastille, das waren für viele kritische Historiker des 19. und 20. Jahrhunderts verständnisvolle Wächter, Mahlzeiten mit mehreren Gängen, Rüschenhemden, die verlangt und besorgt wurden, der ungestörte Besuch von Ehefrauen und Freunden, die Existenz einer Bibliothek für die Gefangenen, der tägliche Spaziergang im Garten oder auf der Plattform, die Privatbibliothek von 600 Bänden für einen Schriftsteller, die Möglichkeit zu schreiben, der im »cachot« gekühlte Wein des Marquis de Sade, die Anwesenheit eines Dienstboten und was sonst noch für Belege für ein fideles Gefängnis angeführt werden können.

Gerade der Aufenthalt des Marquis de Sade, der ja während seines Aufenthalt weiterhin als Schriftsteller tätig blieb, kann einen Einblick in die Lebensbedingungen der Bastille geben. Im Herbst 1788 bezog er auf seinen Wunsch hin ein bequemeres Zimmer, richtete es mit eigenen Mitteln ein, ein Invalide der Besatzung wurde zu seiner Betreuung abgestellt. Am 16. Oktober schrieb der Gouverneur an den Polizeichef von Paris, daß der Marquis um den Besuch seiner Gattin gebeten habe, der von diesem auch sofort genehmigt wurde. Seitdem kam Madame alle zwei Wochen zu einem längeren Besuch. Als am 2. Juli angesichts wachsender Unruhen in Paris de Sade allerdings mit Hilfe eines Ofenrohrs aus dem Fenster seines Zimmers auf die Straße hinaus schrie, man solle zu Hilfe kommen, denn man wolle alle Gefangenen ermorden, war das Maß voll. Man nahm die Gelegenheit zum Anlaß, den Schriftsteller in das Irrenhaus von Charenton zu verlegen.

Auch der statistisch wohlbegründete Hinweis auf die nur noch 288 Bastillegefangenen der Regierungszeit Ludwigs XVI., die entweder nur ganz kurz, aus guten Gründen oder freiwillig dort saßen, trifft nicht das eigentliche Problem der Differenz zwischen dem Bastille-Mythos, der sich seit den 70er Jahren in Frankreich ausbreitete, und der Realität dieses Vorzugsgefängnisses, das jeder Pariser Tagelöhner sicherlich gerne als Wohnung akzeptiert hätte. Mercier beobachtete sehr richtig, daß die Pariser Bevölkerung viel eher die Gefängnisse des Châtelet fürchte als die Bastille, denn dieses Gefängnis der Schriftsteller lerne der normale Gesetzesbrecher gar nicht kennen.

Charakteristischer für das besondere Renommee der Bastille war es deshalb, daß sie genau ein Jahr vor ihrer Eroberung noch einmal im Mittelpunkt des öffentlichen Interesses stand. Der bretonische Adel hatte in zwei turbulenten Versammlungen 12 Abgeordnete bestimmt, die seit Anfang Juli vergeblich in Versailles um eine Audienz ansuchten, um dem König ihren Protest gegen die Justizreform vom Mai dieses Jahres zu überreichen. Sie hatten sich zuletzt am 13. Juli heimlich mit ihren politischen Freunden getroffen. In der Nacht vom 14. zum 15. Juli schlug die Polizei zu, verhaftete die rebellischen Adeligen und brachte sie in die Bastille.

Immerhin ließ man den Herren zur Unterhaltung ein Billardspiel in ihr Gefängnis bringen.

Der Bastille-Mythos bedurfte aber letztlich auch gar nicht der schrecklichen Realität dieses Gefängnisses selbst, sondern er gründete vielmehr auf den realen Justizskandalen dieser Epoche, den vielen normalen Gefängnissen, die ganz selten wortmächtige Schriftsteller beherbergten, und der Tatsache, daß die Bastille das Regierungsprinzip dieses Regimes darstellte. Als 1784 der Grenobler Anwalt Antoine-Joseph Servan die Pariser Bastille gegen ihren Kritiker Linguet mit dem Hinweis verteidigte, daß es das Wesen der Monarchie sei, »eine Bastille und mehrere Bastillen zu haben«, traf er genau den Punkt, der die eigentliche Bedeutung des Bastille-Mythos ausmachte. Dieses Prinzip stellte zugleich den Hauptangriffspunkt der öffentlichen Diskussion über eine Reform der Strafjustiz dar, die im Frankreich dieser Jahre mit großem Engagement geführt wurde.

Es waren gerade die jetzt überhastet einsetzenden Reformen – hier eine Begnadigung, dort eine Pension des Königs für ein Justizopfer, heute die Abschaffung einer grausamen Strafe, morgen die Auflösung eines verhaßten Gefängnisses – die das »Bastille-Prinzip« der Monarchie zum Gegenstand breiter Kritik machten. Denn all dies änderte im Grunde nichts an dem Prinzip ministerieller Willkür, wie es Anfang 1788 z. B. Toussaint Mareux, der Direktor eines sehr erfolgreichen Theaters im Maraisviertel, erfahren mußte. Angeschwärzt von neidischen Kollegen, die den Erfolg des 1785 gegründeten Theaters nicht ertragen konnten, erhielt Mareux durch den Baron de Breteuil den Befehl zur Schließung seines Betriebes. Ein dagegen angestrengter Prozeß ging wenige Tage vor der Erstürmung der Bastille verloren.

Servan konnte damit 1784 jedoch nurmehr das Prinzip »Bastille« meinen, nicht aber mehr die tatsächliche Bastille, denn sie war längst überflüssig und zu teuer geworden. Schon einige Jahre vor ihrer Eroberung und ihrem Abriß im Zuge der beginnenden Revolution war von einer Reihe ernsthafter Kritiker der Vorschlag gemacht worden, die Bastille abzureißen. Es entbehrt nicht einer gewissen Tragik, daß in der Revolution ausgerechnet dasjenige Bauwerk als Symbol des Despotismus attackiert wurde, das zum einen längst keinen wirklichen Grund mehr zur Zerstörung bot und zum anderen vom Régime selbst als überflüssig hingestellt worden war. Selbst du Puget, ein Offizier der Bastille, der am 14. Juli 1789 gezwungen sein sollte, seine Festung zu verteidigen, hatte ein Jahr zuvor eine Menge guter Gründe anzuführen gewußt, um die Bastille endlich zu schließen, abzutragen und die verbleibenden Gefangenen in Vincennes unterzubringen: »In diesem Jahrhundert, in dem die Regierung sehr viel milder geworden ist«, so schrieb er, reiche es aus, Platz für 25 Gefangene bereitzuhalten. Der Blick auf diese Seite von Paris werde ohne Bastille sehr viel angenehmer sein, als wenn er durch dieses »fürchterliche Schloß« verhüllt sei.

Doch schon unmittelbar nach der Veröffentlichung von Linguets Memoiren war 1784 von einem Bauinspektor der Stadt Paris der erste Vorschlag zur Beseitigung der Bastille gekommen. Der Architekt Courbet legte einen Plan zur Veränderung des Stadtviertels um die Bastille vor, der im wesentlichen die Veränderungen vorwegnahm, die nach dem Abbruch der Bastille auch tatsächlich realisiert worden sind. Es ist schwer vorstellbar, daß solche Planungen ohne jede Anweisung der Vorgesetzten dieses Inspektors durchgeführt werden konnten. Auch der Herzog von Orléans, immer dabei, wenn es um populäre Forderungen ging, stimmte in den Chor der Bastille-Gegner ein.

So kann es eigentlich nicht erstaunen, daß in den Beschwerdeheften des Dritten Standes aus einigen Stadtvierteln, aber auch der weiteren Umgebung von Paris, die Forderung nach Abriß der Bastille und nach der Errichtung eines Denkmals auftauchte, das Ludwig XVI., »restaurateur de la liberté publique«, gewidmet sein sollte. »Erfunden« wurde diese Forderung aber keineswegs in den Wahlversammlungen der Pariser Distrikte – wie eigentlich zu erwarten wäre –, sondern in Martigues, in der Nähe von Aix-en-Provence. Aus diesem Ort trat die Forderung ihren Weg in sehr viele »Cahiers« des Landes an, bis sie schließlich Anfang Mai auch Paris erreichte, das ja mit der Formulierung seiner Beschwerden und der Wahl seiner Abgeordeten zeitlich hinterherhinkte. Schon im Januar 1789 war eine Broschüre erschienen, die vorschlug, das seit längerem diskutierte Denkmal für Ludwig XVI. nicht an der Place du Carrousel zu errichten, sondern auf dem Platz, auf dem die Bastille (noch) stand. Über den Ketten, Mauern und Gittern des Gefängnisses solle sich die Gestalt des Königs erheben und sein ausgestreckter Arm auf einen einzigen, erhaltenen Turm der

Bastille verweisen. Dieses Denkmal solle »Ludwig, dem Zerstörer der Staatsgefängnisse« gewidmet sein.

Noch fünf Wochen vor dem 14. Juli veröffentlichte Davy de Chévigné, ein Jurist am königlichen Finanzgericht von Paris, eine Schrift, die diese populäre Forderung der »Cahiers« noch einmal zusammenfaßte. Als der Verfasser seinen Vorschlag am 8. Juni 1789 der königlichen Architekturakademie vorlegte, wußte er sich in Übereinstimmung mit den Interessen seines Standes: Die Bastille war unzeitgemäß, sie stand dem neuen Verständnis von der Herrschaft des Rechts ebenso im Weg wie den lukrativen Bauprojekten in diesem Viertel; ihr Verschwinden konnte nur noch eine Frage der Zeit sein. Als der Bildhauer Houdon von diesem Projekt erfuhr, das eine Statue des Königs auf einer Säule inmitten von allegorischen Darstellungen der Freiheit, des Vaterlandes, des Gesetzes und der Eintracht vorsah, hielt er es für eine ausgezeichnete Idee, ein Freiheitsdenkmal just an der Stelle zu errichten, an der bislang die Sklaverei geherrscht habe. Dieser Plan werde die Vorstellungskraft der Künstler ganz gewiß beflügeln.

Die Krise des Königreiches seit 1787

Krönungsfeier und Hungerrevolte

Der Regierungsantritt des jungen Ludwig XVI. im Mai 1774 hatte sich keineswegs so frei von Krisen erwiesen, wie der König und die Königin, die sich nach eigenem Eingeständnis zu jung und zu unerfahren für das Amt hielten, dies gewünscht und erhofft hatten. Das erste Jahr der Regierung war noch nicht abgelaufen, als – wir haben schon davon gehört – in Paris und seiner Umgebung im Frühjahr 1775 der »Mehlkrieg« ausbrach, der erst durch den Einsatz von Truppen niedergeschlagen werden konnte. In diesen Unruhen hat man sogar die »Entstehung eines revolutionären Komplexes« sehen wollen, der es rechtfertigen soll, die Hungerrevolten als Grenzlinie zwischen dem Ancien Régime und der Revolution zu bezeichnen. Gewiß waren die Unruhen auch keine günstige psychologische Vorbereitung für das Zeremoniell der feierlichen Krönung Ludwigs XVI., die am 11. Juni 1775, also unmittelbar nach Niederschlagung der Unruhen, am traditionellen Ort, in Reims, stattfinden sollte.

Einen wichtigen Teil dieser auf besonderen Wunsch des Königs nach althergebrachtem Ritus durchgeführten Zeremonie bildete ein eigentümlicher Vorgang, der ein besonderes Licht auf die Stellung des französischen Königtums wirft. Der König berührte nach seiner Salbung und Krönung in einem der Krönungskirche gegenüberliegenden Park mehr als 2 400 Menschen, die an Skrofeln (einer starken Schwellung der Halslymphknoten) erkrankt waren, und er tat dies, weil seit alters her dem König von Frankreich die übernatürliche Kraft zugesprochen wurde, diese Krankheit durch seine Berührung heilen zu können. Daß Ludwig im Jahre 1775 zum letzten Mal auf diesen Teil des Zeremoniells zurückgriff, der schon unter seinem Vorgänger ganz aus der Übung gekommen war, markiert auf eine andere Weise das nahende Ende einer sakral überhöhten Auffassung des Königtums, von der Voltaire geschrieben hatte, daß sie verschwand, »als die Vernunft Einzug hielt.« Doch 1775 konnte der Königsmythos noch einmal seine Wirksamkeit entfalten. So als habe es wenige Wochen zuvor keine heftige Herrschaftskrise gegeben, jubelten die Untertanen ihrem neuen Herrscher zu. Hofgesellschaft und Öffentlichkeit waren sich über den Erfolg des »Schauspiels« der Krönungsfeierlichkeiten einig. Die junge Königin zeigte sich in einem Brief an ihre Mutter Maria Theresia geradezu erstaunt und erleichtert über den glücklichen Verlauf der Feierlichkeiten, den sie selbst offenbar nicht erwartet hatte.

Das enge Nebeneinander von Hungerrevolte und Krönungsfeierlichkeiten dokumentierte eindrucksvoll die offensichtlich erschütterte Stabilität des Königtums. Nicht als ob irgend jemand eine Alternative zur Herrschaft des jungen Paares gewußt hätte oder gar Zweifel an der Regierungsfähigkeit Ludwigs geäußert worden wären. Die bewußte Planung der Feierlichkeiten einschließlich der wirkungsmächtigen Berührung der Kranken und vor allem die Erleichterung der Königin verrieten die Unsicherheit derer, die die Herrschaft ausübten. Die Selbstverpflichtung des von der Szene ergriffenen jungen Monarchen, jetzt mit aller Kraft für sein Volk »arbeiten« zu wollen, um es glücklich zu machen, offenbarte auf schlagende Weise den Verlust traditioneller Auffassungen von Herrschaft.

Solche Beobachtungen zur Stabilität der Herrschaft gewinnen freilich erst aus der nachträglichen Perspektive des Jahres 1789 ihre Berechtigung. Keinesfalls kann die Regierungszeit Ludwigs als fortschreitender Verlust von Autorität gesehen werden, so daß sich 1789 als logische Konsequenz einer solch unheilvollen Entwicklung ergäbe. Es bedurfte vielmehr einer Reihe politischer Ereignisse in der zweiten Hälfte der 80er Jahre, durch welche Frankreich vor neue Entscheidungen über seine Zukunft gestellt wurde. Erst durch die 1786 eröffnete Diskussion über die Abwendung des Staatsbankrotts ergab sich eine neue politische Konstellation, in der revolutionäre Ereignisse möglich wurden.

Das Defizit und seine Folgen

Am Anfang der Revolution, so kann man formulieren, stand das Defizit. Als 1788 dem König der berühmte Compte du Trésor vorgelegt wurde, der Einnahmen und Ausgaben des Staates gegenüberstellte, ergab sich zwischen beiden Posten die beachtliche Differenz von 123 Millionen Livres: Von 626,6 Mio. Ausgaben waren nur 503,6 Mio. durch Steuereinnahmen gedeckt. Zwei Jahre vorher war es dieses gigantische Defizit gewesen, das den damaligen Finanzminister Calonne dazu gezwungen hatte, dem König einen Plan zum Ausgleich des Budgets vorzulegen. Calonne sah sich dazu gezwungen, weil die bislang dazu verwendeten Mittel in Zukunft nicht mehr greifen würden. Eine 1782 durchgesetzte Sondersteuer auf das Einkommen sollte im Jahre 1787 auslaufen, und die beliebte Möglichkeit, das Budget durch Anleihen auf künftige Steuern oder durch Kredite vorzufinanzieren, stieß ebenso an ihre Grenzen wie die Möglichkeit einer Erhöhung der Steuern: »Es ist gar keine Schwierigkeit,« so schrieb der Finanzminister in ungewohnter Schärfe an seinen Monarchen, »zu zeigen, daß eine Erhöhung der Steuern unmöglich ist, verhängnisvoll, weiterhin Geld zu leihen, und unangemessen, nur die Ausgaben zu beschränken. Unter den gegenwärtigen Umständen, in denen sich die traditionellen Methoden als unwirksam erweisen, bleibt nur eine Alternative übrig: Der einzige Weg, um wirkliche Ordnung in die Finanzen zu bringen, besteht darin, das ganze Staatswesen dadurch wiederzubeleben, daß man alle seine Defekte reformiert«. Gehe man diesen Weg der umfassenden Reform nicht, so sei der Staatsbankrott unvermeidlich.

Calonne ließ auch keinen Zweifel, worin er die Defekte des Königreiches sah: Die ungleiche Besteuerung der Provinzen, die nur aus deren Geschichte zu erklären war, und vor allem die Tatsache, daß die Steuerlast im wesentlichen auf dem Dritten Stand lastete, also den Bauern und Bürgern, während sich Adel und Klerus durch unangemessen niedrige Bewilligungen der Steuerpflicht entzogen. Frankreich galt ihm als ein »sehr unvollkommenes Königreich, voll von korrupten Praktiken und unfähig, angemessen regiert zu werden.« Hilfe versprach er sich in dieser prekären Situation von einer sog. Notabelnversammlung, also einer Versammlung herausragender Männer aus Klerus, Adel und Bürgertum, den

Gerichtshöfen und der Verwaltung, selbstverständlich vom König und seinem Minister ausgewählt und dem Gemeinwohl des Königreichs verpflichtet.

Doch das Reformprogramm, das Calonne dieser hochmögenden Versammlung am 22. Februar 1787 vorlegte, fand nicht die Zustimmung der Vertreter der privilegierten Stände. Sein Vorschlag einer Ausdehnung des Tabakmonopols und anderer Verbrauchssteuern auf das gesamte Königreich mochte noch angehen, aber sein Plan einer allgemeinen Grundsteuer, die den Klerus, den Adel, Bürger und Bauern gleichmäßig treffen sollte, fand ebensowenig Zustimmung wie seine Absicht, allen Provinzen eine einheitliche Provinzialverwaltung und Provinzialversammlungen zu geben. Der Mißerfolg Calonnes in dieser Versammlung hatte zugleich seinen Rücktritt und die Berufung seines schärfsten Widersachers in den Reihen der Notabeln, des Erzbischofs von Toulouse, Loménie de Brienne, zur Folge. Doch der Bischof hatte gar keine anderen Möglichkeiten als sein Vorgänger im Amt, auch er wollte die allgemeine Grundsteuer einführen. Die Notabeln erklärten sich für tiefgreifende Steuerbeschlüsse dieser Art unzuständig. Im Mai schickte der neue Erste Minister die Herren wieder nach Hause. Es war nur zu deutlich, daß sich Adel und Klerus einem – wenn auch nur bescheidenen – Abbau des Privilegiensystems entgegenstellten, daß das Königtum aber zu schwach war, die beiden oberen Stände zu einem Verzicht auf seine Privilegien zu zwingen.

Der Kampf mit den Parlamenten

Die Regierung konnte in ihrer Notlage nichts anderes tun, als die beabsichtigten und dringend erforderlichen neuen Steuern, vor allem die ertragreiche Grundsteuer und die Stempelsteuer, zwangsweise durch das Parlament von Paris registrieren und damit in Kraft treten zu lassen. Dies gelang der Regierung nur durch das traditionelle, aber riskante Unternehmen eines königlichen Gerichtstages, der eigentlich eine zwangsweise Registrierung der Gesetze bedeutete. Kein Wunder, wenn das Pariser Parlament schon am folgenden Tag vehement gegen diesen Akt protestierte und die Zwangsregistrierung für ungesetzlich erklärte. Die vorübergehende Verbannung des widerspenstigen Parlamentes in die Provinz konnte das Problem auch nicht lösen. Vor der geschlossenen Front des Pariser Parlaments und der anderen Gerichtshöfe in den Provinzen wich Brienne zurück, er verzichtete auf die neue Grundsteuer, um wenigstens die traditionelle Einkommensteuer zu retten.

Das Jahr 1788 war nach diesem Auftakt wesentlich durch die Auseinandersetzung zwischen den Parlamenten und der Regierung bestimmt. Auf der einen Seite eine Regierung, die nach Auswegen suchte, ihre notwendigen Kapitalanleihen rechtlich absichern zu können, um den drohenden Bankrott zu vermeiden, auf der anderen Seite die Parlamentsjuristen unter Führung der Pariser Parlamentsaristokratie, die sich zu Hütern der »Grundgesetze des Königreichs« aufspielten und die Einberufung der Generalstände forderten, um eine Abstimmung des Volkes über ein neues Steuersystem herbeizuführen. Beide Parteien bedrohten sich gegenseitig mit Verhaftungen und Verbannungen, und von seiten des Parlaments wurde die Öffentlichkeit gegen den »Despotismus« der Monarchie mobilisiert. Zermürbt durch den aussichtslosen Kampf willigte Brienne am 5. Juli 1788 in die Einberufung der Generalstände zum 1. Mai 1789 ein, der drohende Staatsbankrott erzwang zugleich seinen Rücktritt. Am 25. August wurde Jean-Jacques Necker erneut zum Finanzminister berufen, ihm allein trauten der König und die Öffentlichkeit die Abwendung des Staatsbankrottes zu.

Eine neue Etappe der politischen Auseinandersetzung war damit erreicht. Der Konflikt um eine Reform der Steuerverfassung des Königreichs war jetzt nicht mehr auf die führenden Schichten zu begrenzen, denn die Zusammensetzung der Generalstände aus je gleichen Anteilen des Klerus, des Adels und der Bürger mußte natürlich die Auseinandersetzung auf eine breitere Grundlage stellen.

Welche Generalstände?

Die Zusage der Generalstände veränderte die politische Landschaft Frankreichs insofern, als jetzt sofort die Frage diskutiert werden mußte, nach welchem Modus die Generalstände gewählt und zusammengesetzt werden sollten. Die letzte Versammlung hatte im Jahre 1614 unter ganz anderen politischen und gesellschaftlichen Voraussetzungen stattgefunden. Jetzt mußte die Frage diskutiert werden, wie die Zusammensetzung der Generalstände an die veränderte Bedeutung des Bürgertums angepaßt werden könnte. Denn eine traditionelle Zusammensetzung hätte bedeutet, daß der Dritte Stand nur über ein Drittel aller Stimmen verfügen und leicht das Opfer der Übermacht von Klerus und Adel werden würde.

An eben dieser Frage zerbrach im September dieses Jahres die bisherige Führungsposition des Parlamentes im Meinungskampf gegen das Königtum. Denn wie schon vorher eine Versammlung des Klerus, so forderte auch das Parlament von Paris am 25. September die Einberufung der Generalstände nach dem Muster von 1614. Die entscheidende Wirkung dieser Forderung war, daß die Reputation des Parlamentes völlig zusammenbrach, es demontierte sich selbst: Die Parlamentsräte wurden von der politisierten Öffentlichkeit als »pflichtvergessene Vormünder des Volkes« bezeichnet. Mit deren Autoritätsverlust öffnete sich der Weg für die Herausbildung einer politischen Reformpartei, die sehr bald als die »patriotische Partei« bezeichnet wurde. Vor dem Hintergrund einer de-facto-Aufhebung der Zensur, die freilich von der Regierung weiterhin verteidigt wurde, und der gleichzeitigen Aufforderung der Regierung zur öffentlichen Diskussion der Verfassungsfragen ergab sich eine bislang nicht für möglich gehaltene heftige öffentliche Diskussion, die zu Hunderten von Flugschriften führte und neue politische Clubs entstehen ließ.

Schnell kristallisierte sich als erste Forderung dieser »Patrioten« das sog. »doublement« heraus, d. h., man forderte eine Verdoppelung der Stimmen des Dritten Standes in der erwarteten Versammlung der Generalstände, um diesem die gleiche Stimmenzahl wie den beiden anderen Ständen zu geben. Doch diese erste Forderung mußte sofort die nächste nachziehen. Um den Vertretern des Dritten Standes auch die Möglichkeit zu geben, ihre verdoppelte Stimmenzahl im Verein mit eventuellen politischen Freunden in Adel und Klerus auszuspielen, bedurfte es einer weiteren Abänderung des traditionellen Verfahrens der Generalstände, in denen bis 1614 nur die Stände insgesamt abgestimmt hatten, nicht aber die einzelnen Deputierten. So lautete die zweite Forderung bald: Abstimmung »nach Köpfen«, um das Gewicht der Stimmen des Dritten Standes auch wirksam werden zu lassen.

In dieser Situation hätte eine Chance für das Königtum liegen können. Das bislang dominierende Parlament war ausgeschaltet, der König hätte sich an die Spitze des Dritten Standes stellen können. Doch er verpaßte diese Chance und rief stattdessen im November/Dezember eine zweite Notabelnversammlung zur Beratung dieser Fragen ein. Natürlich war von dieser Versammlung keine Unterstützung für die Forderungen des Dritten Standes zu erwarten. Unter dem Eindruck leidenschaftlicher Debatten im Kronrat, in dem Necker für die bürgerlichen Forderungen kämpfte, und vieler Briefe aus den Provinzen, in denen die leitenden Beamten vor einer Mißachtung der Forderungen des Dritten Standes warnten, entschloß sich der König am 27. Dezember zwar zur »Verdoppelung«, hielt jedoch die Frage der Abstimmungsmodalitäten noch offen. Vor allem angesichts der Tatsache, daß in der Provinzialversammlung der Dauphiné schon nach Köpfen abgestimmt wurde, mußte diese halbherzige Entscheidung des Königs die Enttäuschung und Unsicherheit noch vergrößern. Ende Januar wurden endlich die Wahlordnungen in die Provinzen hinausgeschickt, jetzt konnten die Vorbereitungen für die Wahlen zu den Generalständen beginnen. Zu diesem Zeitpunkt glaubte der Journalist Jacques Mallet du Pan eine Veränderung der öffentlichen Debatte feststellen zu können. Es gehe eigentlich nur mehr an zweiter Stelle um den König, den Despotismus und die Verfassung: Es handele sich vielmehr um einen Krieg zwischen dem Dritten Stand und den beiden anderen Ständen.

Wenn man so in ganz schnellen Strichen die Entwicklung der politischen und gesellschaftlichen Verhältnisse in Frankreich skizziert, so fällt auf, daß der entscheidende Schritt in der Forderung nach Einberufung der Generalstände lag. Mit der Einberufung dieser Versammlung ergab sich automatisch eine neue Stufe der Politisierung breiter Bevölkerungsschichten, die jetzt aufgerufen waren, ihre Forderungen für die Verhandlungen in sog. »Beschwerdeheften« – den »cahiers de doléances« – zusammenzustellen. Vor allem aber war mit der nach Versailles einberufenen Versammlung eine Möglichkeit geschaffen worden, die politischen Angelegenheiten des Landes auf einen Punkt zu konzentrieren. Jetzt erst wurde die Begrenzung der Provinzen überwunden, jetzt erst wurde nationale Politik möglich.

Neue Ansprüche des Bürgertums

Nationale Politik – wenn wir an diesem Begriff festhalten wollen – mußte im Jahre 1789 jedoch unter ganz anderen Bedingungen formuliert werden als noch eine Generation früher. In Frankreich hatte sich eine im einzelnen kaum merkliche, insgesamt aber tiefgreifende Veränderung des politischen Klimas vollzogen. Unter dem Einfluß aufklärerischen Denkens, das durch die regionalen Akademien, die Lesegesellschaften, die Salons, Bücher, Zeitschriften und Pamphlete in die verschiedenen Schichten der Gesellschaft eindrang, waren die Ansprüche des Bürgertums gewachsen. Vor diesem Hintergrund steigender Erwartungen mußten die Versuche des Adels zur krampfhaften Bewahrung seiner privilegierten Position im Steuersystem, in der Armee und in der Verwaltung des Königreiches umso mehr die bürgerliche Kritik herausfordern.

Eine Fülle von Zeugnissen kann belegen, daß das späte Ancien Régime tatsächlich von gesellschaftlichen Konflikten bedroht war. Was aber noch wichtiger erscheint, ist die Tatsache, daß diese Konflikte, ihre Konsequenzen und Lösungen auch offen angesprochen wurden. Das Heer bedeutender und unbedeutender Schriftsteller und Zeitungsschreiber fand die Worte, um die verhärteten Zustände dieser Jahre publikumswirksam zu geißeln. Die Wirkung dieser »aufgeklärten« Diskussion über die beste Form der Ordnung von Staat und Gesellschaft lag darin, daß die neuen Begriffe der Freiheit und Gleichheit, die Anwendung des Vernunftprinzips auch auf die Formen politischer Herrschaft schon bereit standen und offensiv in diese Auseinandersetzungen eingebracht wurden. Die zukünftige Revolution wurde nicht geplant, aber sie wurde vorausgedacht. Der Schriftsteller Dusaulx versicherte 1790, daß die Revolution keineswegs das Werk einer kleinen revolutionären Partei gewesen sei: »Das Gefühl, die Ehre und die Vernunft haben sie vorbereitet, in der Mehrzahl der Köpfe war sie schon gemacht.« Er versicherte, daß in Paris der Abbé Pétiot schon seit zehn Jahren anti-aristokratische Lehren verkündet habe. »Die Zeit wird kommen,« – so habe der Abbé Adeligen in aller Offenheit erklärt – »wo Euresgleichen gezwungen sein wird, die Ordensbänder und Abzeichen zu verstecken; Ihr werdet alle zum Ausgangspunkt Eurer Väter zurückkehren, zu Euren Taufnamen, und Eure Adelstitel werden bald durch den schönen Namen des Bürgers ersetzt werden.«

Es war schließlich der Minister Necker selbst, der in der Kronratssitzung, die Ende Dezember 1788 über die Verdoppelung der bürgerlichen Stimmen in den Generalständen beriet, die schlagende Begründung für die neuen, aber wohlfundierten Ansprüche des Dritten Standes lieferte. Er wies auf die großen gesellschaftlichen Veränderungen seit 1614 hin. Das bewegliche Vermögen und die Regierungsanleihen hätten den Dritten Stand zum Teilhaber am öffentlichen Wohlergehen gemacht; Wissen und Aufklärung seien zum Besitz aller geworden, und es gebe eine Vielzahl öffentlicher Angelegenheiten, in denen er allein unterrichtet sei, so zum Beispiel in den Transaktionen des Binnen- und Außenhandels, den Manufakturen, dem öffentlichen Kreditwesen, den Zinsen und dem Geldumlauf. Erst vor diesem realen Hintergrund konnte die vielzitierte demagogische Schrift des Abbé Sieyès mit dem Titel »Was ist der Dritte Stand?« vom Januar 1789 ihren ungeheuren Erfolg erzielen. »Der Plan dieser Schrift«, so schrieb der Abbé, »ist ganz einfach. Wir haben uns drei Fragen vorzulegen:

1. Was ist der 3. Stand? *ALLES!*

2. Was ist er bis jetzt in der politischen Ordnung gewesen? *NICHTS!*

3. Was verlangt er? *ETWAS ZU SEIN!*«

Vor die Verwirklichung dieses radikalen Programms aber hatte die Regierung die Wahlen zu den Generalständen gesetzt. In ihnen sollten nicht nur die Abgeordneten der Stände für die Versammlung in Versailles bestimmt werden, sondern die Wahlversammlungen sollten auch die Beschwerden der versammelten Wähler ermitteln und in Form von «Beschwerdeheften» zusammenfassen. Frankreich stand zum erstenmal seit weit über einhundertfünfzig Jahren wieder vor einer Wahl.

Die Wahlen zu den Generalständen

Der Sieg der Juristen

Natürlich – so ließe sich einwenden – gab es auch schon vor dem Jahr 1789 in Frankreich laufend Wahlen. In den Städten wurden die Bürgermeister, die Schöffen und andere Beamte gewählt, selbst in den Dörfern kannte man Wahlverfahren zur Besetzung der Gemeindeämter. Doch welcher Art »Wahlen« in diesem Bereich abgehalten wurden, zeigt ein Blick auf die Pariser Verhältnisse, wo von Zeit zu Zeit der Bürgermeister »gewählt« werden mußte. In der Stadt stand, wie schon erwähnt, der allmächtigen königlichen Polizeigewalt die nur schwach entwickelte Stadtverwaltung unter dem Prévôt des marchands gegenüber, dem Bürgermeister. Sein traditioneller Titel – Vorsteher der Kaufleute – verwies auch gegen Ende des 18. Jahrhunderts noch immer auf die Entstehung der Stadtverwaltung aus der »Bruderschaft der Pariser Kaufleute zu Wasser« zurück. Keinesfalls darf man sich jedoch diesen Bürgermeister als frei gewähltes Haupt der Stadtverwaltung vorstellen. Das Beispiel der letzten Wahl vor der Revolution kann dies zeigen. Als Ende April 1789 der alte Bürgermeister zurückgetreten war, schrieb der König an das für die Neuwahl zuständige Gremium der Schöffen, daß es seine Absicht sei, »daß Ihr die Stimmen dem Herrn von Flesselles zu geben habt, unserem Staatsrat, damit er durch Eure Stimmen und nach der üblichen Form in dieses Amt gewählt wird.«

So geschah es unweigerlich, und damit ist klar, daß die Stadtverwaltung nur ein relativ schwaches Partikel der Gesamtverwaltung des Königreiches war. Paris war eine Stadt des Königs, auch wenn der König hier nicht mehr residierte. Zwar gab es gerade in der Zeit unmittelbar vor den Wahlen zu den Generalständen im April 1789 erhebliche Bemühungen, die Rechte der »Commune« von Paris zu reklamieren, doch erst die Bestimmungen zur Wahl der Generalstände bewirkten einen tiefgreifenden Umbau der Stadtverfassung.

Was am 13. April dieses Jahres mit dem verspätet erlassenen

Reglement für die Durchführung der Wahlen zu den Generalständen in Paris begann, darf nicht unterschätzt werden. Zwar reichte die Tradition der Generalstände bis in den Anfang des 14. Jahrhunderts zurück, doch in der Situation des Jahres 1788, als Notabelnversammlung und Parlament allein durch die Einberufung der Generalstände eine Möglichkeit sahen, einen Ausweg aus der Krise des Königreiches zu finden, mußte schon ihre erzwungene Bewilligung als Sensation gelten. Alle Vorgänge in der Stadt drei Monate später wären kaum vorstellbar ohne die Voraussetzungen, die im Frühjahr gelegt wurden. Die Wahlordnung bestimmte, daß die drei Stände, also Adel, Geistlichkeit und Bürger, jeweils getrennt und in eigenen Wahlbezirken, ihre Deputierten für Versailles nicht direkt, sondern indirekt wählen sollten. Im ersten Wahlgang wurden also nur Wahlmänner (électeurs) gewählt, die ihrerseits erst die endgültigen Deputierten für Versailles bestimmen sollten.

Hier sollen nur die Regelungen beachtet werden, die den Dritten Stand betrafen. Um die Wahlen in überschaubarer Form durchführen zu können, teilte man die Stadt Paris in 60 keineswegs gleiche Distrikte ein, die meist nach Kirchen oder Klöstern benannt wurden (Vgl. die Karte von Paris auf der letzten Seite!). Am frühen Morgen des 21. April war es schließlich soweit. Zu dieser Zeit versammelten sich in den Kirchen der Distrikte die Wahlberechtigten. Dies waren aber keineswegs alle Bürger, die durch den Nachweis der Zahlung von mindestens sechs Livres Jahressteuer ihr Wahlrecht hätten ausüben können. Lediglich 11 707 Bürger, also etwa 10% der Wahlberechtigten, nutzten diese Möglichkeit und wählten an diesem Tage im ersten Schritt 407 Wahlmänner.

Damit hatte die Stadt eine neue politische Binnenstruktur erhalten. Die Distrikte waren eingerichtet, überall waren Vorsitzende gewählt worden. Eine erste Welle der Politisierung hatte die Stadtbezirke von Paris erfaßt. Dabei konnte kein Zweifel daran bestehen, daß »die Elite des Dritten Standes« gewählt worden war, wie im »Ami du Roi« ein konservativer Journalist befriedigt feststellte. Doch das Korps der Wahlmänner bestand keineswegs nur aus willfährigen Vertretern des besitzenden Bürgertums. Auch einige radikale Vertreter hatten in ihren Distrikten die Mehrheit der Wähler gefunden, doch sollte sich diese politische Differenzierung erst nach dem Wiederzusammentritt der Versammlung am 25.

Juni herausstellen. Einem guten Bürger wie Jacques Hardy fiel am 21. April immerhin auf, daß der königliche Prokurator bei der Stadt Paris, Ethys de Corny, in seiner Rede zur Begrüßung der eintreffenden Wahlmänner den »merkwürdigen« Begriff einer »Majestät des Volkes« benutzte. Seltsame Begriffe tauchten jetzt auf, mag sich Hardy gedacht haben. Vermutlich wird er sich die Begriffswahl damit erklärt haben, daß dieser Ethys de Corny ja auch einer von denen war, die im amerikanischen Unabhängigkeitskrieg gekämpft hatten. Seltsame Begriffe hatten diese jungen Leute von dort mitgebracht!

Tatsächlich sorgten 170 Juristen, weitere 32 öffentliche Amtsträger und 12 Akademiker gegenüber 137 Kaufleuten oder Gewerbetreibenden für eine höchst unrepräsentative Zusammensetzung dieser Wahlmännerversammlung. Doch schnell stellte sich heraus, daß sowohl die 60 Distriktversammlungen als auch die Versammlung der 407 Wahlmänner der ganzen Stadt klare Vorstellungen über die politischen Ziele der Bürgerschaft hatten. Viele Versammlungen beklagten den hohen Zensus für die Erstwähler, alle nahmen das Recht in Anspruch, entgegen einer königlichen Vorschrift eigene Beschwerdekataloge (die erwähnten »cahiers de doléances) zu formulieren, die einzelnen Versammlungen nahmen untereinander Kontakt auf und stimmten sich miteinander ab.

Schließlich war man sich nach dem Zusammentritt der Pariser Wahlmännerversammlung einig, daß dieses Gremium so lange weiterbestehen sollte, wie die Generalstände in Versailles tagen würden. Sogar die Versammlungen der einzelnen Distrikte gaben sich eine dauerhafte Form. Die meisten richteten eine »commission intermédiaire« ein, um den Kontakt untereinander aufrecht zu erhalten. Paris hatte sich damit eine wirksame und stabile politische Interessenvertretung gegeben. In den 60 Distrikten stand eine neue Schicht politischen Führungspersonals bereit.

Die Diskussionen zur Vorbereitung der Beschwerdekataloge konzentrierten sich bald auf einige zentrale Punkte, die mit bemerkenswerter Einigkeit vertreten wurden: Der Dritte Stand von Paris wünschte eine Stärkung seiner kommunalen Selbstverwaltung, er wünschte ein Ende der steuerlichen Ungleichheit zwischen den Ständen, die Abschaffung der Privilegien und – dies muß uns besonders interessieren – in einigen Distrikten wurde auch der Wunsch festgeschrieben, die Bastille als Staatsgefängnis aufzuheben.

Die Niederlage des Camille Desmoulins

Das königliche Schreiben zur Durchführung der Wahlen zu den Generalständen war auch in dem kleinen Städtchen Guise in der Nähe von Laon eingetroffen, und hier versammelten sich schon am 5. März die wahlberechtigten Bürger zur Wahl der Delegierten. Unter den Deputierten für die Wahlen auf der nächsten Stufe war auch ein junger Anwalt namens Camille Desmoulins, der erst kurz zuvor nach Beendigung seines Studiums und ersten erfolglosen Versuchen, in Paris als Anwalt Fuß zu fassen, wieder in seinen Heimatort zurückgekehrt war. Zehn Tage später reiste er mit den anderen Delegierten nach Laon, um den Abgeordneten dieses Wahlkreises für Versailles zu wählen. Doch die Hoffnungen, die sich dieser junge Mann von jetzt 28 Jahren gemacht hatte, wurden enttäuscht, ein Verwandter wurde gewählt, ihn hatte man vergessen. Noch schlimmer war für ihn, daß man im benachbarten Arras seinen ehemaligen Mitschüler vom Collège Louis-le-Grand in Paris, Maximilien Robespierre, zum Abgeordneten gewählt hatte.

Nach dieser Zurückweisung hielt es ihn nicht mehr in der Provinz. Wenn man ihn schon nicht als Abgeordneten nach Versailles schickte, so wollte er wenigstens als Zuschauer dabei sein, wenn dort die Verhandlungen über das Schicksal Frankreichs beginnen würden. Vom 5. Mai an folgte er gebannt den Sitzungen der Generalstände in Versailles, froh darüber, auf diese Weise der Enge und Tristesse seines möblierten Zimmers in Paris entgehen zu können. Nach einigen Tagen gelang es ihm, Zugang zu dem von ihm bewunderten Grafen Mirabeau zu erhalten, er bot sich ihm als Mitarbeiter bei der Redaktion seiner regelmäßigen Berichte an seine Wähler an. Er gewann das Vertrauen des Grafen, der bekanntlich als Vertreter des Dritten Standes gewählt worden war. Ende Juni wurde er von ihm nach Paris geschickt, und schon am 30. wählte man ihn zum Mitglied einer Deputation der Bürger des Palais Royal zur Nationalversammlung in Versailles. Nach ihrer Rückkehr wurden diese Deputierten stürmisch begrüßt, und zunehmend gewann Camille im Palais Royal das Vertrauen seiner wechselnen Zuhörer, er wurde einer der Wortführer in diesem »Tempel des Patriotismus«. Er lernte, sich in dem feinen Netz persönlicher Feind- und Freundschaften zurechtzufinden, er schaffte es auch, sein Stottern zu überwinden, das ihn bislang behindert hatte. Bald war er sogar einer der Vorleser und Redner, die ihr Publikum an sich zu fesseln verstanden. Eine erstaunliche Wandlung hatte sich in Camille vollzogen. Der erfolglose Anwalt, der nicht ein einziges Mal vor Gericht plädiert hatte, hatte endlich seinen »Fall« und sein Publikum gefunden. Er wollte ein glänzendes Plädoyer halten. Am 12. Juli sollte es soweit sein.

Die Réveillon-Affäre: Der Angriff auf die Reichen

Der »vierte« Stand meldet sich zu Wort

Die Wahlen zu den Generalständen waren im allgemeinen frei von spektakulären Ereignissen verlaufen. Angesichts polizeilicher Drohungen, die auf Flugblättern verbreitet wurden, blieb es am 21. April und in den folgenden Tagen in der Stadt ruhig, erstaunlich ruhig sogar. Die Polizei griff zum bewährten Mittel der Beeinflussung der öffentlichen Meinung und sorgte vor allem dafür, daß während der Wahlen die Brotpreise nicht stiegen. Wehe dem Bäcker, der angesichts steigender Mehlpreise den Preis seines Brots erhöhen wollte, unbarmherzig zwangen ihn die allgegenwärtigen Polizeiagenten, die Preise auf dem alten Stand zu halten, um nur ja keinen Anlaß für Unruhen zu bieten. Täglich seit dem 20. April berichtete der Polizeichef Thiroux de Crosne dem König über die Verhältnisse in Paris, und anfänglich meint man sogar die Überraschung dieses erfahrenen Juristen und Verwaltungsbeamten darüber zu spüren, daß es überall in der Stadt so ruhig blieb.

Gewiß, hier forderte ein Bürger wegen der geringen Wahlbeteiligung eine Wiederholung der Wahlen, dort ärgerte sich ein Beobachter über die bedrohliche Allgegenwart der schwarzgekleideten »Männer des Rechts«. Der Buchhändler Hardy sprach in seinem Tagebuch den Verdacht aus, daß die von der Regierung gestreuten Berichte über geplante Maßnahmen gegen eventuelle Unruhen viele Bürger vom Besuch der Wahlversammlungen abgehalten hätten.

Neben der Alarmierung von Garderegimentern und deren Verteilung vor den Versammlungslokalen der drei Stände in Paris hielt es die Regierung für angemessen, aus dem relativ schwach bewachten Arsenal Waffen in die Bastille überführen zu lassen. Ebenso wurde M. de Sombreuil, der Gouverneur des größten Pariser Waffenarsenals Hôtel des Invalides, angewiesen, seine Waffenvoräte besonders gut zu sichern. Lediglich zwei Tage nach der Wahl versammelte sich auf dem Vorplatz des Rathauses, wie der aufmerksame Hardy in sein Tagebuch schrieb, eine größere Menschenmenge, um genauer zu erfahren, was innerhalb des Rathauses bei der konstituierenden Sitzung der Wahlmänner des Dritten Standes geschah, denn hier sollten jetzt die Beschwerden des Dritten Standes erörtert werden. Auch dem Polizeichef war es schon einen Satz wert, über dieses »Ereignis« zu berichten, allerdings hatte er lediglich eine Gruppe von nicht wahlberechtigten Marktfrauen ausmachen können, die die Wahlmänner gefragt hatten, was denn beschlossen worden sei. Als man ihnen versicherte, man habe das Beste, was man tun könne, beschlossen, hätten die Damen applaudiert: »Das Volk scheint allgemein zufrieden zu sein«, versicherte der Polizeichef seinem Herrscher, »und es hegt die glücklichsten Erwartungen.«

Das Beschwerdeheft des Dritten Standes von Paris, das in den folgenden Tagen von den 407 Wahlmännern zusamengestellt wurde, entsprach in seinen Grundzügen den Interessen der bürgerlichen Schichten, die zur Wahl gegangen waren und sich hatten wählen lassen. Zwar wurde das Problem der allgegenwärtigen Armut in der Stadt angesprochen, doch sollte den Generalständen erst einmal ein entsprechender Bericht vorgelegt werden. Nirgendwo fand sich jedoch die tatsächliche Notlage der unteren Bevölkerungsschichten angemessen berücksichtigt. Zuweilen wurden sogar kritische Töne über die zunehmende Widersetzlichkeit von Arbeitern und Dienstboten geäußert.

Waren die Wahlen ruhig verlaufen, so reagierte der Markt der Flugblätter und Pamphlete umso heftiger auf die Tatsache, daß die Pariser Bürger, die weniger als sechs Livres Steuer zahlten, von den Wahlen ausgeschlossen geblieben waren. Eine »Petition der 150 000 Arbeiter und Handwerker von Paris«, an Bailly, den Sekretär des Dritten Standes, gerichtet, stellte die rhetorische Frage, ob diese Arbeiter keine Franzosen, keine Mitbürger seien. Unter den 407 Wahlmännern seien kaum vier oder fünf, die die Bedürfnisse, das Unglück und die Sorgen der Arbeiter kennen würden. Eine Flugschrift mit dem bemerkenswerten Titel »Beschwerdeheft des Vierten Standes« bezeichnete es als vorrangigen Zweck der Gesellschaft, sich um die Armen zu kümmern und sie vor Hunger und Not zu bewahren. Der Reiche und Mächtige bedürfe der Gesellschaft sehr viel weniger als der Arme. Warum, so fragte Dufourny de Villiers, der Chefingenieur der Stadt Paris und der Verfasser dieser Schrift, habe der »Vierte Stand«, der so viele Forderungen zu stellen habe, nicht eigene Vertreter in den Generalständen?

Eine andere Schrift, »Les quatre cris d'un patriote à la Nation«, forderte gar die Arbeiter auf, sich zu bewaffnen und das Vaterland zu verteidigen, die Adeligen einzusperren und Brot und Arbeit für die Armen sicherzustellen: »Was nützt eine weise Verfassung diesem Volk von Skeletten?« In diesen Schriften meldete sich derjenige Teil der Bevölkerung zu Wort, der in der Wahlbewegung und in den Generalständen nichts zu gewinnen hatte. Besaß er überhaupt eine Möglichkeit, seine Interessen zu vertreten, seinen Wünschen Gehör zu verschaffen? Doch alles konnte jetzt anders werden: »Fiat! Fiat!« schrie der verunglückte Advokat und Journalist Camille Desmoulins in seiner Schrift »La France libre« in die Welt hinaus, überzeugt davon, daß keine Macht der Erde die sich abzeichnende »glückliche Revolution« aufhalten könne.

Dieser mißachtete, politisch sprachlose und mißtrauisch beobachtete »vierte Stand« von Paris, geradezu neu entdeckt in dieser Wahlbewegung, fand jedoch eine Möglichkeit, sich Gehör zu verschaffen, ohne auf wohlwollende Fürsprecher aus dem Bürgertum angewiesen zu sein. Er tat dies auf gewaltsame Weise und kündigte damit schon in dieser reformerisch gesinnten Phase der Revolution seine Macht an. Eine Woche nach den ruhigen Wahlen meldete er sich unüberhörbar zu Wort und reagierte damit auf seine Weise auf die Wahlversammlungen der Pariser Bürger und die dort geführten Diskussionen.

Ein Gerücht tut seine Wirkung

Am Morgen des 27. April, einem Montag, schrieb einer der allgegenwärtigen Polizeispitzel eine eilige Nachricht an den Lieutenant de Police und an den Staatsanwalt beim Parlament von Paris. Er berichtete seinem Vorgesetzten über einen Demonstrationszug von Arbeitern des Faubourg Saint-Antoine in Richtung Rathaus. Diese Männer seien mit Stöcken bewaffnet, und sie trügen Puppen mit sich, die zwei Fabrikanten aus dem Faubourg darstellen sollten. In diesem Viertel von ca. 80 000 Einwohnern sei es gefährlich, eine solche Unruhe ungestraft zu lassen. Ein anderer Zeuge beobachtete, wie die Menge auf dem Rathausplatz einen Wagen mit Knüppelholz plünderte, um sich damit zu bewaffnen.

Der Polizeichef schloß sich der Lagebeurteilung seines Spitzels vor Ort umgehend an. Um 10 Uhr 15 informierte er seinerseits den Staatsanwalt beim Parlament von Paris, daß dieser Demonstrationszug zuerst zum Haus des Fabrikanten Réveillon marschiert sei, daß er, nachdem er dort auf Truppen gestoßen sei, zum Haus des Salpeterfabrikanten Henriot in der Rue de Cotte weitergezogen sei. Man habe dessen Haus geplündert, die Möbel auf den Marktplatz getragen und verbrannt. Am späten Abend dieses Tages berichtete Thiroux de Crosne dem König bekümmert, daß die in den letzten Tagen immer wieder berichtete »Ruhe« ganz plötzlich gestört worden sei.

Réveillon und Henriot, beide relativ wohlhabende Fabrikbesitzer, waren in ihren Distrikten Sainte-Marguerite und Enfants-Trouvés, die zum Faubourg Saint-Antoine gehörten, zu Wahlmännern gewählt worden. Schon bald nach der Wahlversammlung dieses Distrikts war das Gerücht aufgetaucht, Réveillon habe dort erklärt, daß sich ein Arbeiter sehr wohl von 15 Sous am Tag ernähren könne. Ein Teilnehmer der Revolte, der Sattler Le Blanc, erklärte später im Polizeiverhör, er sei überzeugt davon, daß Réveillon dies gesagt habe, und darüber hinaus habe er gesagt, daß er Arbeiter habe, die 20 Sous verdienten, alle trügen eine Uhr an der Weste, und bald würden sie reicher als er selbst sein. Zwar bezog sich Le Blanc bei dieser Aussage auf seinen eigenen Arbeitgeber, einen bekannten Porzellanmacher, doch gehörte der Distrikt Saint-Marguerite, in dem Réveillon zum Wahlmann gewählt worden war, zu den wenigen Distrikten, in denen sich Handwerker und Arbeiter Zugang zur Wahlversammlung verschafft hatten. So besteht die Möglichkeit, daß Réveillons unvorsichtige Bemerkungen auf diesem Wege in die Öffentlichkeit des unruhigen Faubourgs fanden. Von Henriot wurden ähnliche Äußerungen kolportiert, während andere Pariser Bürger wie Toussaint Mareux davon überzeugt waren, daß Réveillon lediglich gesagt habe, daß 15 Sous als Lohn ausreichen würden, falls die Zollschranken um Paris fallen würden.

Ob Jean-Baptiste Réveillon, ein wohlhabender Tapetenfabrikant, der seit 1765 seine Fabrik in der Rue de Montreuil (Faubourg Saint-Antoine) betrieb, dies so oder ähnlich gesagt hat, läßt sich heute nicht mehr feststellen. Es ist gut möglich, daß in dieser Wahlversammlung nur die üblichen Beschwerden von Unternehmern über zu hohe Löhne zu hören waren, denn es ist belegt, daß Réveillons Arbeiter erheblich mehr verdienten als jene 15 Sous. Die »Gazette de Leyde« berichtete sogar, daß der Unternehmer seine arbeitslosen Mitarbeiter im vergangenen Winter zusätzlich unterstützt habe. Andere Quellen machen es wahrscheinlich, daß Réveillon in der Wahlversammlung zu Fragen der Lebenshaltungskosten Stellung genommen und dabei auf die Rolle der Zölle hingewiesen hatte, die natürlich Brot, Fleich und Wein verteuerten. Eine Abschaffung der Zölle werde es möglich machen, daß ein Arbeiter wieder von 15 Sous pro Tag werde leben können. Gleichgültig, was Réveillon wirklich gesagt hatte, alle Welt war davon überzeugt, daß er die inkriminierten Äußerungen getan hatte. Réveillon galt im Faubourg als Lohndrücker.

Im übrigen ging auch der Polizeichef de Crosne selbst von der Richtigkeit dieser Vermutungen aus, denn schon am Tage nach den Wahlversammlungen in den Distrikten hatte er an den König von der Unruhe im Faubourg berichtet, die durch »unbedachte Äußerungen über die Höhe der Löhne« zweier Unternehmer verursacht worden sei. Auch war öffentlich bekannt geworden, daß sich Réveillon und Henriot in der Wahlmännerversammlung ihres Distrikts von den andern Wahlmännern bewußt abgesondert und ihre Distanz zum Dritten Stand angedeutet hatten. Ein solches Verhalten und so unbedachte Äußerungen waren natürlich besonders geeignet, Unruhe in der wirtschaftlich verunsicherten und politisch enttäuschten Bevölkerung zu erregen. Erste Gerüchte von einer möglichen Revolte gegen Réveillons Bestimmung zum Wahlmann waren schon am Samstag, dem 25. April aufgetaucht, als der Abbé Roy, der im Mai von Kommissar Chenon als möglicher Anstifter der Revolte verhört wurde, von einem solchen Plan erfuhr. Dieser Abbé, ein königlicher Zensor und scharfer Kritiker des Despotismus zugleich, der von Réveillon wegen einer Wechselfälschung verklagt worden war, galt zusammen mit einem entlassenen Arbeiter Réveillons vielen Pariser Beobachtern als Anstifter der Revolte. Die späteren gerichtlichen Untersuchungen ergaben jedoch keine Beweise für diesen Verdacht.

Angesichts steigender Brotpreise, die schon seit Februar nur um einen halben Sou von jener 15 Sous-Grenze entfernt waren, mußten solch törichte Bemerkungen wie Öl ins Feuer wirken, zumal wenn sie von einem Mann kamen, dessen Erfahrungen mit Arbeitskämpfen bekannt waren und der sich nicht scheute, seinen Reichtum in einem prächtigen Besitz in der Rue de Montreuil zur Schau zu stellen. In seiner Firma war unter Beteiligung der Brüder Montgolfier auch der Heißluftballon gebaut worden, mit dem am 19. Oktober 1783 in den Tuilerien der erste freie Aufstieg gelang. Seit 1784 durfte sich der Betrieb als »königliche Manufaktur« bezeichnen, weil er einen von Necker ausgelobten Preis »zur Beförderung der nützlichen Künste« für die von ihm produzierte Art von Vélintapeten erhalten hatte.

Die Demonstration gegen Réveillon und Henriot war kein Manöver, das, wie damals vor allem von den Polizeibehörden vermutet wurde, von anderen Hintermännern initiiert worden war, und auch kein nur privater Racheakt (obwohl solche Motive nicht ganz auszuschließen sind), sondern es war ein kollektiver Wutausbruch der Arbeiterschaft des Faubourgs Saint-Antoine gegen Unternehmer, die sich – wie man zu wissen glaubte – über die Lebensbedingungen der Arbeiter lustig gemacht hatten. Sie wollte man bestrafen, und man wollte zugleich dem allgemeinen Wunsch nach billigerem Brot Ausdruck verleihen. Diese Gründe erkannte auch der Polizeichef an, wenn er am 28. an den König schrieb, daß sich der Aufstand zwar vorrangig gegen Réveillon richte, daß man aber »lebhaft« die Verringerung des Brotpreises fordere.

Den Arbeitern, die sich im Laufe des Tages noch Hilfe aus anderen Stadtteilen geholt hatten, reichte es nicht mehr aus, schnell gebastelte Puppen der beiden Unternehmer gehängt und verbrannt zu haben. Dem Buchhändler Hardy begegnete am Nachmittag eine Kolonne von etwa 500–600 Arbeitern im Viertel Saint-Marceau. Einer von ihnen trug einen Galgen mit einem Schild, auf das man geschrieben hatte: »Beschluß des Dritten Stands, der Réveillon und Henriot dazu verurteilt hat, auf öffentlichem Platz gehängt und verbrannt zu werden.« Der »Dritte Stand« wurde hier zur Gerichtsinstanz über zwei Unternehmer gemacht, die paradoxerweise gerade eben zu Vertretern dieses Standes gewählt worden waren.

Der »Dritte Stand« wurde noch auf eine andere Weise in den Aufstand verwickelt. Die Versammlung der Wahlmänner war an diesem Nachmittag gerade dabei, die Mitglieder einer Kommission zu bestimmen, die das »Beschwerdeheft« vorbereiten sollte. Als die Nachricht von den Umzügen der Arbeiter die Versammlung erreichte, versicherte Réveillon seinen Kollegen spontan, nichts Unrechtes gesagt oder getan zu haben. Er habe sogar noch seine Arbeiter während des kalten Winters weiterbezahlt, obwohl wegen des Frostes gar nicht gearbeitet werden konnte. Während die Versammlung den Fabrikanten in die Kommission wählte, unternahm sie auch einen eigenen Versuch, die Unruhen beizulegen. Zwei beliebte Fabrikanten und ein Justizbeamter gingen nach St. Marceau und trafen dort auf einen Marschblock der Arbeiter. Zwar gelang es dieser Kommission, eine Ansammlung aufzulösen, doch die weitere Entwicklung konnte nicht aufgehalten werden.

Am nächsten Morgen versuchten die Aufständischen zu erreichen, was ihnen am Vortag angesichts der vor Réveillons Haus aufgezogenen Truppen nicht gelungen war. Ungeachtet eines vom Parlament verkündeten Versammlungsverbots versammelten sich schon am Vormittag Tausende von Arbeitern, jetzt auch aus anderen Stadtvierteln, vor dem Réveillonschen Besitz. Sie verlangten jetzt mehr als noch am Vortag: Man forderte die Herabsetzung der Brot- und Fleischpreise. Gegen Mittag kam es schließlich zum Kampf zwischen den Arbeitern und den Truppen, die laufend verstärkt wurden, erste Verletzte und Tote wurden fortgebracht. Durch den Polizeiagenten Fortin, der sich mitten unter den Demonstranten aufhielt und während des Tages mehrere schriftliche Berichte an den Polizeichef schicken konnte, und dessen zusammenfassende Direktberichte an den König sind wir über den Verlauf der Auseinandersetzungen sehr gut informiert. Trotz des Truppenaufgebots gelang es den Demonstranten am Nachmittag, in das Haus Réveillons einzudringen und es zu zerstören. Gleichzeitig begann man, da die Angreifer keine Feuerwaffen hatten, die Dächer der umliegenden Häuser abzudecken und benutzte dabei die Dachziegel als Wurfgeschosse gegen die Garden und die Reiter vom Regiment Royal-Cravate.

Es kam zu einem regelrechten, mit großer Erbitterung ausgetragenen Straßenkampf zwischen den Arbeitern und den königlichen Truppen, wobei Gardes Françaises, Schweizer Garden und Linienregimenter noch einträchtig zusammenkämpften. Vereinzelt hörte man Rufe nach »Freiheit«, oder man ließ den Dritten Stand, den König und Finanzminister Necker hochleben. Am späten Nachmittag trafen weitere 600 Soldaten am Ort des Straßenkampfes ein, und der Befehlshaber der Gardes Françaises, der Duc de Châtelet, ließ jetzt planmäßig in die Menge schießen, was in der engen Straße verheerende Wirkungen haben mußte. Als schließlich sogar zwei Kanonen aufgefahren wurden, zerstreute sich die Menge und hinterließ ein wahres Schlachtfeld mit ausgebrannten und zerstörten Häusern, einer von Dachziegelsplittern und Barrikadenresten bedeckten Straße und Toten und Verwundeten auf beiden Seiten.

Von 26 Toten war schließlich in den Polizeiakten die Rede, aber nirgendwo findet sich ein annähernd genauer Hinweis auf die Gesamtzahl der Verletzten und Toten, die schon während des Kampfes von ihren Kameraden fortgebracht wurden. Andere Schätzungen schwankten zwischen 100 und 900 Toten, eine gewiß kaum haltbare Zahl, die aber die Schärfe und Grausamkeit der Kämpfe unterstreicht. Man wird wohl eine dreifach höhere Zahl von Toten, als in den offiziellen Untersuchungen zugegeben wurde, annehmen müssen, denn die Behörden hatten natürlich ein besonderes Interesse daran, diese Kämpfe herunterzuspielen.

Kein Wunder, daß es nach diesem verzweifelten Kampf während der folgenden Nacht ruhig blieb. Am nächsten Morgen begann das Strafgericht der Polizei und der Gerichte. Schon um neun Uhr tauchte der Polizeikommissar François Beauvallet im Krankenhaus Hôtel-Dieu auf, untersuchte die dort eingelieferten Verletzten und befragte sie, von Bett zu Bett wandernd, über den Hergang der Ereignisse. Einige der Schwerverletzten starben allerdings, bevor der Kommissar sie hatte befragen können. 30 Aufrührer, überwiegend Pariser Handwerker und Arbeiter im Alter von 20–40 Jahren, darunter eine Frau, wurden gefaßt und abgeurteilt, weitere 22 wurden zur Fahndung ausgeschrieben. Damit war zugleich das Märchen von den fremden Räubern entkräftet, die zuweilen als Urheber der Revolte bezeichnet wurden. Am Mittwoch, dem 29. April, gegen sieben Uhr abends, wurden auf dem Platz an der Porte Saint-Antoine die Arbeiter Jean-Claude Gilbert und Antoine Pourat, die bei der Plünderung des Hauses von Réveillon gefaßt worden waren, öffentlich hingerichtet. Eine große Zahl von Soldaten sicherte dieses kalkulierte Schauspiel ab.

Bald darauf, am 1. Mai, saß der Mann, dem die Attacke der Arbeiter aus Saint-Antoine gegolten hatte, am vermeintlich sichersten Platz von ganz Paris. Réveillon hatte sich 3 Tage nach der Schlacht

Abb. 3: Dragoner und Gardes Françaises bekämpfen am 27. April den Aufruhr der Arbeiter von St. Antoine gegen den Tapetenfabrikanten Réveillon

um sein Haus in die Bastille geflüchtet und war dort in Schutzhaft genommen worden, der einzige und zugleich der letzte »Gefangene«, der im Jahre 1789 in die Bastille eingeliefert wurde. Er benutzte seinen Aufenthalt in der Festung, um eine Rechtfertigungsschrift zu verfassen, in der er seinen Aufstieg vom Arbeiter zum Unternehmer beschrieb und sich als verkannten Wohltäter seiner Arbeiter hinstellte, denen er zwischen 25 und 50 Sous am Tag bezahlt habe: »Wie könnte ich demnach 15 Sous Lohn für die Arbeiter festgelegt haben?« Am 28. Mai verließ er wieder die Bastille, rechtzeitig genug, um am 14. Juli nicht den Eroberern in die Hände zu fallen. Kurz darauf, am 1. Juni, sicherte ihm der Finanzminister in einem Schreiben eine Entschädigung von 30 000 Livres, eine Verdienstmedaille und das besondere Wohlwollen des Königs zu. Einige Monate später verlieh die Akademie seiner treuen Hausangestellten, die während der Angriffe versucht hatte, das Eigentum Réveillons zu schützen, ihren jährlichen »Prix de la Vertu« und schockierte damit die Öffentlichkeit, die allgemein die Vergabe des Preises an die »Sieger der Bastille« erwartet hatte.

Der Versuch seines Leidensgenossen Henriot, im Schloß von Vincennes Schutz zu suchen, mißlang. Er irrte in der Umgebung von Paris umher, bis er schließlich bei Freunden Unterschlupf fand und ebenfalls eine Rechtfertigungsschrift verfassen konnte, in der er den Verlust von 71 734 Livres beklagte.

Auf den ersten Blick mag die »Affäre Réveillon«, wie sie meist ein wenig verniedlichend genannt wird, nur als eine Privatangelegenheit zwischen den beiden Fabrikanten und den Arbeitern aus Saint-Antoine betrachtet werden, provoziert durch eine verbale Entgleisung. Doch das würde die Bedeutung dieses erbitterten Kampfes unterschätzen, der gewiß heftiger und mit größerer Härte und mehr Opfern geführt wurde, als der Kampf um die Bastille einige Wochen später. Die blutige Niederlage in der Rue de Montreuil bereitete den Boden für die Grausamkeiten des 14. Juli. Der Haß des Volkes auf die königlichen Regimenter rührte von diesem Kampf her, für die Gardes Françaises wurde ihr Einsatz gegen die Arbeiter von Saint-Antoine zum entscheidenden Wendepunkt ihrer Haltung: Die Erfahrung dieses Tages trieb sie auf die Seite des »Dritten Standes«.

Die schockierende Erinnerung an den Verlauf dieses Tages kann vielleicht auch die schnelle Suche nach Waffen am 12. Juli, das

Vorgehen gegen die Offiziere der Bastille und gegen andere hohe Beamte des Königs erklären. Man wollte sich nicht noch einmal überrumpeln lassen! Am 27. und 28. April wurde vor dem Hause des reichen Fabrikanten Réveillon erkennbar, daß die kommenden Ereignisse sich nicht auf Versailles und die dort von bürgerlichen Juristen und liberalen Adeligen betriebene Verfassungspolitik beschränken würden: »Dieser erste Auflauf könnte gut nur das Vorspiel einer Erhebung dieser Klasse sein,« schrieb ahnungsvoll ein Genfer Bürger in einem öffentlichen Brief an seinen Landsmann, den Finanzminister Necker. Er sollte recht behalten.

Am 25. Mai sah Jacques Hardy im Palais Royal ein Plakat, auf dem die alarmierenden Worte zu lesen waren: »Palast zu verkaufen, Ratgeber zu vermieten, Minister zu hängen, Krone zu vergeben«. Am Abend des 5. Juni wurden in Saint-Antoine Plakate angeschlagen, die einen neuen Aufstand gegen das teure Brot ankündigten.

Der 30. Juni: Eine gewaltsame Gefangenenbefreiung und ihre Folgen

Befreit die Gefangenen!

An diesem Dienstag, dem 30. Juni, bot sich in Paris im Palais Royal das schon übliche Bild erregter Diskussionen. Dieses Palais, das eigentlich einen großen Einkaufs-, Restaurant- und Vergnügungskomplex bildete, war in den letzten Monaten immer mehr zum Zentrum der politischen Meinungsbildung und Agitation geworden. In den Cafés formierten sich allabendlich Gruppen von engagiert diskutierenden Menschen, wenn die neuesten Berichte aus Versailles verlesen oder wenn Resolutionen abgestimmt wurden. Zuweilen erschienen kleine politische Broschüren mit dem Zusatz »Verlesen und abgestimmt im Palais Royal«. An Themen mangelte es auch heute abend wieder nicht, denn in Versailles hatten sich in den vergangenen zwei Wochen Veränderungen von geradezu revolutionärer Qualität ergeben.

Am 17. Juni hatte sich der Dritte Stand, der ja ungefähr 96% der Bevölkerung des Landes repräsentierte, in einem demonstrativen Akt zur Nationalversammlung erklärt und dabei den Anspruch erhoben, allein fähig zu sein, »den Willen der Nation zu interpretieren und darzustellen.« Am Morgen des 20. Juni hatten die Abgeordneten des »Dritten Standes« vor den verschlossenen Türen ihres üblichen Versammlungssaals gestanden. An der Tür war eine königliche Verlautbarung angeschlagen, die den Saal unter dem Vorwand notwendiger Vorbereitungen für eine baldige königliche Sitzung aller drei Stände sperrte. Die Bänke waren schon ausgeräumt worden, Soldaten bewachten den Saal. Doch der Pariser Abgeordnete Dr. Guillotin wußte Rat: Nach kurzer Debatte begaben sich die empörten Abgeordneten auf seinen Vorschlag hin in das nicht weit entfernte »Jeu de paume«, eine Halle für das gerade unter den Adeligen der Hofgesellschaft beliebte Ballspiel, die sich aber in Privatbesitz befand. Ein Briefwechsel zwischen dem Präsidenten der Nationalversammlung und dem

Marquis de Dreux-Brézé, dem Zeremonienmeister des Königs, hatte keine Veränderung der Lage bewirken können.

Man hätte sich keinen Ort aussuchen können, der für eine parlamentarische Versammlung weniger geeignet gewesen wäre: Ein 30 Meter langer, 12 Meter breiter, durch ein Netz in zwei Hälften geteilter, schwarz ausgemalter hoher Raum, dessen Decke mit goldenen Lilien auf blauem Grund geschmückt war. Es gab keine Sitzgelegenheiten, keine Schreibtische, keine Rednertribüne, sehr bald hingen Staubwolken über der spontanen Versammlung. Schnell war das Netz abgenommen worden, und aus einer über zwei Fässer gelegten Türe hatte man einen provisorischen Schreibtisch gebaut. Um halb elf war man soweit. Während über Versailles ein Sommergewitter niederging und der Wind die Vorhänge der hoch umlaufenden Fensterreihe bauschte, schworen die Abgeordneten, »sich niemals zu trennen und sich überall zu versammeln, wo es die Umstände erforderlich machen sollten, bis die Verfassung errichtet und auf festen Grundlagen dauerhaft gestaltet wäre«. Ein einziger Abgeordneter, Martin d'Auch aus Castelnaudary, wagte es, sich diesem Eid zu verweigern.

Als der König in der Sitzung am 23. Juni den Abgeordneten befahl, am nächsten Morgen die Beratungen nach Ständen getrennt fortzusetzen, verweigerte der Dritte Stand ostentativ den Gehorsam, und dem König blieb nichts anderes übrig, als diesen eigenmächtigen Akt zu dulden. Am 27. Juni forderte er Klerus und Adel auf, sich dem Dritten Stand anzuschließen. Dabei holte er nurmehr eine Entwicklung nach, die sich ohnehin schon angebahnt hatte. Teile des Klerus und eine starke Gruppe adeliger Abgeordneter hatten diesen Anschluß schon vorher vollzogen.

Dies waren in der Tat revolutionäre Vorgänge. Schon am 17. Juni hatte ein für den Außenminister Montmorin angefertigter Stimmungsbericht aus Paris geschrieben, daß in diesem Augenblick der Krise die ganze Nation eine Entscheidung des Monarchen erwarte: »Er muß sie aussprechen!« Doch der König verpaßte auch diese Situation, er reagierte nurmehr halbherzig auf die Entscheidungen der neuen Nationalversammlung. So wichtig diese neue verfassungsrechtliche Konstellation für den Dritten Stand auch sein mochte, viel mehr Erregung riefen in Paris jedoch die Nachrichten über die Vorgänge in Versailles am 23. Juni hervor. Nach der Sitzung der Nationalversammlung war eine Menge aufgebrachter

Menschen in den Schloßhof eingedrungen, um gegen die vermutete Entlassung Neckers zu protestieren. Der in Panik geratene Hof hatte nicht nur Necker bewogen, sich zur Beruhigung der Menge öffentlich zu zeigen, sondern er hatte auch den Einsatz der Gardes Françaises befohlen, um am nächsten Morgen den Zugang zur Nationalversammlung abzusperren. Dabei war es jedoch zu Vorfällen gekommen, die man als Befehlsverweigerung der Garden interpretieren mußte. Sie weigerten sich, gegen die demonstrierenden Zuschauer vorzugehen, vor allem ließen sie ihrem Kommandeur gegenüber keinen Zweifel daran, daß sie nicht mit Waffengewalt gegen die Anhänger des Dritten Standes vorgehen würden.

Eine solche Widerspenstigkeit wollte sich der Duc de Châtelet, der neue, auf Disziplin bedachte Kommandeur der Gardes Françaises, natürlich nicht bieten lassen. Er ließ deshalb wenige Tage danach elf Gardesoldaten festnehmen und in das für militärische Disziplinarfälle vorgesehene Gefängnis der Abtei St. Germain nach Paris bringen. Kein Zweifel kann daran bestehen, daß der Kommandeur jene Soldaten bestrafen wollte, die sich sowohl bei den Aktionen am Hause Réveillons in Saint-Antoine als auch in Versailles als Anführer hervorgetan hatten. Dagegen wollten die Behörden in der Öffentlichkeit den Eindruck erwecken, als seien nur Soldaten bestraft worden, die ihre Einheit verlassen, ihre Kameraden mißhandelt oder bestohlen hätten. Ein anonymer Druck führte jedenfalls die Namen von 14 Soldaten, ihre Kompanien und ihre angeblichen Vergehen auf: Ein Soldat wurde direkt als »verdorbenes Subjekt« bezeichnet.

Doch diese Taktik des Kommandeurs der Gardes Françaises und der Polizei ging nicht auf, die bestraften Soldaten galten als Märtyrer für die Sache des Dritten Standes. Schon am 24. Juni hatte eine Broschüre die Befehlsverweigerung in Versailles als »Bravourtat« bezeichnet und die »schöne Aktion« bewundert: »Ihr seid unsere Brüder und Söhne, wir verdanken Euch das Heil Frankreichs und den gegenwärtigen Zustand des Königreiches.« Die Gardes Françaises schwammen auf einer Woge öffentlicher Anerkennung. Sie selbst bildeten eine Art Ältestenrat, der regelmäßig tagte und auf die Einhaltung bestimmter Formen drang, um ihrer Führung keinen allzu offensichtlichen Grund für disziplinarische Maßnahmen zu geben. Hardy sprach voller Staunen von einer »gewissen Ordnung inmitten der Konfusion.«

Zwischen sechs und sieben Uhr abends an diesem 30. Juni hatte ein Dienstmann einen Brief ins Palais Royal gebracht, der von einem der elf Angehörigen der Gardes Françaises aus dem Gefängnis der Abtei geschmuggelt worden war. Ein Mann namens Loustallot schwang sich vor dem Café de Foy auf einen Stuhl und las diesen Brief vor, ein anderer namens Fournier glaubte zu wissen, man wolle die Gefangenen ins Bicêtre-Gefängnis bringen und dort aufhängen oder auf die Galeeren schicken. Da schien höchste Eile geboten, hatte man sich doch schon am 27. Juni geschworen, die Freiheit der Soldaten zu verteidigen, die sich den Befehlen in Versailles widersetzt hatten. Sofort tauchte die Idee auf, die Gefangenen aus dem Gefängnis zu befreien. Schnell bildete sich ein Trupp junger Leute, der zehn Minuten nach sieben nach St. Germain aufbrach und sich unterwegs noch durch andere Passanten verstärkte, so daß etwa 400-500 Menschen an der Abtei angekommen sein mögen.

Auf dem Gelände der Abtei fand man bei einem Eisenhändler auch noch die notwenigen Hilfsmittel, um die Wachtposten des Gefängnisses zu bedrohen und die Türen der Zellen aufzubrechen. Dabei wurden nicht nur die elf gerade eingelieferten Soldaten befreit, sondern auch noch vier weitere Soldaten, die dort ihren Arrest verbüßten. Nach einer guten Stunde war die ganze Aktion schon beendet, man führte die befreiten Soldaten im Triumphzug ins Palais Royal zurück, wo sie in der Salle des Variétés auf schnell herbeigeholten Matratzen untergebracht wurden.

In St. Germain hatte diese Befreiungsaktion noch ein Nachspiel. Einem der berittenen Polizisten, die an diesem Abend im Stadtteil Dienst taten, war es im letzten Augenblick gelungen, eines der in Paris stationierten Regimenter zu alarmieren, und tatsächlich rückten bald zwei Kompanien Dragoner und Husaren, die Säbel gezückt, vor der Abtei an. Doch das Unglaubliche geschah: Die Befreier griffen den Pferden in die Zügel, man erklärte die Situation, und die abendliche Szene endete erstaunlicherweise damit, daß die jungen Leute Wein kommen ließen und mit den Soldaten auf das Wohl des Königs und der Nation anstießen.

Nach der Rückkehr ins Palais wurde der leicht errungene Sieg natürlich gefeiert, doch der schnelle Erfolg machte auch begehrlich. Wenn es so leicht war, gefangene Soldaten zu befreien, warum sollte man jetzt nicht auch die Soldaten befreien, die wegen glei-

Abb. 4: Befreiung der Gardes Françaises aus dem Gefängnis der Abtei St. Germain am Abend des 30. Juni

cher Vergehen (Befehlsverweigerung in Saint-Antoine) noch in Vincennes und in Bicêtre inhaftiert waren? Hier siegte jedoch die Vernunft der Diskutanten, denn in Bicêtre bestünde die Gefahr, auch wirkliche Verbrecher zu befreien.

Die Patrioten vom Palais Royal

Doch die Ideen und Pläne an diesem Abend des unerwartet schnellen Erfolgs gingen noch viel weiter: »Die Menge, die über ihre eigene Kühnheit staunte, glaubte sie durch neue Ausschreitungen rechtfertigen zu müssen.« Die Friedfertigen wollten sich in demonstrativer Weise dem König zu Füßen werfen und um Gnade für die Gardes Françaises bitten, die anderen aber hatten ganz andere Vorstellungen: »Man schlug vor, sich der Bastille zu bemächtigen, um die Kanonen und die dort lagernden Waffen und Munition unbrauchbar zu machen.« Der Polizeispitzel, der laufend aus dem Palais Royal an den Außenminister nach Versailles berichtete, hatte erfahren, daß Pläne diskutiert wurden, sich im Handstreich der über die Stadt verteilten Kanonen zu bemächtigen. Damit tauchten zum erstenmal die Bastille, ja alle Waffenlager, als Ziel der revolutionären Aktionen auf, auch wenn dieser Plan an diesem Abend nicht weiterverfolgt wurde. Wieder andere wollten das Haus des Regimentskommandeurs der Gardes Françaises anzünden oder sich aller Waffenbestände der Stadt bemächtigen. Der Spion hatte gehört, daß man geäußert und sogar öffentlich angeschlagen habe, daß ein einziger Schuß alles in Feuer und Blut tauchen würde. Würden die Gefangenen nicht freigelassen, müßte es zum Äußersten kommen. Auch am 2. Juli berichtete der Spitzel wieder entsetzt von Überlegungen, sich handstreichartig der entscheidenden Kanonen in Paris zu bemächtigen.

Den Revolutionären im Palais Royal war also klar, daß man sich der schweren Waffen und damit auch der Bastille bemächtigen mußte, wenn man dem König und seiner Armee Paroli bieten wollte. Das Ziel »Bastille« war fixiert. Am 13. Juli tauchte die Bastille wieder als Ziel der Aktionen auf, und es wäre naiv anzunehmen, daß diese Art der langfristigen Diskussion über die strategische Rolle der Bastille am Morgen des 14. Juli vergessen gewesen wäre.

Am Abend des 30. Juni aber fand schließlich ein anderes Projekt die Zustimmung der Menge: Man beschloß, eine Delegation von 20 Bürgern aus dem Palais Royal zur Nationalversammlung zu entsenden und sich dort für eine Begnadigung der Gardes Françaises einzusetzen. Schon um 1 Uhr in der Nacht fuhren die Deputierten in fünf Wagen nach Versailles ab. Dort angekommen, verfaßten sie ein Schreiben an Bailly, den Präsidenten der Nationalversammlung, und baten um die Möglichkeit, ihr Anliegen vortragen zu können. Dazu hatte man Marie de St. Ursin als Sprecher gewählt, der sich bei Bailly zunächst einmal höflich dafür entschuldigte, ihm unter den gegebenen Umständen nicht in der adäquaten Kleidung gegenübertreten zu können. Der Mann, der vor wenigen Stunden einen Akt des Aufruhrs gegen die öffentliche Ordnung mitorganisiert hatte, entschuldigte sich ohne jeden Anschein von Ironie für eine Äußerlichkeit.

Die Nationalversammlung war jedoch zunächst ganz unentschlossen, ob sie sich überhaupt mit dieser Frage der militärischen Disziplin befassen sollte. Einige Mitglieder lehnten es kategorisch ab, für Männer beim König vorstellig zu werden, die sich in offener Rebellion befanden. Andere, weitsichtigere Abgeordnete erkannten, daß die Unruhen in Paris in engem Zusammenhang mit der Politik des Hofes gegenüber der Nationalversammlung standen, und sie waren sich auch der politischen Brisanz dieser Frage bewußt. Nach der notwendigen Klärung des Sachverhalts und einer ganzen Reihe von Resolutionen, die keine Mehrheit fanden, beschlossen die Abgeordneten nach erregten Diskussionen, angesichts der in dieser Frage eindeutigen Kompetenz des Königs eine Delegation zum König zu schicken, um ihn um eine Begnadigung der befreiten Gardes Françaises zu bitten. Tatsächlich schrieb der König am folgenden Tag dem Erzbischof von Paris, der sich ebenfalls in dieser Sache an ihn gewandt hatte, einen Brief, der zumindest die Möglichkeit einer Begnadigung einräumte, falls gewisse Vorbedingungen erfüllt seien.

Es wäre freilich verfehlt anzunehmen, daß sich die Soldaten in dieser Situation ganz der Gnade des Königs oder gar des Duc de Châtelet unterworfen hätten. Charakteristisch für diese Situation eines offenkundigen Machtkampfes war vielmehr eine eigenartige Mischung von bedingtem Gehorsam und revolutionärer Grundstimmung: Man wollte dem König gehorchen, aber nur wenn er die richtige Entscheidung im Sinne der Gardes Françaises traf, die sich jetzt schon als die Vorhut des Dritten Standes verstanden. Dem König schrieb man am 2. Juli in einer Broschüre aus dem Palais Royal die neuen Grundsätze der Politik nach Versailles: »Sire, es sind nicht die Könige, die die Nationen gemacht haben, es sind vielmehr die Nationen, die die Könige gemacht haben.« Ein Grenadier »Sans-Peur« (»Ohne-Angst«) verwahrte sich in einem öffentlichen Brief an den Duc de Châtelet dagegen, daß die Soldaten wie die Neger in Amerika behandelt würden: »Diese Unglücklichen sind Sklaven, wir aber sind frei.« Kein Wunder, wenn es in diesen Tagen in einer von einem Adeligen verfaßten Broschüre hieß: »Dieses Volk ist ganz verändert, unsere Augen erkennen es nicht mehr wieder.«

Solche Beobachtungen, aber auch die weiteren Aspekte dieser Gefangenenbefreiung zeigen deutlich, daß es sich hierbei keineswegs um eine wilde, unkontrollierte Aktion von Wirrköpfen gehandelt haben kann. Die politischen Schritte vor und nach der Gefangenenbefreiung lassen vielmehr den Schluß zu, daß sich im Palais Royal eine bemerkenswerte Gruppe politischer Strategen und Publizisten zusammengefunden hatte. Sie war zwar noch unorganisiert und schwankend, gleichwohl muß sie durch ihre publizistische Präsenz und das zunehmende Gewicht der Institution Palais Royal in diesem Pariser Frühsommer als politische Kraft ersten Ranges angesehen werden. Vor allem der frühzeitige Versuch, die Gardes Françaises und – soweit möglich – auch die Soldaten der in Paris eintreffenden Linienregimenter auf die Seite des Dritten Standes zu bringen, spricht für eine solche Bewertung. Als sich die 407 Wahlmänner noch zierten, die Milizgründung und damit die Machtfrage zu diskutieren, sorgten die Männer im Palais Royal für die notwendigen Fakten. Sie erreichten es schließlich, daß am 13./14. Juli von den sechs Pariser Bataillonen der Gardes Françaises nur noch eines als verläßlich galt, die anderen fünf agierten ohne ihre Offiziere im Sinne des Dritten Standes.

Doch die Drahtzieher der Gefangenenbefreiung aus dem Palais Royal mobilisierten nicht nur die Nationalversammlung zugunsten der gefährdeten Gardes Françaises. Sie veranlaßten auch die Versammlung der Pariser Wahlmänner, am 6. Juli eine Delegation nach Versailles zu entsenden, um sich in der Nationalversammlung und beim König ebenfalls für die Befreiung der inhaftierten Soldaten einzusetzen. Dies geschah freilich unter der Bedingung, daß sich die befreiten Soldaten freiwillig wieder ins Gefängnis zurückbegeben würden. Wie beabsichtigt, wurde der Einsatz der Deputation jedoch überflüssig, denn während noch die Wahlmänner in Versailles ihren Auftritt vorbereiteten, wurde ihnen aus Paris gemeldet, daß sich die elf Soldaten in der Nacht vom 4. zum 5. Juli wieder im Gefängnis der Abtei St. Germain eingefunden hätten.

Damit waren die Voraussetzungen für einen Gnadenakt gegeben. Am Montag, dem 6. Juli, wurden die Soldaten endgültig entlassen und zum zweitenmal im Triumph ins Palais Royal heimgeführt: Die »Söhne des Volkes« waren wieder zu Hause. Die genauen Umstände dieses Zusammenwirkens zwischen Rathaus und Palais Royal sind kaum auszumachen. Über die öffentliche Wirkung der Gefangenenbefreiung und ihr unglaubliches Echo im Palais Royal kann allerdings kein Zweifel bestehen. Beide Versammlungen in Paris und Versailles hatten sich mit den Forderungen aus dem Palais beschäftigen müssen, die Öffentlichkeit stand hinter der Gefangenenbefreiung und – was wohl am wichtigsten war – die Gardes Françaises waren für einen Einsatz im Sinne der Regierung nicht mehr zu gebrauchen. »Dieser Coup hat die Truppen für uns gewonnen, und die Gardes Françaises werden sich lieber alle hängen lassen, als auf einen Bürger zu schießen«, schrieb einer der Anführer aus dem Palais Royal.

Wer waren denn diese Männer, die im Palais Royal die Fäden zogen, die vor übereilten Aktionen warnten und kluge politische Aktionen wie die Entsendung der Deputation nach Versailles einfädelten? Die meisten der Namen werden unbekannt bleiben, weil im Palais keine Protokolle geführt wurden. Selbst die Erkenntnisse der Polizeispitzel, die kontinuierlich – wenn auch unter Gefahr für Leib und Leben, denn am 8. Juli wurde einem ertappten Spitzel ein Ohr abgeschnitten – berichteten, enthielten keine Namen. Nur durch die Umstände der 20er-Deputation nach Versailles und andere Resolutionen können wir einige ermitteln, auch wenn z. T. nur die Anfangsbuchstaben der Namen unter dem gedruckten Bericht stehen. Der Sprecher dieser Gruppe war – wie erwähnt – Marie de St. Ursain, weitere Mitglieder waren Camille Desmoulins, der am 12. Juli im Palais Royal zu den Waffen rufen wird, und Elisée Loustallot, ein 28jähriger Jurist und Journalist, der an den »Révolutions de Paris« mitarbeitete.

Daneben können wir noch Jean-Baptiste Poupart de Beaubourg, einen der späteren Bastille-Sieger, als Wortführer dieser Tage ausmachen und Fournier l'Américain, einen Abenteurer, der am 13. Juli im Distrikt St. Eustache zum Kommandanten einer Einheit der Bürgergarde gewählt werden sollte. Andere Namen, wie die der beiden Mediziner Brase und de Chamseru, weisen darauf hin, daß im Palais Royal neben den Juristen Camille Desmoulins und Loustallot intellektuelle Hintermänner in führenden Positionen agierten, für die das schnelle Formulieren von Petitionen, Reden und Broschüren kein Problem darstellte. Daß ausgerechnet der Wahlmann Nicolas de Bonneville es war, der in Versailles seinen Kollegen die Rückkehr der Garden ins Gefängnis ankündigte, spricht für Verbindungen zwischen den Führern des Palais Royal und radikalen Wahlmännern im Rathaus. Der Schriftsteller de Bonneville, ein Kenner des »neuen deutschen Theaters« dieser Zeit, der seit den Wahlen im Frühjahr in loser Form seine Zeitschrift »Le Tribun du Peuple« erscheinen ließ und die absolute Freiheit der Presse forderte, war zweifellos einer der radikalsten Kandidaten, dem die Wahl in die Pariser Versammlung geglückt war, und er verfügte über sehr gute Beziehungen zum Palais Royal.

In jedem Fall sammelte sich im Palais Royal schon seit der letzten Juniwoche eine Gruppe wortgewaltiger junger Männer, die einen radikalen Kurs gegenüber dem König steuerten und das strategische Ziel im Auge hatten, die militärische Machtfrage in Paris zu ihren Gunsten zu entscheiden. Hier wurde schon am 27. Juni die Idee einer Bürgermiliz entwickelt. Drei Tage später sprach man von den Kanonen von Paris, die man kontrollieren wollte. Die Männer des Palais Royal waren den würdigen Juristen und Kaufleuten im Hôtel de Ville, die inzwischen auch durch etwa 40 übergelaufene Wahlmänner des Klerus und des Adels verstärkt worden waren, in der Einschätzung der militärischen Lage um und in Paris weit voraus.

Die Regierung bereitet den Gegenschlag vor

Es konnte nicht erstaunen, wenn die Regierung angesichts dieser Unruhen in Paris ihrerseits Gegenmaßnahmen ergriff. Vor allem seit dem 26. Juni ergingen neue Marschbefehle an Linienregimenter, die – überwiegend im Nordosten und Osten Frankreichs stationiert – seit Anfang Juli im Raum um Paris eintrafen. Das Tagebuch des Prinzen von Lambesc, des Kommandeurs des Regiments Royal-Allemand, der am 6. Juli aus Valenciennes kommend am Schloß de la Muette (westlich von Paris) eintraf, zeigt die Funktion dieser Truppen ganz deutlich. Praktisch jeden Tag waren kleinere Detachements des Regiments im Einsatz an den Zollbarrieren, um dort die ungestörte Einnahme der Zölle zu gewährleisten. Oder sie mußten für Ruhe unter den Arbeitern sorgen, die zu Straßenbauarbeiten am Montmartre eingesetzt waren. Am 8. Juli mußte der Prinz sogar einen Auflauf dieser Arbeiter und der berüchtigten Schmuggler auflösen, die versuchten, eine der Zollbarrieren in ihre Hand zu bringen. Erst mit einer Hundertschaft seiner Reiter gelang es dem Offizier, diesen Versuch zu unterbinden. Dabei ließ er einen Arbeiter festnehmen, der sein Hemd an eine Stange gebunden hatte und diese als Fahne benutzte. Hinterher hörte er, daß seine Kollegen ihn wieder befreit und im Jubel ins Palais Royal geführt hätten. Solche Erfahrungen der Soldaten, die meist in kleinen Abteilungen und oft sogar nur unter der Führung von Unteroffizieren eingesetzt waren, waren der militärischen Disziplin wenig förderlich. Der direkte Kontakt mit den Einwohnern der Stadt und ihren Nöten löste Zweifel über die Rolle der Soldaten im sich anbahnenden Konflikt aus. Man las Broschüren, die von Kolporteuren auch in den militärischen Unterkünften verkauft wurden, man war den Agitationen der Männer vom Palais Royal ausgesetzt. All dies mußte die Einsatzbereitschaft der Truppen schwächen.

Als schließlich am 10. Juli auf den Champs-Elysées eine Art von Tanzveranstaltung nicht nur für etwa 80 Kanoniere arrangiert wurde, die aus dem Hôtel des Invalides desertiert waren und sich wie andere Soldaten dem Dritten Stand zur Verfügung gestellt hatten, war für den Hof ein Punkt erreicht, der ein sofortiges Eingreifen verlangte, wenn nicht das ganze System von Polizei und Armee der Lächerlichkeit preisgegeben werden sollte. »Die Orgie auf den Champs-Elysées veranlaßte den Hof, sich mit der Ausführung des Plans zu beeilen, den man vorbereitet hatte«, schrieb der königstreue Journalist Montjoye.

Die Regierung glaubte sich angesichts der unaufhörlich eintreffenden Linienregimenter für die erwartete Auseinandersetzung gewappnet. Am Marsfeld, wo ein großes Militärlager aufgebaut wurde, paßten jetzt Wachen besonders auf, um die Broschürenflut, Agitatoren und leichte Mädchen fernzuhalten. Andere Beobachter zogen aus dem Erscheinungsbild der Truppen, ihren Kontakten mit der Bevölkerung, ihrer Beeinflussung durch die öffentliche Meinung und ihren Ausflügen ins Palais Royal ganz andere Schlußfolgerungen. Der sächsische Botschafter Graf Salmour schrieb schon am 28. Juni nach Dresden, man könne nur hoffen, die Truppen nicht einsetzen zu müssen, denn auf sie sei kein Verlaß mehr.

Angesichts der bemerkenswerten Fehleinschätzung der Lage in Paris und Versailles durch die Minister fallen solche zutreffenden Analysen besonders auf. Zu den Beobachtern mit geradezu prophetischen Gaben gehörte auch der Amerikaner Gouverneur Morris, ein erfahrener Politiker, der selbst an der Redaktion der amerikanischen Verfassung mitgearbeitet hatte. Am 1. Juli formulierte er für den amerikanischen Außenminister John Jay eine Analyse, die sich treffsicherer kaum denken ließe. Nach allem, was er gehört habe, werde es der Marschall de Broglie, der Befehlshaber der Truppen um Paris, nicht schaffen, seine Armee gegen das Volk einzusetzen. Dem König sei sein Schwert aus der Hand geglitten. In diesem Brief, dessen Chiffrierung er unterließ, da die französische Regierung ohnehin genug mit sich selbst zu tun habe, äußerte sich Morris, der erst im Februar französischen Boden betreten hatte, auch über die zukünftige Rolle des Königs und den weiteren Verlauf der Revolution. Der König sei schwach und werde alles tun, was man von ihm verlange, die verhaßte Königin suche durch Intrigen die letzten Reste der Macht zu bewahren. Der überschätzte Necker könne sich nur halten, weil man Unruhen bei seiner Abberufung fürchten müsse: »In der Weise, wie die Dinge sich jetzt entwickeln, wird der König von Frankreich bald einer der am stärksten kontrollierten Monarchen Europas sein.«

So hatte sich in Paris seit dem April eine ganz entscheidende Veränderung der innenpolitischen Situation ergeben. Unter dem Eindruck der zunehmenden Hungerunruhen, der politischen Unruhe vor der Einberufung der Generalstände am 5. Mai und vor allem der tätlichen Angriffe gegen die Häuser von zwei Pariser Fabrikanten in der Nacht vom 27. zum 28. April hielt der Befehlshaber von Paris, der Baron Pierre-Victor de Besenval, eine Verstärkung der Truppen für unbedingt notwendig. Zwischen dem 13. April und dem 1. Mai beorderte er von sechs Regimentern einzelne Abteilungen und das ganze Regiment Salis-Samade, insgesamt 2 400 Mann, nach Paris. Diese seit Mitte April erkennbare Verstärkung der Linientruppen wurde, in ihrem Umfang meist erheblich übertrieben, schon zu diesem Zeitpunkt von vielen Mitgliedern des Dritten Standes scharf kritisiert. Schon sehr früh tauchten Gerüchte auf, der König wolle diese Truppen dazu benutzen, um die unbotmäßigen Generalstände auseinanderzutreiben und Paris zu besetzen.

Es spricht jedoch alles für die Annahme, daß die Truppenverstärkungen dieser frühen Phase tatsächlich herbeigerufen wurden, um Ruhe und Ordnung sicherzustellen, nicht aber um sie direkt gegen die Generalstände einzusetzen, die ja erst am 5. Mai ihre Arbeit aufnahmen. Genauer formuliert: Es fehlen die Quellen, um das Gegenteil anzunehmen, vielmehr versahen diese Soldaten seit dem Frühjahr Streifendienst in der Stadt, um Getreidetransporte, Märkte und Bäckereien zu schützen. Anders sieht es dagegen mit den Marschbefehlen aus, die nach dem 26. Juni gegeben wurden, also nach dem definitiven Fehlschlag des Königs, den Generalständen sein begrenztes Reformprogramm aufzuzwingen, und nach der revolutionären Erklärung des Dritten Standes zur Nationalversammlung. Am 27. Juni hatte der König resignierend die Vereinigung von Adel und Geistlichkeit mit dem Dritten Stand angeordnet und damit die Nationalversammlung de facto anerkannt. Jetzt galt es, andere Mittel der Politik zu gebrauchen.

Binnen einer Woche holte die Regierung mehr als 11 500 Mann (fünf Schweizer und fünf französische Regimenter, dazu zwei Artilleriebataillone) nach Paris. Am 14. Juli – so das Ergebnis dieser raschen Truppenverstärkungen – waren schon 17 000 zusätzliche Soldaten in Paris angekommen, weitere 3 000 sollten in den nächsten Tagen eintreffen. Von Versailles aus, wo ihm im Schloß besondere Räumlichkeiten zugewiesen worden waren, lenkte der Marschall de Broglie mit großem Stab diese Einkreisung von Paris und Versailles. Selbst im Park des Schlosses hatte man zwei Regimenter einquartiert. Es waren dies die Truppen, die am 14. Juli noch vom Hof und von der Königsfamilie bewirtet und mit Komplimenten und Geschenken umworben werden sollten. Waren dies auch die Truppen der »Gegenrevolution«, wie man damals keineswegs nur in Kreisen des Dritten Standes spekulierte?

Es gehörte mit zu den militärischen Vorbereitungen in und um Paris, daß der Baron de Besenval auch der Bastille seinen Besuch abstattete und mit ihrem Gouverneur sprach, der dringend um Verstärkung seiner Mannschaft gebeten hatte. Besenvals Reaktion war eindeutig. Er fand Delauney wenig entschlossen, eher schreckhaft, und er schlug deshalb dem Marschall de Broglie vor, Delauney als Gouverneur der Bastille zu ersetzen. Doch allgemeine personalpolitische Erwägungen verhinderten diese Maßnahme, Delauney durfte sein Amt in der Bastille, die ja auch sein Elternhaus war, behalten. Ihm wurde nur befohlen, die Festung in Verteidigungszustand zu bringen.

Aber Besenval veranlaßte doch noch eine Maßnahme, die den Gouverneur beruhigen sollte. Nachdem schon am 1. Juli die Besatzung der Invaliden durch 12 Mann verstärkt worden war, traf am 7. Juli etwa um die Mittagszeit der Grenadierleutnant Ludwig von Flühe mit 32 Füsilieren und einem Sergeanten des Regiments Salis-Samade an der Bastille ein, um den Gouverneur zu beruhigen. Dem pflichtbewußten Soldaten, der ohne jede Schwierigkeiten vom Marsfeld quer durch die Stadt zur Bastille marschiert war, fiel auf, daß man ihn in die Festung einließ, ohne ihn überhaupt zu kennen. Delauney ließ auch einige Wagenladungen Pflastersteine auf die Plattform bringen, Fenster und Schießscharten verbarrikadieren, das Tor verstärken. Die ganze Nacht vom 12. auf den 13. Juli schleppten die Schweizersoldaten – gewiß nicht unbemerkt von neugierigen Anwohnern – weiteres Pulver aus dem nahe gelegenen Arsenal in die Bastille. Von Flühe gelang es allerdings nicht, dem Gouverneur die Angst vor einem etwaigen Angriff auf die Festung zu nehmen, zumal am Abend des 13. Juli von Unbekannten sieben Schüsse auf die Bastille abgegeben wurden. Ganz im Gegenteil, die Anwesenheit des erfahrenen und bedächtigen Schweizer Offiziers nahm Delauney den letzten Rest seiner inneren Sicherheit. Er fühlte sich beobachtet und kontrolliert, seine Nervosität verstärkte sich nur noch. Für von Flühe war klar, daß der Gouverneur Gespenster sah.

Die Truppen waren eingetroffen, die Bastille verstärkt. Jetzt stand nur noch dieser Necker, dieser »Bürgerliche«, den die öffentliche Meinung als vom Himmel herabgestiegenen Retter der Nation feierte, an der Spitze des Ministeriums im Wege. Ihm sollte die nächste Attacke des Hofes gelten.

Der 11. Juli: Die Entlassung Neckers

Es ist Samstag, der 10. Juli. Kurz vor drei Uhr nachmittags versammelt sich im Hause des Finanzministers Jacques Necker in Versailles eine kleine Gesellschaft von guten Freunden und Familienmitgliedern. Außer seiner Frau, seiner Tochter und seinem Bruder sind nur der Erzbischof von Bordeaux und Mr. Huber, ein aus dem heimatlichen Genf stammender Engländer, anwesend. Gerade will man sich zum Essen niedersetzen. Plötzlich wird dem Minister ein überraschender Gast gemeldet, er entschuldigt sich und geht hinaus. Draußen erwartet ihn sein Kollege, der Marineminister de Luzerne, der ein dringendes Schreiben des Königs überbringt. Necker öffnet das Schreiben und liest die wenigen Zeilen, in denen Ludwig XVI. seinen Ersten Minister daran erinnert, daß er ihn selbst einmal gebeten habe, aus seinem Amt ausscheiden zu dürfen, wenn der König eine andere Haltung einnehmen wolle als er selbst: »Ich nehme den von Ihnen gemachten Vorschlag, sich aus dem Königreich entfernen zu dürfen, in diesem Augenblick der Krise an, und ich rechne damit, daß Ihr Rücktritt, wie Sie mir gesagt haben, sofort und in aller Stille erfolgen wird. Es geziemt Ihrer Aufrichtigkeit und Ihrem Ruf, keinen Anlaß für irgendeine Unruhe zu geben. Ich hoffe, daß eine ruhigere Zeit mir die Gelegenheit geben wird, Ihnen Beweise meiner Gefühle für Sie geben zu können.«

Jetzt war es geschehen, das war – wenn auch in sehr freundlicher Form – die unmißverständliche Entlassung aus dem Amt des Ersten Ministers, und es mußte – das sah Necker sofort ein – mehr bedeuten als nur das Auswechseln seiner Person. Dies war der befürchtete Kurswechsel der königlichen Politik, den er selbst für »moralisch unmöglich« gehalten hatte, da sich die Öffentlichkeit so eindeutig für ihn ausgesprochen hatte und er allein das Königreich vor Bankrott und Hungersnot schützen konnte. Seit dem Frühjahr waren die Kurse der Staatsanleihen ständig gefallen, und auch die Büste des Königs, die man am 24. Mai in der Börse aufgestellt hatte, hatte die Kurse nicht stabilisieren können. Wenn überhaupt, dann konnte allein der Name Neckers hier noch helfen. Doch der König war jetzt offensichtlich den Einflüsterungen und Pressionen einer mächtigen Clique am Hof erlegen. Die Königin und ihre Hintermänner hatten gesiegt.

Bislang hatte der König eher passiv zugesehen, wie sich der Dritte Stand zur Nationalversammlung erklärt hatte, er hatte es zugelassen, daß sich der Dritte Stand trotz der Sperrung seines Sitzungssaals im Ballhaus durch einen Schwur verpflichtet hatte, eine Verfassung durchzusetzen, und er hatte es schließlich hinnehmen, ja billigen müssen, daß sich eine Gruppe des Adels und des Klerus dieser neuen, aus dem Dritten Stand hervorgegangenen, revolutionären Nationalversammlung angeschlossen hatte. Gerade in jenen Tagen, als der König sich unentschlossen und ohne eigenes Konzept mit dieser Entwicklung abfinden mußte, hatte Neckers Position am seidenen Faden gehangen. Die Entscheidung für Necker war schließlich am 23. Juni gefallen. Ludwig XVI. hatte in einer von ihm befohlenen Sitzung die Nationalversammlung de facto anerkannt, wenn er auch das von Necker entwickelte Reformprogramm nur halbherzig übernommen hatte.

Necker, der selbst nicht an dieser Sitzung teilgenommen hatte, hatte sich kurz darauf im Schloß eingefunden, um seinen Abschied einzureichen. Doch der König, beunruhigt durch die starre Haltung des Dritten Standes und die starke öffentliche Unterstützung für Neckers Reformprogramm, hatte ihn im Amt behalten. Glücklicher Jubel hatte Necker an diesem Tage vor dem Schloß und in den Straßen von Versailles begrüßt. Er sah sich jetzt fest im Sattel. Der österreichische Botschafter in Versailles, der Graf Mercy-Argenteau, versicherte am 4. Juli dem Grafen Kaunitz, daß Neckers Entscheidung, im Amt zu bleiben, einen Aufstand und schreckliche weitere Folgen verhindert habe: »Wer nicht mit eigenen Augen sieht, was hier geschieht, wird nicht glauben können, daß eine Monarchie wie diese einer solchen Revolution unterworfen werden kann.«

Die Entscheidung des 23. Juni hatte freilich auch die politische Spaltung der Hofgesellschaft und der Minister vertieft. Auf der einen Seite stand die von der Königin, vom Grafen von Artois, dem Bruder des Königs, der einflußreichen Familie Polignac und dem Kanzler Barentin angeführte Gruppe, die zu einem harten Kurs bis hin zum Militäreinsatz gegenüber dem Dritten Stand riet. Auf der anderen Seite standen Necker und einige Ministerkollegen, die das gemäßigte Reformprogramm vertraten. Am 9. Juli, gerade hatte sich der Graf Mirabeau in der Nationalversammlung erdreistet, vom König die Rücknahme der um Paris zusammengezogenen Truppen zu verlangen, muß der König die Entscheidung getroffen haben, Necker im Staatsrat kaltzustellen oder ihn sogar zu entlassen.

An diesem Tage verkündete er jedenfalls in einer Ratssitzung seine Absicht, den Baron de Breteuil in das Kabinett aufzunehmen. Angesichts der bekannten Haltung und der engen Bindung dieses Mannes an die Königin konnte diese Entscheidung nur als Kampfansage an Necker verstanden werden. Breteuil wurde noch am gleichen Tag durch Boten nach Versailles befohlen. Doch es sollte noch zwei weitere Tage dauern, bis Ludwig von der »harten« Hofgruppe und vor allem von seiner Frau auf einen Kurs festgelegt wurde, der die Entfernung des beliebten Ministers aus dem Amt bedeutete. Jetzt hatte er die letzte Konsequenz seines politischen Kurswechsels gezogen. Zwar sollte Breteuil formell nicht Erster Minister werden, aber an seiner führenden Rolle war nicht zu zweifeln. An die Spitze der Armee stellte der König den Marschall de Broglie, dem er bedeutungsvoll schrieb, er brauche neben sich einen Mann, dessen Treue er sicher sein und der seine Truppen befehligen könne.

Am Morgen des 10. Juli erklärte der König in einer Sitzung des Depeschenrates, er wolle Necker entlassen. Die Gruppe um den Kanzler Barentin und den Grafen von Artois hatte den bürgerlichen Emporkömmling sogar aus Furcht vor einem möglichen Appell dieses Mannes an die Öffentlichkeit in die Bastille schaffen lassen wollen, doch vor dieser offensichtlichen Dummheit war der König zurückgeschreckt. Vielleicht auch, weil man erhoffte, daß das bevorstehende Wochenende die Nachricht vom Rücktritt des Ministers abmildern würde, wurde das Rücktrittsschreiben bis zum Samstag verzögert. Am Montag, so war angesichts der Loyalität Neckers zu hoffen, würde er schon im Ausland sein, der Coup würde so vielleicht gelingen.

Dies war die Situation, in der sich der Finanzminister an diesem frühen Nachmittag befand. Viele Gedanken schossen ihm durch den Kopf, als er die Lektüre des königlichen Handschreibens beendet hatte. Sollte er noch einmal den König, dessen Schwäche und Abhängigkeit von seiner Frau und der Hofclique er kannte, aufsuchen und ihn umzustimmen versuchen? Sollte er um seinen Posten kämpfen, die Nationalversammlung alarmieren? Nach einer zweiten Lektüre des Schreibens und nach kurzer Überlegung verwarf Necker solche Gedanken. Als treuer Diener des Königs fügte er sich in sein Schicksal, schrieb dem König einen kurzen Brief, in dem er ihn seines Gehorsams versicherte, und beschloß, äußerlich unbewegt, zunächst einmal mit seinen Gästen das Essen einzunehmen.

Mit ein paar flüchtigen Bemerkungen über den Besuch von Monsieur de Luzerne widmete er sich der aufgeschobenen Mahlzeit, die er ohne jede Hast beendete. Mit bewundernswerter Ruhe gelang es ihm, den Fehlschlag seiner Politik und die bevorstehende erzwungene Abreise zu verschleiern. Die kleine Tafelgesellschaft behielt dieses Essen in guter Erinnerung, Heiterkeit und Aufmerksamkeit für die Gäste prägten es. Weder Neckers Frau, Tochter und Bruder, noch seine beiden Gäste erfuhren, was ihrem Gastgeber gerade mitgeteilt worden war. Nach dem Essen machte er sich mit zwei vertrauten Mitarbeitern an die Vorbereitungen seiner Abreise. Erst um sechs Uhr ließ er den Wagen anspannen und fuhr, nur von seiner Frau begleitet, zu einem Besuch des Marschalls Beauvau, wie er vorgab. Er wolle ein wenig frische Luft schöpfen. Tatsächlich ließ er sich nach St. Ouen in sein Landhaus fahren, von wo er die Reise in die Schweiz antrat. Erst aus St. Ouen schrieb er seiner Tochter einen erklärenden Brief und erreichte schon am 13. Juli Brüssel.

Unterwegs informierte er am 12. Juli von Arras aus, »auf dem Tisch eines Gasthauses« schreibend, einen Bekannten, daß er es habe vermeiden wollen, auf dem Weg in seine Schweizer Heimat noch einmal durch Paris fahren zu müssen. Er wolle die Reise durch die Bourgogne und die Franche-Comté, die politisch sensibelsten Provinzen, vermeiden, und er werde deshalb über Brüssel und durch Deutschland in die Schweiz reisen. In Brüssel wartete er auf seine Tochter und deren Mann, den Grafen de Staël-Holstein, den schwedischen Botschafter in Frankreich. Den 14. Juli verbrachte die Familie in Brüssel, erst am Abend des nächsten Tages brachen die beiden Männer allein auf und reisten über Frankfurt am Main nach Basel, das sie am 20. Juli erreichten. Frau und Tochter reisten einen Tag später und etwas geruhsamer hinterher. Am gleichen Tag holte die beiden Frauen, die in Frankfurt im besten

Gasthof am Ort, »Zum großen roten Haus«, abgestiegen waren, schon ein atemloser Bote aus Paris ein. Dufresne de Saint-Léon, ein Mitglied der Nationalversammlung, war vom König und von der Versammlung beauftragt worden, Necker zum dritten Mal ins Ministerium zurückzuholen. Von dem Boten, der ohne Unterbrechung von Paris über Brüssel nach Deutschland gekommen war, erfuhren die Damen Necker auch, daß die Bastille gefallen war.

Der 12. Juli: Der Lambesc-Zwischenfall in den Tuilerien

Eine Familie hat ihren Vater verloren

Die Hofgesellschaft von Versailles hatte die Nachricht von der Entlassung Neckers mit Erleichterung und herzlicher Zustimmung aufgenommen. Am Nachmittag des 11. Juli hatte der Herzog von Cars in Versailles auf der Terrasse des Schlosses den Grafen von Artois getroffen. »Wenn Sie mir versprechen zu schweigen,« hatte der Graf ihn neugierig gemacht, »werde ich Ihnen etwas sagen, was Ihnen Freude bereiten wird. Also, heute abend wird er – und er zeigte dabei auf die Diensträume Neckers in der Surintendance – nicht mehr hinter diesen Fenstern arbeiten, das ist zwischen König und Königin beschlossene Sache.« Am Morgen des folgenden Sonntags, trafen sich in Paris dieser Herzog von Cars und der preußische Botschafter in Frankreich, der Baron von Goltz, beim Spaziergang im Palais Royal. Die Herren begrüßten sich förmlich, tauschten einige Höflichkeiten aus, und sehr bald kam das Gespräch auf die politischen Neuigkeiten. »Haben Sie nichts Neues aus Versailles gehört«, fragte der Botschafter schließlich den über Hofgeschichten gewöhnlich gut informierten Cars. »Nein, nicht, daß ich wüßte!« »Haben Sie nicht gehört, daß Necker abgereist sein soll«, bohrte der neugierige Botschafter nach. Nein, er habe davon nichts gehört, log Cars, der von seinem Informanten um Stillschweigen gebeten worden war. »Wenn das aber der Fall sein sollte,« so schloß der Botschafter das für ihn unergiebige Gespräch ab, »dann wird Paris schon heute abend in Aufruhr sein.« Er sollte recht behalten.

In Paris war Neckers Abreise erst am späten Morgen des Sonntags allgemein bekanntgeworden, aber der Effekt war durchschlagend gewesen. Bald wurde zudem erkennbar, daß mit dem Ausscheiden Neckers auch der Rücktritt der Minister verbunden war, die sich mit seinem Kurs einverstanden erklärt hatten. Sogar der Überbringer des Entlassungsschreibens, der sich relativ neutral in den heiß diskutierten Fragen der Nationalversammlung verhalten hatte, erkannte den grundsätzlichen Kurswechsel der Politik des Königs und trat zurück. Der Kriegsminister Graf von Puységur, an sich mit zur Hofclique gehörend, räumte seinen Platz, um den Mann ins Kabinett zu bringen, der ohnehin schon seit Tagen von Versailles aus den Aufmarsch der Armee um Paris herum leitete, den Marschall de Broglie.

Die Menschen hatten sich sofort auf den Straßen und Plätzen versammelt, erregt diskutierende Gruppen standen vor allem am Palais Royal beisammen, allenthalben machte sich Furcht breit. Natürlich wußte man, wofür Necker bislang gestanden hatte. Er hatte die Truppenkonzentrierung um Paris nicht mitgetragen, mußte jetzt nicht der Angriff auf die Stadt drohen? Zwar waren am Morgen an allen Straßenecken in Paris Anschläge zu lesen, die im Namen des Königs versicherten, daß die Truppen nur dem Schutz von Ruhe und Ordnung in der Hauptstadt dienten, aber niemand war bereit, sich so täuschen zu lassen.

Neckers Name bedeutete aber auch – und besonders für das Pariser Bürgertum – Gewähr für eine stabile Finanzpolitik des Staates, d. h. die Vermeidung eines Staatsbankrotts, den alle die fürchten mußten, die ihre Ersparnisse im Trésor Royal angelegt hatten. Es erstaunt deshalb nicht, daß die Nachricht vom Rücktritt des Finanzministers in diesen Kreisen auch als Ankündigung des Bankrotts verstanden wurde. Kein Wunder also, wenn die Nachricht aus Versailles nicht nur die Menschen auf die Straße trieb, die Angst um ihr tägliches Brot hatten oder sich um die Sicherheit der Stadt sorgten, die Nachricht erregte auch die, die um ihr Kapital fürchteten: »Sie sahen nichts als den Bankrott des Königs und den sicheren Verlust ihres Vermögens«, schrieb ein Beobachter, der sich in der Finanzwelt auskannte.

Es gab in Paris an diesem Sonntag einige Männer, die nach dem Bekanntwerden des Rücktritts nicht auf die Straße oder zum Palais Royal liefen. Die kleine Gruppe der Börsenhändler traf sich vielmehr in der Börse, um zu beratschlagen, wie man diesen politischen Schock von den Kursen abwenden könne, die ohnehin durch die unruhige Entwicklung der letzten Tage geschwächt waren. Vorsichtshalber beschloß man, die Börse am Montag erst einmal geschlossen zu halten. Außerdem schickte man einen Gesandten nach Versailles, um sich dort über die weiteren Pläne zu informieren und um militärischen Schutz für die Börse zu bitten, da man für den kommenden Tag größere Volksaufläufe erwarte.

Paris und Versailles fühlten sich aus verschiedenen, aber sehr wirksamen Gründen wie eine Familie, die ihren Vater verloren hatte. Es war der erste Präsident der Nationalversammlung, der spätere Bürgermeister von Paris, Bailly, der so den Verlust zu beschreiben suchte, den die Entlassung Neckers verursacht hatte.

Die Bewegung im Palais Royal

Alle Anzeichen deuten darauf hin, daß sich die Erregung dieses Tages in der Hauptstadt auf das Palais Royal konzentrierte, das schon am Abend des 30. Juni und an den folgenden Tagen der Mittelpunkt der politischen Diskussion und der Aktionen gewesen war. Warum gerade hier? Dieses Palais, das schon seit den Zeiten Ludwigs XIV. in den Besitz des Hauses Orléans gekommen war, war seit fast einem Jahrhundert mit seinem Park der Öffentlichkeit zugänglich gemacht worden, freilich nur der adeligen Öffentlichkeit. Erst seit 1780 war das Palais zu einem bürgerlichen Treffpunkt geworden, heftig bedauert vom Adel der Stadt, der die »Zerstörung« seines Palais Royal lautstark beklagte. Mehrfach umgebaut und verschönert, präsentierte es sich gegen Ende des 18. Jahrhunderts als ein System von ineinander übergehenden Innenhöfen und Gärten, die an den Seiten durch Arkaden und Galerien begrenzt wurden. Hier fanden sich Cafés, Geschäfte, Buch- und Zeitschriftenhändler, Restaurants, kleine Verkaufsstände mit Modeartikeln, kurzum, jene Mischung von Dingen und Menschen, die andere Menschen wiederum anzieht.

Das Palais Royal, seit 1785 im Besitz jenes 5. Herzogs von Orléans, der sich 1789 zum Abgeordneten des Adels in die Generalstände wählen ließ, galt als glänzender Mittelpunkt der Hauptstadt, es zog wie ein Magnet Einheimische wie Fremde an, seine Öffnungszeit (bis zwei Uhr nachts) trug zu seiner Anziehungskraft bei. Architektonische und mechanische Wunderwerke, die gerade erst fertiggestellt worden waren, erhöhten noch die Attraktivität dieses Platzes. Eine unterirdisch gelegene Tanzfläche, eingerahmt von Springbrunnen und Grünpflanzen, durch große Glasflächen beleuchtet, galt ebenso als Attraktion wie ein »Café mécanique«, in dem Gäste durch ein sinnreich-kompliziertes Rohrsystem nach Aufgabe ihrer Bestellung automatisch bedient wurden. Am Abend schließlich verzauberten Hunderte von Lampen diesen weiten Innenhof.

Hinzu kam, daß im Palais Royal der städtischen Polizei eigentlich der Zutritt verboten war. Es war – da im Besitz eines Prinzen der weiteren königlichen Familie – von der üblichen Gerichts- und Polizeihoheit ausgenommen, und davon profitierten vor allem die Buchhändler und die politischen Cafés. Hier ging es immer freizügiger als an anderen Treffpunkten der Stadt zu, man wußte um die wenig freundlichen Beziehungen zwischen dem König und dem Herzog, und dies wurde weidlich ausgenützt. Schmähschriften über »l'Autrichienne«, die Königin also, manchmal sogar pornographischer Art, fanden hier den besten Absatz. Wer die politische Stimmungslage der Hauptstadt erforschen wollte, der brauchte nur im berühmten Buchladen von Desenne nach den letzten politischen Traktaten zu fragen, von denen gegen Ende Juni allein 92 in einer Woche erschienen.

Gewiß, die Polizei versuchte, ihr Bestes gegen diese Broschürenflut zu tun, aber die Kommissare kämpften einen aussichtslosen Kampf. Im Lauf des Monats März 1789 war Kommissar Chenon zwar elfmal zu Razzien in den Buchläden von Gattey, Devaux, Debray und Desenne im Palais Royal aufgetaucht, aber sein nahezu regelmäßiges Erscheinen hatte etwas Pflichtgemäßes. Zwar fragte er dabei u. a. nach einer Schrift über die »Décadence des Parlements« oder nach einem Traktat mit dem Titel »La passion, la mort et la résurrection du peuple«, weil er gegen diese verbotenen Druckwerke von Amts wegen vorgehen mußte, aber die anderen ausliegenden Schriften blieben unbehelligt. Zudem sorgte der fast tägliche Kontakt zwischen dem Kommissar und seinen »Kunden« für ein beinahe freundliches Verhältnis. Die Buchhändler schätzten die Berechenbarkeit seines Erscheinens und dem Kommissar war nur zu gut bekannt, daß Produktion und Verkauf der Broschüren den Lebensunterhalt dieser Händler bildeten. Warum sollte man sich also das Leben unnötig schwer machen, zumal das Parlament von Paris mit den notwendigen Verbotserklärungen gar nicht mehr mitkam?

Gerade den ausländischen Besuchern des Palais fiel diese Funktion besonders auf: »Die Läden, die Flugschriften verkaufen, machen unglaubliche Geschäfte... Aber die Kaffeehäuser des Palais Royal bieten noch beispiellosere und erstaunlichere Szenen: Nicht nur, daß ihr Inneres überfüllt ist, auch an den Türen und Fenstern drängt sich eine geduldige Menge und hört mit aufgerissenem Munde einigen auf den Tisch oder die Stühle gestiegenen Rednern zu, von denen jeder sein kleines Publikum anspricht. Man stellt sich nicht leicht die Gier vor, mit der sie angehört werden, und den donnernden Beifall, den sie für jede Äußerung gegen die Regierung erhalten, die an Kühnheit und Gewalttätigkeit das gewöhnliche Maß übersteigt.« Es war die »Kühnheit« der Redner, die in diesen Juni- und Julitagen sogar den Herzog von Orléans bewogen hatten, im Palais persönlich um Mäßigung zu bitten, freundlich begrüßt von der Menge der Gäste, jedoch vergeblich. Schließlich hatte der Herzog sogar die städtische Wache in sein Palais gebeten, die sich bemerkenswert höflich, aber vergeblich um die Auflösung der erregten Diskussionsgruppen bemüht hatte.

Diese Beobachtungen des Engländers Arthur Young werden noch präzisiert von seinem Landsmann, dem Arzt Dr. Edward Rigby aus Norwich, der Anfang Juli 1789 zu einer Studienreise nach Frankreich aufgebrochen war und regelmäßig nach Hause berichtete. Bald nach seiner Ankunft in Paris, wo er übrigens in einem Hotel im Palais Royal wohnte, fand er heraus, »daß das Palais Royal... der Platz war, wo jede politische Nachricht und Auskunft zu bekommen war; denn hier versammelten sich alle Personen, die in dem großen politischen Drama eine Rolle spielten – hier wurden politische Fragen zuerst diskutiert – und volkstümliche Entschlüsse gefaßt und Vorkehrungen getroffen; hier auch liefen die ersten Mitteilungen von der Nationalversammlung, die ihre Sitzungen in Versailles, 12 Meilen von Paris, abhält, ein, und hier waren die im Druck erschienenen Verhandlungen der Versammlung zuerst zu haben. Schließlich kamen hier auch Zeitungen von einer in der Monarchie bisher unbekannten Art ans Licht... Die Verhandlungen der Nationalversammlung und die verschiedenen Vorgänge des vorhergehenden Tages und Abends wurden in der Nacht gedruckt und erschienen bei Tagesanbruch, und so verbreitete sich mit dem Herabfluten des Himmelslichts Kunde der interessantesten Art; und da das Palais Royal das Zentrum der Mitteilung war, wurde es infolgedessen beim ersten Tagesanbruch gesteckt voll.«

Eine der Attraktionen dieses vielbewunderten Palais Royal war eine Sonnenuhr. Aber es war keine gewöhnliche Sonnenuhr. Sie bestand vielmehr aus einem Hohlspiegel, der genau um Mittag den höchsten Sonnenstand dadurch ankündigte, daß er eine Pulverladung zündete, die einen Kanonenschuß auslöste. So wie um Mittag die gebündelten Sonnenstrahlen den Kanonenschuß auslösten, so wirkte in dieser ohnehin aufgeladenen Atmosphäre des Palais Royal die Nachricht von der Entlassung des »geliebten« Necker wie ein Funke. Gerüchte machten die Runde: Der Herzog von Orléans soll unter Arrest stehen, der verehrte Necker soll sogar im Gefängnis sein!

In dieser explosiven Situation trat zum erstenmal der junge Mann von 29 Jahren in das Licht der Pariser Öffentlichkeit, den wir schon kennengelernt haben. Er sollte einer der bekanntesten Journalisten der Revolutionsepoche werden: Camille Desmoulins. Seit seiner fehlgeschlagenen Kandidatur für die Generalstände lebte er enttäuscht und verbittert in Paris und beobachtete in Versailles die Arbeit der Generalstände. Dabei machte er die Bekanntschaft des von ihm bewunderten Grafen Mirabeau, an dessen Veröffentlichungen er auch mitarbeiten durfte.

Nach dem Bekanntwerden der Entlassung Neckers hatte er im Hôtel de Ville mit angesehen, wie sich die Mitglieder der Wahlmännerversammlung schwer taten, die Initiative zu ergreifen. Enttäuscht von diesen Zauderern machte er sich auf den Weg zum Palais Royal, wo sich an diesem Sonntagnachmittag gegen drei Uhr noch mehr Menschen als gewöhnlich versammelt hatten, auch wenn Camille in dem kurz danach geschriebenen Brief an seinen Vater die Zahl ein wenig überschätzte, denn mehr als 4000 Menschen dürfte das Palais Royal damals nicht gefaßt haben:

»Wie hat sich seit drei Tagen das Gesicht aller Dinge verändert. Am Sonntag war ganz Paris bestürzt über die Entlassung Neckers; so sehr ich versuchte, die Gemüter zu erhitzen, kein Mensch wollte zu den Waffen greifen. Ich schließe mich ihnen an; man sieht meinen Eifer; man umringt mich; man drängt mich, auf einen Tisch zu steigen: in einer Minute habe ich 6000 Menschen um mich. 'Bürger', sage ich nunmehr, 'ihr wißt, die Nation hatte gefordert, daß Necker ihr erhalten bleiben solle, ja, daß man ihm ein Denkmal errichten solle: Man hat ihn davongejagt! Kann man euch eigentlich noch unverschämter herausfordern? Nach diesem Schlag werden sie alles riskieren, und noch für diese Nacht planen sie vielleicht schon eine Bartholomäusnacht für die Patrioten.' Ich erstickte fast vor der Menge Gedanken, die auf mich einstürmten, ich sprach ohne Ordnung. 'Zu den Waffen', rief ich, 'zu den Waffen! Wir wollen alle die grüne Farbe tragen, die Farbe der Hoffnung.'« Gerade noch wird sich der junge Mann der Gefahr bewußt, in die er sich begeben hat. Sicher werden in der Menge auch geheime Polizeispitzel sein: »Ich weiß, daß die verfluchte Polizei mich beobachtet. Ja, ich bin es, der meine Brüder zur Freiheit ruft!«. Dramatisch ergreift er eine Pistole: »Sie werden mich nicht lebendig bekommen und ich werde mit Ruhm zu sterben wissen; es gibt nur ein Unglück, das mich treffen kann, und das ist, Frankreich versklavt zu sehen.« Überwältigt von der Kraft und der Wirkung seiner eigenen Rede stieg Camille vom Tisch herunter, seine Zuhörer klopften ihm auf die Schultern, versprachen, ihn zu beschützen. Camille steckte sich einen grünen Zweig, den er von einem der Bäume abbrach, an seinen Hut, und alle machten es ihm nach. Das gemeinsame Zeichen war gefunden.

Durch diese Szene, in der ihm zum erstenmal ein wirkliches Erfolgserlebnis zuteil wurde und er die beglückende Möglichkeit erkannte, Menschen zu beeinflussen, ist Camille Desmoulins berühmt geworden. Sein Hinweis auf die Bartholomäusnacht des Jahres 1572, als allein in Paris über 2000 Hugenotten von katholischen Mordkommandos getötet wurden, schien die Garantie für den Erfolg seines Aufrufs zu sein. Damals hatte ein weißes Kreuz als Erkennungszeichen gedient, jetzt war es das Grün der Blätter. Doch war es wirklich allein die Wirkung von Camille Desmoulins engagierter Rede, die die Menschen dazu brachte, sich zu bewaffnen?

Es bedurfte einer neuen Erfahrung, um die Menschen zu den Waffen zu rufen. Es bedurfte der Gewalt, es mußte Blut fließen.

Gegen zwei Uhr nachmittags an diesem Sonntag war François-Felix Desnot, ein 33jähriger, seit 2 Wochen arbeitsloser Koch, bei seinem Vermieter und Nachbarn Volant zu Besuch. Volant, ein Limonadenhändler, bewohnte die zur Straße gelegene Wohnung im 5. Stock des Hauses, während Desnot mit seiner Frau in der auf den Hinterhof hinausgehenden Wohnung zur Untermiete lebte. Aus dem Fenster dieses Hauses an der Ecke der Rue St. Denis und Rue Courtalon gelehnt, beobachteten die beiden befreundeten Männer gelangweilt die sonntäglichen Spaziergänger.

Abb. 5: Camille Desmoulins ruft im Palais Royal zu den Waffen (12. Juli)

Plötzlich sahen sie einen Zug von Menschen die Straße herunterkommen. Ein seltsames Bild bot sich ihnen dar. Diese Leute trugen Wachsbüsten von zwei Männern johlend durch die Straßen. Erst beim Näherkommen erkannten unsere beiden Zuschauer, wessen Büsten hier wie in einer Prozession durch die Straßen getragen wurden. Es waren die Büsten Jacques Neckers und des Herzogs von Orléans, mit schwarzem Krepp zum Zeichen der Trauer umwunden. Gegen Mittag war ein Gruppe von Menschen in den Laden eines gewissen, aus Deutschland stammenden, Peter Kreutz, gen. Curtius, am Boulevard du Temple gestürzt, der seit einiger Zeit in seinen Geschäften im Palais Royal und am Boulevard du Temple die Wachsbüsten berühmter lebender Persönlichkeiten ausstellte. Dieses Wachsfigurenkabinett erfreute sich wachsender Beliebtheit, vor allem bei den vielen Fremden, die die Stadt besuchten. Curtius hatte schnell das einträgliche Geschäft erkannt, das sich hier bot. Für 2 Sous durfte man in seinem Etablissement einen Blick in die höfische Welt von Versailles werfen, wenn auch nur in Wachsfiguren dargestellt. Keine Frage, daß dieser Mann nicht lange zögerte, als man von ihm die beiden Büsten verlangte, um sie durch die Straßen zu tragen. Hatte man früher Puppen unbeliebter Politiker auf den Plätzen verbrannt, so waren es jetzt die Helden des Tages, die man mit diesem Umzug ehren wollte. Curtius ahnte, daß die sich ankündigenden schnellen Veränderungen für ihn günstig sein würden. Da würde es mehr zu tun geben, als immer nur den König, die königliche Familie an der Tafel, den Herzog und den Ersten Minister auszustellen. Was da auch kommen mochte, man würde immer wieder neue Helden des Tages verehren wollen. Curtius war zufrieden. Er witterte gute Geschäfte. Kein Wunder, daß man ihn am nächsten Tag unter den Kämpfern an der Bastille wiederfand. Später schrieb er voller Stolz: »Ich kann mich rühmen, daß der erste Akt der Revolution bei mir stattgefunden hat.«

Felix Desnot hielt es nicht länger an seinem Fensterplatz, als er die Menschenmenge mit den beiden Büsten sah. Endlich geschah einmal etwas Aufregendes, da mußte er dabei sein. Schnell lief er in seine Wohnung, holte seinen Hut und schloß sich dem Zug auf der Straße in Richtung Palais Royal an. Dort angekommen, erfuhr er von anderen Männern, daß man doch mit zum Platz Ludwigs XV. kommen solle, wo es Auseinandersetzungen mit den königlichen

Truppen gebe. Einmal mitgerissen von der allgemeinen Aufregung schloß er sich den Gruppen an, die in Richtung des Platzes liefen. Andere Gruppen beschlossen, die Nachmittagsvorstellungen der Theater und der Oper zu unterbinden.

Nach dem Mittagessen hatte sich Dr. Edward Rigby, der noch im Laufe des Vormittags – eilig marschierende Infanterietruppen passierend – aus Versailles nach Paris zurückgekehrt war, zum Théâtre Français begeben, um dort die Nachmittagsvorstellung dieses Sonntags zu besuchen. Das Publikum hatte Platz genommen, der Vorhang sollte sich jeden Augenblick heben. Doch statt des erwarteten Beginns des Stücks trat einer der Schauspieler auf die Bühne und teilte mit, daß die Vorstellung ausfallen müsse. Das Eintrittsgeld werde an der Kasse zurückerstattet. Große Aufregung im Saal war die Folge, das Publikum wollte die Gründe wissen. Gerade, so antwortete der Schauspieler, sei eine Deputation des Volkes dagewesen, die erklärt habe, heute würden in Paris keine Theatervorstellungen stattfinden. Rigby nutzte umgehend die Möglichkeit, um sich im Palais Royal über die neuesten Ereignisse zu informieren. Dort trafen gerade die Menschen ein, die in den Tuilerien Zeugen oder Opfer des Zusammenstoßes von Dragonern und Spaziergängern geworden waren. Ein Mann zeigte öffentlich seine erlittenen Verletzungen.

Der Zwischenfall in den Tuilerien

Tatsächlich war es hier zu ersten Zusammenstößen zwischen den Dragonern des Prinzen von Lambesc (Regiment Royal Allemand) und den Demonstrierenden gekommen, als sich der Zug der Place Vendôme genähert hatte. Lambesc hatte von Baron Besenval, dem Nachfolger de Broglies als Befehlshaber der Truppen in Paris, den gleichen Auftrag wie Besenval selbst erhalten, nämlich Ruhe und Ordnung in der Stadt aufrechtzuerhalten und im Notfall die Kasse, die Börse und die Bastille zu beschützen. Ein Demonstrationszug von mehreren Tausend Personen, die Büsten eines abgesetzten Ministers und schwarze Trauerfahnen trugen, schien Besenval eine Bedrohung der öffentlichen Ordnung zu sein, er mußte also aufgelöst werden.

Doch die erste Abteilung der Dragoner, die Berührung mit dem

Abb. 6: Die Reiter unter der Führung des Prinzen von Lambesc bei dem Versuch, die Menschen über die Hebebrücke in die Tuileriengärten zurückzudrängen (12. Juli)

Demonstrationszug bekam, hatte keinen Erfolg. Die Reiter wurden von den Demonstranten eingekesselt, sie verloren die Verbindung untereinander und mußten sich schnell zurückziehen. Lambesc ließ seine Reiter sich auf der Place Louis XV sammeln, die Pistolen laden und befahl ihnen dann, gegen die Menschenansammlung in den Straßen um die Tuilerien vorzugehen. In diese weitläufige Gartenanlage hatten sich die Demonstranten inzwischen geflüchtet, wobei sie sich mit den vielen Sonntagsspaziergängern vermischten, die sich dort aufhielten. Für die von der Place Louis XV kommenden Reiter gab es nur einen Zugang zur Gartenanlage der Tuilerien. Man mußte eine schmale, bewegliche Brücke passieren, die durch einen Hebemechanismus aufgeklappt werden konnte.

Dicht dabei befand sich auch ein Lagerplatz für Baumaterialien der neuen Seinebrücke, des späteren Pont de la Concorde, an dem seit 1787 gebaut wurde. Die Demonstranten fanden hier große Mengen von Steinen, mit denen sie den Kampf gegen die Reiter aufnehmen konnten. Dieser Bauplatz bot zudem den Vorteil, daß die Dragoner nicht auf das unübersichtliche Gelände vorrücken konnten. Erschwerend kam für diese Abteilung hinzu, daß sich weder der Prinz von Lambesc noch seine Untergebenen in den Örtlichkeiten um die Tuilerien genau auskannten. Nur so ist der weitere Gang der Auseinandersetzung zu erklären.

Doch den Soldaten gelang es trotz dieser Steinwürfe allein durch den Einsatz der furchteinflößenden Pferde, die Menge zurückzudrängen. Bis zu diesem Augenblick war dies noch ohne jeden Einsatz von Waffen gelungen. Jetzt aber folgten die Dragoner unter der persönlichen Führung des Prinzen der zurückweichenden Menge über die relativ schmale bewegliche Brücke und gelangten so auf eine der breiten Alleen der Tuilerien, die sie aber einer unerwarteten neuen Gefahr aussetzte. Von den höherliegenden Terrassen warfen die Besucher mit allem, was sie gerade greifen konnten, auf die Reiter. Erbost über den unerhörten Eintritt der Soldaten in diese beliebte Gartenanlage wehrten sich jetzt alle, die sich dort aufhielten, gegen die Dragoner. Stühle, Steine, zerbrochene Flaschen, Teile von Gartenbänken flogen auf die Reiter, und die Situation wurde so bedrohlich für sie, daß Lambesc schnell versuchte, aus der Gartenanlage, die sich als Falle erwiesen hatte, wieder herauszukommen.

Inzwischen aber hatte er laute Rufe gehört, die eine Schließung der Brücke verlangten. Er sah auch einen älteren Mann, der sich an ihrem Hebemechanismus zu schaffen machte. In diesem für ihn und seine Männer gefährlichen Augenblick – denn allein die Brücke bot die Möglichkeit zum sofortigen Rückzug in Richtung Champs-Elysées – befahl Lambesc den Waffengebrauch. Laute Kommandos in deutscher Sprache wurden geschrien, und die Bauern- und Handwerkersöhne aus dem Elsaß, aus Lothringen oder aus dem deutschen Südwesten, die den überwiegenden Teil der Mannschaft des Regiments ausmachten, gehorchten brav, wie sie es gelernt hatten. Seine Männer gaben mit ihren Pistolen Warnschüsse über die Köpfe der Menge ab, und mit ihren Säbeln befreiten sie sich aus der Menge, die sich um sie herum gesammelt hatte.

Zwar schlugen die Reiter vorwiegend mit dem flachen Blatt des Säbels auf die Demonstranten ein, doch blieben in dem wilden Getümmel Verletzungen nicht aus. Blutverschmierte Menschen wurden gesehen und allgemeine Empörung erhob sich, als man den älteren Mann erkannte, der von Lambesc persönlich verletzt worden war. Nur so gelang es dem Oberst, seine Schwadron wieder aus der bedrohlichen Situation herauszubekommen und sich in Richtung Champs-Elysées zurückzuziehen. Der Graf von Clermont-Tonnerre, ein Abgeordneter der Nationalversammlung, beklagte in einem Kommentar zu den Ereignissen dieses 12. Juli die gefährliche Verbindung von undisziplinierten Franzosen, die in niemandes Hand, und von Deutschen, die in den Händen des Despotismus seien.

Es war dieser Zusammenstoß, der – nach allem, was sich über seinen, in den Einzelheiten umstrittenen Verlauf ermitteln läßt –, sich eher zufällig ereignete, der die Situation in Paris entscheidend veränderte. Bislang standen sich Truppen und Volk auf Distanz gegenüber. Es war noch zu keiner direkten Auseinandersetzung gekommen. Zwar waren Lambesc und seine Dragoner an diesem Tage schon an der Barrière Blanche – einer der Zollstationen – im Einsatz, die angegriffen worden war, doch davon waren höchstens Diebe und Schmuggler betroffen gewesen. Nun aber war in den Tuilerien aus einer friedlichen Demonstration eine bewaffnete Auseinandersetzung geworden, Blut war sogar geflossen. Die betroffenen Menschen mußten jetzt glauben, daß der befürchtete Angriff der »fremden« Truppen auf ihre Hauptstadt eingetreten sei. Erregt flutete die Menge in Richtung Palais Royal zurück, wo bald darauf die Opfer dieser Auseinandersetzung bewundert, die Ereignisse maßlos übertrieben, und die Zahlen der Verwundeten erregt gesteigert wurden. »Paris war richtig in Wut«, schrieb der Abgeordnete de Sillery an diesem Tage nach Reims.

Seit ungefähr 6 Uhr wurde auch das Rathaus immer mehr von Menschen bedrängt, die nach Waffen riefen. Die Hausmeister fragten verzweifelt die anwesenden Wahlmänner, was sie denn tun sollten, um sich der Menge zu erwehren. Als dann gegen 8 Uhr eine Patrouille der Stadtwache zu Fuß ins Rathaus zurückkam, wurde sie kurzerhand entwaffnet. Doch das war nur ein Vorgeschmack auf die Unruhe, die eintrat, als der Zusammenstoß zwischen friedlichen Bürgern und ausländischen Truppen aus den Tuilerien gemeldet wurde. Jetzt gab es für die Menge im Rathaus kein Halten mehr. Den Wahlmännern blieb gar nichts anderes übrig, als die ca. 360 Gewehre, die noch im Rathaus verwahrt wurden, freizugeben. »In diesem fürchterlichen Augenblick«, so schrieben sie später, sahen sie keine Möglichkeit mehr, die Waffen zu verweigern. Erregt folgte die Menge dem Hausmeister in die Waffenkammer, wartete aber das Öffnen der Räume nicht ab. Türen und Schränke wurden aufgebrochen, die Waffen verteilt. Bald darauf bemerkte ein besorgter Wahlmann, daß den Platz des städtischen Wachsoldaten vor der Tür des Großen Saals ein Mann eingenommen hatte, der, nur mit Hemd und Hose bekleidet, mit bloßen Füßen seinen Wachdienst versah. War das schon die Übernahme der Macht durch den Pöbel?

Erst als sich gegen 11 Uhr abends die Lage im Rathaus etwas beruhigt hatte, faßte eine Rumpfversammlung der inzwischen eingetroffenen Wahlmänner den Entschluß, am nächsten Morgen die Distrikte der Stadt zusammentreten zu lassen, um die Bildung einer Bürgermiliz vorzubereiten. Die Wahlmänner selbst machten sich in die verschiedenen Viertel der Stadt auf, um die Menschen zu beruhigen und Ansammlungen aufzulösen. Großer Erfolg war diesen Missionen allerdings nicht beschieden.

Die Gardes Françaises greifen ein

Die Nachricht von dem blutigen Zwischenfall in den Tuilerien hatte natürlich auch die Gardes Françaises mobilisiert. Diese Truppe, die schon in den letzten Tagen mehrfach ihre Sympathien für die Sache des Dritten Standes hatte erkennen lassen, verließ jetzt, gegen den ausdrücklichen Befehl ihrer Offiziere, ihre Kasernen und eilte nur unter der Führung von Unteroffizieren den Bürgern zu Hilfe. Die Abneigung zwischen den Garden und den Regimentern der Linienarmee spielte hierbei ebenso eine Rolle wie die Tatsache, daß in den Tagen zuvor die Garden gezwungen worden waren, zusammen mit Soldaten dieser Regimenter Wache zu gehen, weil man ihnen nicht mehr vertraute. Vor wenigen Tagen noch war ein Soldat der Gardes Françaises, der einen Freund in dem Militärlager auf dem Marsfeld hatte besuchen wollen, verprügelt worden. Jetzt würde man es diesen Dragonern schon heimzahlen.

In der Gegend zwischen Champs-Elysées und den Tuilerien kam es im Laufe des Abends noch zu mehreren Scharmützeln zwischen Einheiten der Garden und einzelnen Patrouillen der Dragoner. Auch als Lambesc mit seinen Schwadronen die Kaserne der Gardes Françaises in der Chaussee d'Antin passieren wollte, kam es zu einem Schußwechsel zwischen beiden Einheiten. Dies alles hatte zwar keine bedeutenden militärischen Konsequenzen – ein Dragoner und drei Pferde waren getötet worden –, aber jetzt konnte kein Zweifel mehr bestehen, wo die Frontlinie verlief.

Vor allem aber machten diese Kämpfe eines klar: Man brauchte Waffen! Wollte man überhaupt eine Chance haben, gegen die übermächtigen Truppen zu bestehen, brauchte man Säbel und Piken, besser noch Gewehre und Kanonen. War es am Nachmittag für Camille Desmoulins im Palais Royal noch schwierig gewesen, mit schwungvollen Reden die Menschen zu mobilisieren, so leuchtete der Ruf nach Waffen jetzt jedermann ein. Hatte man nicht gerade erlebt, wozu es führte, wenn man hilflos den Soldaten ausgeliefert war?

In der Nacht fand der russische Botschafter in der Kaserne der Gardes Françaises an der Chaussée d'Antin, wo am Abend noch gekämpft worden war, den Kommandeur der Garden, den Duc de Châtelet, mit gerade noch fünfzig Mann seiner Truppe. Ganz im Gegensatz zu ihrem Kommandeur brannten sie darauf, in den

Kampf gegen die regulären Truppen einzugreifen. Der Oberst selbst hatte keine präzisen Befehle, er war unfähig, etwas Sinnvolles zu unternehmen. In dieser Situation erging es ihm genauso wie allen militärischen Befehlshabern, die, auf sich allein gestellt und mit der empörten Menschenmenge konfrontiert, einfach nicht wußten, was sie noch tun sollten. So erschien es noch als das Beste, sich am Ende dieser Nacht, als die Auseinandersetzungen mit den Garden abflauten, zum Marsfeld zurückzuziehen und die Stadt zu verlassen. Er tat damit instinktiv das gleiche wie Besenval, der Befehlshaber der Stadt, der trotz mehrerer Anfragen an den Kriegsminister Marschall de Broglie, keine neuen Befehle erhalten hatte: Versailles antwortete nicht mehr.

Die Rückzugsentscheidung Besenvals zog die Konsequenz aus der Tatsache, daß man der Erhebung der Bevölkerung von Paris, die sich noch dazu mit einem Teil der Truppen des Königs verbündete, nicht mit einer Armee begegnen konnte, die ihrer selbst nicht mehr sicher war, deren Soldaten desertierten und deren Offiziere sich als hilflos erwiesen. Es muß noch nachträglich erstaunen, mit welcher Leichtigkeit die Führung der um Paris versammelten Armee dieses Risiko gesehen und hingenommen hat. Am Abend des Vortages hatte der neue Kriegsminister de Broglie seinem Pariser Befehlshaber Besenval die riskante Lage eingestanden: »Was immer auch sein mag, es ist uns nicht möglich, ganz Paris zu verteidigen, wenn es eine allgemeine Empörung gibt, und deshalb sollten Sie sich in Ihrem Verteidigungsplan auf die Börse, die königliche Schatzkammer, die Bastille und die Invalidenkaserne beschränken.«

Zwar lag die Desertionsquote der in und um Paris eingesetzten Regimenter im gesamten Durchschnitt nicht wesentlich höher als in den Jahren vor 1789, aber unter dem Eindruck der in den Truppenunterkünften offen betriebenen Propaganda und dem Verkauf kritischer Flugschriften unter den Soldaten mußten die extrem hohen Desertionszahlen einiger weniger Regimenter umso mehr Eindruck machen. So verlor das Infanterieregiment Ventimiglia allein am 13. Juli 38 Soldaten, das Regiment Provence in der Woche nach seiner Ankunft in Saint-Denis 108, das Regiment Dauphin 96 Soldaten allein im Juli. Am 14. Juli wird der Leichnam eines Ventimiglia-Soldaten auf der Seite der Angreifer vor dem Haupttor der Bastille liegen.

Dem neuen, erstaunlichen Bündnis von Gardes Françaises und Bürgern war diese innerlich gespaltene Armee nicht gewachsen. Die Bedeutung dieses späten Nachmittags in den Tuilerien liegt ohne Zweifel in diesem Bündnis, das erst eine bewaffnete Auseinandersetzung mit den Regimentern des Königs möglich machte. Was immer sonst an langfristigen Ursachen diesen Konflikt mitbedingte, es waren die Unzuverlässigkeit der Armee und die Parteinahme der Gardes Françaises für die Sache des Dritten Standes, die den 14. Juli erst ermöglichten.

Doch woher sollte man Waffen nehmen? Die Menge zerstreute sich, suchte nach allem, mit dem sich hauen, stechen und schießen ließ, alle Häuser, die nur irgendwie den Eindruck erweckten, als könne man dort Waffen finden, wurden geöffnet. Die Läden der Büchsenmacher waren natürlich die ersten Ziele der verschiedenen Trupps, aber auch Piken, Hellebarden, Säbel und Äxte wurden genommen, wenn man nichts Besseres finden konnte. Schon am 14. Juli meldete sich der Waffenhändler Marcel Arlot bei den städtischen Behörden und teilte mit, daß in der Nacht vom 12. auf den 13. Juli um zwei Uhr unter Waffengewalt eine Gruppe von Männern bei ihm eingedrungen sei und ihn um Gewehre, Pistolen und Säbel im Wert von 24 000 Livres erleichtert habe. Einen Tag später beschwerte sich der Waffenhändler Briet, dessen Geschäft sich auf dem Pont Saint-Michel befand, daß ihm an diesem Sonntagabend um acht Uhr und noch einmal in der Nacht Waffen im Wert von 6 684 Livres abgenommen worden seien. Andere Waffenhändler folgten diesem Beispiel ihrer Kollegen und ließen sich ihren »patriotischen Beitrag« versilbern.

In den späten Abendstunden dieses Sonntags und die ganze Nacht hindurch existierte in Paris keine Ordnungsmacht im traditionellen Sinne mehr. Die Truppen hatten sich zurückgezogen, die Polizeikräfte hielten sich versteckt, die Gardes Françaises standen auf der Seite der Bevölkerung. War das auch der Zusammenbruch aller Ordnung, wurde Paris in dieser Nacht vom Pöbel geplündert? Natürlich wurden die Waffenhändler gezwungen, ihre Vorräte herauszugeben, hier und da wurde von den Trupps auch Essen und Wein verlangt, aber nichts unterstützt die Vermutung, daß ein allgemeines Plündern begonnen habe. Es waren die Gardes Françaises, die die Notlage erkannten und handelten. Sie bildeten Patrouillen, die während der Nacht Kontrollgänge machten, und verhinderten so, daß die Stadt im Chaos versank. Zwar wurden wieder die verhaßten Zollbarrieren und auch das Kloster St. Lazare angegriffen, dem der Volksmund schon lange den Vorwurf machte, sich an der Getreidespekulation zu beteiligen, aber die Banken, die anderen Klöster, die Häuser der Reichen, die wohlgefüllten Läden blieben trotz der allgemeinen Unordnung unversehrt. »Man wollte weder Gold noch Silber«, schrieb der Wahlmann Dusaulx in seinen Erinnerungen an diese »ziemlich ruhige« Nacht, »man wollte nur Eisen«.

Um 8 Uhr an diesem Abend war an der Porte St. Martin eine Equipage eingetroffen, die den Herzog von Orléans, eine schöne Engländerin namens Grace Elliott und den Prinzen von Arenberg von einer Land- und Angelpartie nach Raincy in die Stadt zurückbrachte. Die Herrschaften wollten an der Stadtgrenze in ihre dort wartenden eigenen Kutschen umsteigen. Als die Dame von ihrem Diener erfuhr, was an diesem Tage in Paris geschehen war, bot sie dem Herzog an, ihn in ihrer Kutsche nach Hause zu fahren. So passierte der Herzog, dessen Büste an diesem Tag in Paris umhergetragen worden war, unerkannt mehrere Kontrollen, bis ihn seine hilfreiche Freundin in seinem Haus in Monceau absetzte. Während der Herzog sich unentschlossen und ohne jede präzise Unterrichtung über die Tagesereignisse zurückzog, ging in Paris das Gerücht um, er sei in die Bastille eingeliefert worden. Der Mann, der einigen Beobachtern als Hintermann der Unruhen in der Stadt galt, dem man unterstellte, den König stürzen zu wollen, saß mit seiner Geliebten Madame de Buffon unruhig zu Hause und war auf zweifelhafte Informationen seiner Freunde über die Vorgänge in der Stadt angewiesen.

Dr. Rigby war zwar am späten Abend in sein Hotel im Palais Royal zurückgekehrt und hatte sich schlafen gelegt. Doch angesichts der allgemeinen Unruhe in der Stadt hielt es ihn nicht lange in seinem Bett. Er stand wieder auf und ging – ohne belästigt zu werden – auf die nächtlichen Straßen, um sich ein Bild über den Stand der Dinge zu verschaffen. Um vier Uhr morgens schloß der sächsische Botschafter Graf Salmour seinen Bericht für den Dresdner Hof »inmitten von Gewehrschüssen« ab. Er, der gewiß kein Freund der revoltierenden Pariser war, vergaß nicht zu erwähnen, daß Paris in dieser Nacht, in der kaum jemand Schlaf finden konnte, von den Gardes Françaises vor der drohenden Plünderung bewahrt worden sei.

Der 13. Juli: Paris bewaffnet sich

Der Angriff auf die Zollmauer

Im Lauf seiner Geschichte hatte Paris viele Stadtmauern gesehen, die Bastille selbst bildete einen Teil der spätmittelalterlichen Stadtbefestigung. Seit 1787 aber war die Stadt – wie wir schon gesehen haben – von einer Mauer ganz besonderer Art umgeben. Zu niedrig, um einen militärischen Sinn zu machen, zu hoch und zu gut bewacht, um sie nach Belieben überwinden zu können. 3,30 Meter hoch und etwa 23 Kilometer lang schloß sie die Stadt ein, nur an 54 bewachten Toren, den Barrieren, konnte man die Stadt betreten. Der Grund für dieses seltsame Bauwerk, das Paris von seiner weiteren ländlichen Umgebung abtrennte, war der Plan der königlichen Finanzverwaltung, die Erhebung der Abgaben auf Waren aller Art in Paris zu erleichtern. Diese Mauer sollte ein glänzendes Geschäft für den König werden, in wenigen Jahren schon sollten sich ihre Baukosten amortisieren, denn jährlich lieferten die Zollpächter ca. 36 Mill. Livres ab. Auf der anderen Seite hatte diese Zollmauer eine neue Kategorie von Verbrechen geschaffen: den Zollbetrug. Am 1. Juli berieten die Mitglieder der Stadtverwaltung über die nur zu berechtigten Klagen der Zollpächter über organisierten Schmuggel. Gut geführte Banden, die auch vor Mord nicht zurückschreckten, hatten ganze Straßen in Mauernähe untertunnelt, eine Gruppe war auf die Idee gekommen, von einem höher gelegenen Haus mit Schnaps und Wein gefüllte Bälle auf ein Grundstück jenseits der Mauer zu werfen.

Die so ertragreiche Mauer war jedoch schnell und gründlich verhaßt beim Volk. Sie verteuerte natürlich die Waren, die auf den Märkten angeboten wurden, und sie belastete die Händler und Handwerker, die – außerhalb der Mauer wohnend – ihre Waren in Paris anbieten wollten. Binnen kurzem war die Mauer, neben der Bastille, zu einem der meistgehaßten Bauwerke der Stadt geworden. Dagegen konnte auch nicht die Tatsache helfen, daß der berühmte Architekt Claude Nicolas Ledoux die Zollstationen entworfen hatte, beeindruckende, zumeist reich verzierte Gebäude, zumal wenn sie die Hauptausfallstraßen kontrollierten.

Louis-Sébastian Mercier ging in seiner zeitgenössischen Stadtbeschreibung mit der Kolossalarchitektur dieser Gebäude scharf ins Gericht: »Für jedermanns Auge empörend aber ist, wie man die Schlupfwinkel des Fiskus in Säulenpaläste verwandelt hat, die richtiggehende Festungen sind. Kolossalstatuen flankieren diese Bauwerke. Nach Passy zu sieht man eine, die den Ankommenden Ketten entgegenhält; es ist dies eine Personifizierung des Genius der Steuer mit seinen tatsächlichen Attributen. Wahrlich, Monsieur Ledoux, Sie sind ein schrecklicher Architekt! Gegen diese Mauer hat sich ein einmütiger Protestruf erhoben. Dennoch wurde sie ohne Zwischenfall fertiggestellt, und schon erhebt man an den neuen Toren Gebühren. Die Architektur dieser Barrieren ist kubisch und kantig. In ihrem Stil liegt etwas Strenges, Bedrohliches. Mit diesem Geld und den Quadern, welche die Steinbrüche der gesamten Umgebung entleert haben, hätte man jene vier Hospitäler bauen können, die Religion und Menschlichkeit mit kaum mehr hörbarer, klagender Stimme verlangen.« Andere Schriftsteller beklagten, daß mit der Mauer der ungehinderte Blick in die erholsame Umgebung von Paris versperrt sei.

Kaum waren gegen Mitternacht die Truppen aus der Stadt verschwunden, hatte sich die Wut vor allem der Bewohner der Vorstädte gegen die Zollmauer entladen. Beinahe alle Zollstationen wurden in Brand gesteckt und zerstört, die Mauer wurde an mehreren Stellen eingerissen, in großen Feuern verbrannte man das Inventar der verhaßten Büros. Neben den unvermeidlichen Abenteurern waren es Weinhändler, Handwerker, Tagelöhner und Schmuggler, die sich vor allem an der Zerstörung dieses Mauerwerks beteiligten, alles Menschen, die sich von der Beseitigung der Zölle Vorteile versprachen: billigeres Brot oder höheren Verdienst. Nur die ebenfalls beteiligten Schmuggler, die ja bislang auf ihre besondere Weise von der Mauer profitiert hatten, planten vermutlich eher einen Vergeltungsangriff auf ihre natürlichen Feinde, die Zöllner. Diese Angriffe dauerten bis in den Morgen des Montags hinein, und sie lassen erkennen, daß in der Situation, die durch Neckers Rücktritt entstanden war, eine ganze Menge offener Rechnungen beglichen wurden. Das teure Brot sollte noch weitere Aktionen provozieren.

Das nächste Angriffsziel aufgebrachter Pariser Bürger wurde in den frühen Morgenstunden das Kloster Saint-Lazare. Dieser Konvent galt sicher zu Recht als eines der reichsten Klöster in der Stadt. Dies war nicht nur eine vage Vermutung, denn schon im Vorjahr hatten die städtischen Behörden die Vorräte der Mönche überprüft und dort erhebliche Getreidemengen gefunden. An diesem Morgen drängten vor allem die Bewohner der anliegenden Straßen in die Vorratskeller und -kammern des Klosters, Menschen, die seit Monaten nicht genug zu essen hatten. Doch es gab keinen wilden Überfall auf diese Vorräte, eher könnte man sagen, daß eine Kommunalisierung der Getreidevorräte stattfand, denn insgesamt 53 Wagen voll Weizen, Käselaiben und Butterfässern wurden in die Markthallen gebracht, um dort preiswert verkauft zu werden. Lediglich über Teile der erheblichen Weinvorräte machte man sich her, während Möbel, Silbergeschirr und Bücher gestohlen oder zertrümmert und verbrannt wurden.

Da ein großes Pariser Kloster in diesen Jahren auch immer als eine Art Erziehungs- und Besserungsanstalt für junge Leute aus besseren Familien diente, wurden bei dem Angriff auch einige »Gefangene« dieser Kategorie befreit. Keineswegs kam es jedoch zu einer Befreiung aller Gefangenen in der Stadt, man wußte sehr wohl zu unterscheiden zwischen den Kriminellen von Bicêtre und Châtelet und den leichten Fällen in den Klöstern und in La Force, wo Schuldenmacher ihre Strafe absaßen. Eine Meuterei der Gefangenen im Châtelet-Gefängnis, die an diesem Morgen die Chance sahen, sich zu befreien, wurde mit Hilfe einer vorbeikommenden bewaffneten Patrouille sogar niedergeschlagen.

Auch wenn man noch einige andere Überfälle auf Klöster und Waffendepots der städtischen Wache hinzurechnet, so wird man schwerlich zu dem Ergebnis kommen können, daß Paris in dieser Nacht und am frühen Morgen in Anarchie versunken wäre. Zwar waren die traditionellen Gewalten außer Kraft gesetzt, aber die Gardes Françaises und die ersten schon am Abend bewaffneten Bürger selbst etablierten eine neue Ordnung, die die Machtmittel des alten Systems usurpierte. Gleichwohl war dieser Prozeß riskant und ließ Lücken der Sicherheit, rief Ängste und Widerspruch hervor, so daß es nicht verwundern kann, daß schon am Abend des Vortages eine Rumpfversammlung der Wahlmänner den Beschluß gefaßt hatte, am frühen Montagmorgen die Distrikte zusammenzurufen und um 10 Uhr die Versammlung der Wahlmänner ins Hôtel de Ville einzuberufen. Deren Zusammentritt am Montag war ohnehin am Samstag, dem 11. Juli, beschlossen worden.

Am Abend des Sonntags war es bekanntlich einer größeren Menschenmenge gelungen, sich etwa 360 Gewehre aus den Beständen der Stadtwache zu verschaffen. Doch jetzt war der Punkt erreicht, an dem die unkontrollierten Zugriffe auf Waffen in der Stadt ein Ende haben mußten. Als eine Gruppe ins Rathaus stürmte und aus dem Büro des diensthabenden Wahlmanns auch noch die Fahne der Stadt Paris mitnehmen wollte, da reagierte M. Le Grand de Saint-René ganz unerwartet, und er hatte mit seiner Taktik Erfolg. Furchtlos sprang er von seinem Schreibtisch auf, lief hinter dem Fahnenträger her, holte ihn auf der Mitte des Rathausplatzes ein und stellte ihn so eindrücklich zur Rede, daß er die Stadtfahne brav wieder ins Rathaus zurückbrachte. Ein symbolischer Vorgang: Die Initiative in den revolutionären Ereignissen sollte an diesem Tag auf das Rathaus übergehen, die Fahne blieb im Rathaus.

Die Gründung der Bürgermiliz

Für die Versammlung der Wahlmänner ging es an diesem Montagmorgen vor allem darum, den militärischen Schutz der Stadt und die Sicherung der Ordnung zu erreichen, und dies konnte nach Lage der Dinge nur noch durch die Bildung einer Bürgermiliz geschehen. Gegenüber der Aufstellung einer solchen Truppe bestand deshalb keine Alternative, weil über das Projekt einer Miliz der Bürger schon seit ca. drei Wochen in der Versammlung diskutiert wurde. Noch am Samstag hatte man eine Delegation an die Nationalversammlung in Versailles abgeordnet, um die Erlaubnis zur Bildung einer solchen Bürgerwehr einzuholen. Nicht der König war der Adressat dieses Antrags, sondern die Nationalversammlung, auch dies war ein sprechender Hinweis auf die Einschätzung der Machtverhältnisse und der Kompetenzen.

Es kann keinen Zweifel darüber geben, daß sich die Wahlmänner in der Milizfrage mehr als abwartend verhalten hatten. Schon am 25. Juni, als die Wahlmänner nach einer längeren Unterbrechung ihre Sitzungen wieder aufgenommen hatten, hatte der junge Wahlmann de Bonneville sein emphatisches »Aux armes, aux armes!«

gerufen, ohne allerdings zu diesem Zeitpunkt bei seinen vorsichtigeren Kollegen Anklang zu finden. Am 1. Juli hatte dann der Abbé Bertolio die Rücknahme der Truppen um Paris und Versailles, aber auch die Bildung einer Bürgerwehr gefordert, die das einzige Mittel sei, »die öffentliche Ruhe und Ordnung wieder herzustellen«. Am Freitag, dem 10. Juli, kam es dann zu einer wahren Explosion einschlägiger Anträge, auch dies ein Indiz für die veränderte Einschätzung der Lage in der Stadt. Jetzt dachten sogar einige Wahlmänner darüber nach, Paris zur autonomen Kommune zu erklären und damit die Bildung der Miliz zu legitimieren.

Insgesamt sieben Einzelanträge hatte eine Kommission für die Sitzung des nächsten Tages zu prüfen, kam dann aber zu einem eher enttäuschenden Ergebnis. Sie empfahl lediglich, die Nationalversammlung um die Genehmigung zur Einrichtung einer Bürgergarde zu bitten. Ganz offensichtlich fürchtete die Mehrheit der Wahlmänner gerade in dieser sensiblen Machtfrage ein allzu eigenmächtiges Vorgehen, insofern versteckte man sich nur zu gerne hinter der wachsenden Autorität der Nationalversammlung.

Hinzu kam schließlich auch, daß in dieser Samstagsitzung der Wahlmänner ganz falsche und widersprüchliche Informationen aus Versailles vorlagen. Dr. Guillotin hatte in völliger Fehleinschätzung der wirklichen Lage berichtet, daß in Versailles alles ruhig sei und daß Necker mehr denn je das Vertrauen des Königs besitze. Nur einer wollte dem angeblichen Frieden in Versailles nicht trauen. Der Wahlmann Deleutre sagte, in Versailles sei es keineswegs ruhig, man solle zusammen bleiben, um im Notfall handlungsfähig zu sein. Wenn man nicht kluge und vorausschauende Maßnahmen treffe, dann werde der 13. Juli noch verhängnisvoller als der des Vorjahres werden.

In der Stadt war natürlich auch bekannt, daß Graf Mirabeau schon am 8. Juli die Bildung der Bürgermiliz verlangt hatte. Schließlich hatte sich schon seit dem Abend des Sonntags de facto die Bildung einer Bürgerwehr angebahnt. Die Waffenbeschaffung in den einschlägigen Geschäften, ihre Beschlagnahme in einzelnen königlichen und städtischen Depots oder Klöstern, all diese Maßnahmen hatten schon die Bewaffnung des Volkes eingeleitet, und diese breite Bewegung galt es jetzt zu kanalisieren. So kam es sehr schnell zum formellen Beschluß der Bildung einer Bürgermiliz in Stärke von zunächst 12 000, später aber 48 000 Mann. Die Versammlung der Wahlmänner fand gerade noch rechtzeitig zu einem Beschluß über die Miliz, der ihre Führungsposition in der Stadt wahrte.

Auch die Organisation der Wahlmännerversammlung wurde verändert. Um schnell auf die neue Situation und ihre vielfältigen Erfordernisse reagieren zu können, wurde ein Comité Permanent aus zunächst 14 Mitgliedern gebildet, dessen Leitung man dem Bürgermeister Jacques de Flesselles anbot. Damit erreichte man eine geschickte Verbindung von alter und neuer Stadtregierung. Der Leiter der alten Stadtverwaltung behielt damit zwar seine formale Führungsposition, aber er stand jetzt unter der Kontrolle eines Comités und der gesamten Versammlung der Wahlmänner. Dem Comité gehörte auch ein einfacher Bürger an. Als sich bei der Nominierung die zuhörende Menge beschwerte, daß nur Amtsträger und Wahlmänner vorgeschlagen würden, fragte der Wahlleiter in den Saal hinein, wen man denn sonst noch vorschlagen wolle. »Mich«, rief da ein Mann namens Grélé zurück und wurde auch gewählt. Die anderen Wahlmänner wurden in ihre Distrikte zurückgeschickt, um dort die Zusammenstellung der Milizbataillone zu organisieren. Als der Advokat Lavaux an diesem Tag in die Versammlung des Cordeliers-Distrikts kam, sah er einen Mann, der auf einem Tisch stehend, die Zuhörer erregt zu den Waffen rief, um 15 000 Räuber vom Montmartre (d. h. die dort auf Kosten der Stadt beschäftigten Arbeiter) und 30 000 Soldaten zu vertreiben. Der Mann war, wie der Advokat erfuhr, der 29jährige Rechtsanwalt Georges Danton.

Um 11 Uhr an diesem Morgen suchte unser englischer Besucher Dr. Rigby gerade eine Poststation auf und erkundigte sich nach Reisemöglichkeiten. Ein Verlassen der Stadt zu diesem Zeitpunkt war jedoch unmöglich. Aller Verkehr wurde auf Befehl des Comité Permanent auf Waffen und Pulver kontrolliert, eine Ausreise aus der Stadt heraus gab es nicht. Der Versuch des Engländers, sich bei seinem Bankier mit Bargeld zu versorgen, schlug ebenfalls fehl. Börse, Banken und die Caisse d'Escompte (die Nationalbank) waren geschlossen. Auch alle anderen Geschäfte waren geschlossen, das wirtschaftliche Leben der Stadt war praktisch zum Stillstand gekommen. Die Arbeiter waren nicht in ihren Werkstätten und an ihren Bauplätzen, lediglich in den Werkstätten zur Herstellung von Waffen wurde fieberhaft gearbeitet. Die Bürgergarde benötigte Waffen – und wenn es nur Piken und Hellebarden waren, die am schnellsten verfügbar waren. Über all dem Hin- und Hereilen, dem Suchen nach Waffen erklang seit 10 Uhr morgens das Glockengeläut der Kirchen, die die Bürger in ihren Distrikten dazu aufforderten, sich zur Einschreibung in die Listen der Miliz zusamenzufinden. Gleichzeitig zogen Tamboure durch die Straßen der Viertel und verkündeten Ort und Zeitpunkt der Einschreibung. Als der Buchhändler Hardy in der Rue Saint-Jacques die Trommel hörte und er sich ebenfalls zur Miliz melden wollte, versuchte ihn seine ängstliche Ehefrau noch zurückzuhalten. Doch Hardy schloß sich ebenfalls den 400 anderen Mitgliedern der Miliz in seinem Viertel an.

Glockenläuten und Trommelwirbel hatten ihre Wirkung getan. Im Distrikt Saint-Antoine (der im Marais und nicht im Faubourg Saint-Antoine lag) strömten die Männer in der Kirche Saint-Antoine zusammen, und die Sekretäre der Versammlung trugen ihre Namen, ihre Adressen und ihre Berufe in die Listen ein. Nach kurzer Zeit mußten die Sekretäre abgelöst werden, weil ihnen die Finger vom Schreiben schmerzten. Insgesamt waren es 1 192 Männer, die sich im Laufe des Tages einschreiben ließen, und so ergibt sich eine vorzügliche Möglichkeit, etwas über die Zusammensetzung dieser Bürgermiliz auszusagen, die sich jetzt bildete. Auf den ersten Blick verblüfft natürlich der ungeheure Zulauf zur Miliz, vor allem dann, wenn man die Zahlen dieses 13. Juli mit den Zahlen der Wahlversammlung am 21. April vergleicht. Zur Wahlversammlung waren in diesem Distrikt nämlich nur 208 Männer erschienen, und von diesen Aprilwählern trugen sich nur 83 in die Milizliste ein.

Das mag den Eindruck erwecken, als habe hier zwischen den Wahlen und dem Tag der Bildung der Bürgerwehr ein Personalwechsel stattgefunden. Doch dieser Eindruck wird durch den Blick in die Berufsangaben nicht bestätigt. Aus den über 890 Berufsangaben (denn leider trugen die Sekretäre nicht bei allen Milizionären den Beruf ein) ergibt sich eindeutig die gutbürgerliche Zusammensetzung der Miliz. Vom adeligen Parlamentsrat über den bürgerlichen Juristen, den Mediziner, den Bankier, den Schriftsteller, den Ladenbesitzer, den Handwerksmeister bis hin zu dessen Gesellen oder zum Limonadenhändler und Hafenarbeiter fanden sich alle Berufe, die damals im sozial gemischten, aber relativ wohlhabenden Marais vertreten waren. Sogar der englische Ingenieur William Playfair, ein früherer Angestellter der Maschinenfabrik Boulton u. Watt, meldete sich zur Miliz. Die stärksten Gruppen bilden die Handwerker (345) und Händler (134), die zusammen auch gut die Hälfte der Teilnehmer der Versammlung stellen. Die Führungsgruppe der Versammlung, meist aus Juristen bestehend, war im Prinzip die gleiche wie im April, verschieden war nur das Echo, das die beiden Versammlungen gefunden hatten. Verschieden waren freilich auch die Vorschriften. Während für die Wahlen – wie schon erwähnt – sehr strenge Besitz- und Standesqualifikationen angelegt wurden, konnte sich für die Miliz jeder seßhafte und unter seinen Nachbarn bekannte Bürger melden.

Diese Versammlung tagte – wenn auch sicher nicht gleichbleibend besetzt – praktisch den ganzen Tag. Erst um 6 Uhr abends setzten die Sekretäre ihre Unterschrift unter das Protokoll der Verhandlungen. Zwei Ziele vor allem waren damit erreicht: Zum einen war damit die Miliz des Distrikts Saint-Antoine ins Leben gerufen, in zunächst 16 Kompanien geteilt, die sich ihre Führer selbst bestimmen sollten. Jedes Mitglied sollte sich nach seinen Möglichkeiten bewaffnen, doch sollten Pistolen verboten sein; sie galten als zu gefährlich. Eine grüne Kokarde sollte als Abzeichen dienen, sie wurde jedoch noch am Abend durch die blau-rote Kokarde, in den Farben der Stadt Paris, ersetzt, die das Comité Permanent verteilen ließ. Zum Dienst in der Miliz wurden nur die mit festem Wohnsitz versehenen Bürger und deren Söhne, die Arbeiter, die Steuer zahlten, oder die Arbeiter, die bei ihrem Meister lebten, zugelassen. Eine solche soziale Abgrenzung der Miliz, die in Zukunft alleine Waffen tragen durfte, war verständlich angesichts des »Lärms, der ohne Zweifel von Leuten mit üblen Absichten verbreitet worden war, die bewaffnet und ohne jede Ordnung alle Straßen der Stadt durchzogen«, wie das Protokoll formulierte. Die Furcht vor einer möglichen Öffnung aller Gefängnisse und die Einsicht in die Unfähigkeit der bisherigen Stadtwache, die Ordnung wiederherzustellen, waren die Geburtshelfer dieser Miliz der rechtschaffenen Bürger von Saint-Antoine wie der ganzen Stadt.

Der zweite Effekt dieser Versammlung am 13. Juli war der Ausbau der Distrikte als handlungsfähige politische Einheiten der Stadt. Gewiß, schon mit der Wahl der Primärwahlmänner im April waren die Distrikte offiziell ins Leben getreten, aber sie waren bis auf wenige Ausnahmen nach Erledigung der Wahlprozeduren wieder eingeschlafen und hatten das politische Tagesgeschäft den Wahlmännern im Hôtel de Ville überlassen. Nur einige weitblikkende Köpfe wie Brissot de Warville im Distrikt Filles-Saint-Thomas hatten es durchsetzen können, die Distriktsverwaltungen weiter arbeiten zu lassen. Dabei war es ihre Hauptsorge gewesen, den Dritten Stand der Generalstände bzw. die Nationalversammlung in Versailles zu unterstützen. Vor dem Hintergrund dieser Bemühungen müssen auch die schon im Mai und im späten Juni zum erstenmal aufgetauchten Forderungen nach Bildung einer Bürgermiliz gesehen werden. Doch noch am 25. Juni hatten die Wahlmänner bekanntlich nichts davon wissen wollen.

Am Abend dieses Tages war die wichtigste Arbeit getan. Nicht überall war die Milizgründung so überlegt und effektiv durchgeführt worden wie in Saint-Antoine. In einem Distrikt wartete z.B. der in höchster Eile aus dem Rathaus zurückgekehrte Wahlmannn verzweifelt im Distriktlokal auf seine Mitbürger, bis er merkte, daß sich diese alle in der Kirche versammelt hatten. Doch am Abend lagen dem Comité Permanent, das die Zentralstelle für die Milizangelegenheiten bildete, die Erfolgsmeldungen aus der Mehrzahl der Distrikte vor. Sie besagten, daß die Milizeinheiten gebildet worden seien und bereits ihren Streifendienst verrichteten. Zwischen den Büros der einzelnen Distrikte waren Botendienste eingerichtet worden, um die Verbindung sicher zu stellen. Zu den Kompanien der Distrikte kamen noch einige Sondereinheiten, die von speziellen Berufsgruppen gebildet worden waren. Die Angestellten und Schreiber von Parlament und Châtelet, die sog. Basoche, bildeten ebenso wie das Palais Royal oder die Medizinstudenten der Universität eigene Einheiten. Auch die Arkebusierkompanie der Stadt Paris – eine Art Schützenbruderschaft –, deren Waffenbestand gerettet werden konnte, unterstellte sich dem Comité Permanent und versah Wachdienst in der Stadt. In der kommenden Nacht wurde ihr das Hôtel de Brétonvillier zur Bewachung anvertraut. Am nächsten Tages sollte die Kompanie dazu eingesetzt werden, um Pulvernachschub aus dem Rathaus zur Bastille zu bringen.

Während des Tages war nämlich am Seinequai ein Pulvertransport aufgehalten worden, der für Rouen bestimmt war. Schnell hatte man die Fässer mit dem heiß begehrten Stoff in einen Kellerraum des Rathauses gebracht. Dort wachte einer der Wahlmänner, der unerschrockene Abbé Lefèvre d'Ormesson, als Verwalter des Pulvermagazins und verteidigte den Vorrat gegen alle Angriffe und gegen Betrunkene, die mit der brennenden Pfeife zu ihm hinabstiegen. Nur gegen einen Gutschein des Comité Permanent war der Abbé bereit, das Pulver abzugeben. So saß das Comité Permanent im wahrsten Sinne des Wortes auf einem Pulverfaß. Gegen Mitternacht übernahmen vier seiner Mitglieder die Wache im Rathaus, die anderen Mitglieder begaben sich bis auf den ängstlichen de Flesselles nach Hause. In den Stadtvierteln, die auf Befehl des Comité so hell wie möglich erleuchtet waren, wachten die Patrouillen der Miliz, denen sich teilweise schon die Soldaten der Gardes Françaises angeschlossen hatten, nachdem sie vom Comité Permanent offiziell dazu aufgefordert worden waren. Hier und da wurden Bewaffnete aufgegriffen, die nicht zur Miliz gehörten. Man entwaffnete sie und lieferte sie in Gefängnisse ein.

Dr. Edward Rigby zeigte sich an diesem Abend erstaunt über diesen schnellen Wechsel der Macht in die Hände der Bürgermiliz: »Diese Entwaffnung des Pöbels und die Errichtung einer gut bewaffneten Armee von Bürgern mag als einer der wichtigsten Schritte betrachtet werden, die von den Parisern in dieser Phase der Revolution getan werden konnten.« Rigby glaubte in dieser Nacht wieder ruhig schlafen zu können, er hielt die Revolution für beendet. Am nächsten Morgen sah er Paris schon zum normalen Leben zurückkehren, die Hallen boten genügend Lebensmittel an. Nur weil er Paris nicht verlassen durfte, blieb er noch in der Stadt, machte aber am frühen Nachmittag dieses 14. Juli einen Ausflug zu den Gärten des Herzogs von Orléans in Monceau, genau am anderen Ende der Stadt. Das im Palais Royal kursierende, für ihn völlig unsinnige Gerücht, man wolle an diesem Tag die Bastille angreifen, konnte ihn nicht von diesem Ausflug abhalten. Vier Stunden später sollte Dr. Rigby auf der Rue St. Honoré die Schlüssel der eroberten Bastille und den Kopf ihres Gouverneurs auf einer Pike sehen.

Hatte man an diesem 13. Juli 1789 den 13. Juli des Vorjahres schon vergessen, als der Hagelsturm die Ernte vernichtet hatte? Am Nachmittag begann es in der Stadt heftig zu regnen. Schnell waren die Straßen überschwemmt, und einige Passanten retteten sich in einen Torweg, um dort dort den Regenguß abzuwarten. Wie selbstverständlich kam die Rede auf das Unwetter vom Vorjahr, und ein Mann fragte angesichts der Lage in Paris angstvoll, was jetzt wohl aus ihnen werden solle. Jacques Hardy schrieb voller Trauer in sein Tagebuch, daß dieser Tag ein schrecklicher Jahrestag jenes 13. Juli 1788 gewesen sei, an dem der Hagel alles zerstört hatte. Das drohende Unheil war den meisten Bürgern bewußt, und keineswegs alle Bewohner der Stadt verbrachten eine so ruhige Nacht wie der englische Mediziner.

Der 14. Juli: Die Eroberung der Bastille

Eine Lateinklausur am 14. Juli?

Marc-Antoine Jullien war 1785 mit seinem Vater aus der Dauphiné nach Paris gekommen, um eines der großen Gymnasien der Hauptstadt zu besuchen. Zunächst hatte sein Vater das Collège de Navarre ausgewählt, doch bald war der Junge zum Collège de Montaigu gewechselt, das – schon 1314 gegründet – in der Nähe des Jardin du Luxembourg und in unmittelbarer Nähe der elterlichen Wohnung lag. Marc-Antoine war ein aufgeweckter Junge und ein guter Schüler, der im allgemeinen gerne zur Schule ging. Doch der kommende Dienstag, der 14. Juli, bereitete dem Jungen schon seit Tagen großen Kummer. Natürlich hatte er auch die Unruhe in der Stadt wahrgenommen, die seit der Entlassung Neckers zu spüren war, doch mehr noch machte er sich Sorgen über den Ausgang einer Lateinklausur, die ausgerechnet für diesen Tag von den Universitätsbehörden angesetzt worden war. Diese Klausur gehörte zu dem jährlichen Wettbewerb, der seit 1747 jeweils vor Beginn der Sommerferien unter den zehn führenden Collèges durchgeführt wurde.

»Es ist gewiß, daß das Studium der lateinischen Sprache eine gewisse Vorliebe für Republiken erweckt und den Wunsch hervorruft, die römische Republik, deren große und bewegende Geschichte man gelesen hat, wiederzubeleben ... Aber es ist doch eine Monarchie, in der diese seltsamen Ideen der Jugend vermittelt werden, die sie bald aus Gründen der eigenen Sicherheit und ihres Wohlergehens wieder vergessen muß. Und es ist ein absoluter König, der seine Professoren bezahlt, die würdevoll die wortreichen Erklärungen gegen die Macht der Könige erläutern.«

So hatte sich schon in den 80er Jahren Louis-Sébastien Mercier in seinem großen »Tableau de Paris« erstaunt über die monarchiefeindliche Ausbildung an den großen Schulen der Stadt geäußert, die einem ganzen Viertel einen Namen geben sollten, dem Quartier Latin. Welche Früchte die Ausbildung in dieser »republikanischen« Sprache tragen konnte, zeigt uns die Art und Weise, wie der etwa vierzehnjährige Marc-Antoine Jullien den 14. Juli erlebte. Er besuchte damals eines jener Gymnasien, an denen im Lateinunterricht die »Vorliebe für die Republiken« gelehrt wurde. Die zehn bedeutendsten dieser Gymnasien bildeten zugleich die Fakultät der Künste der Universität von Paris, sie waren die Pflanzstätte des besten akademischen Nachwuchses.

Bedarf es großer Phantasie, sich vorzustellen, was an diesem Morgen des 14. Juli in dem Jungen vorging? Alles hätte Marc-Antoine, der sich brennend für die politischen Veränderungen der letzten beiden Jahre interessierte, an diesem Tag lieber getan als gerade eine Lateinklausur zu schreiben. Doch die Universität hatte sich nicht beirren lassen, sie hielt an dem üblichen Termin des »concours général« fest. So blieb ihm nichts anderes übrig, als an diesem traditionellen Wettstreit der Gymnasien teilzunehmen, ganz zu schweigen von den ernsten Ermahnungen seiner bildungsbeflissenen Eltern, die trotz ihrer demokratischen Überzeugungen sein Fernbleiben vom Wettbewerb kaum hingenommen hätten.

So konnte er sich am Morgen dieses Dienstags zu seinem großen Bedauern nicht den Gruppen anschließen, die auf der Suche nach Waffen auch durch sein Viertel zogen, sondern er mußte schweren Herzens den Weg zum Franziskanerkloster in der Rue de L'Ecole-de-Médecine antreten, wo die Klausur geschrieben werden sollte. Mehrere Stunden lang mußte er sich auf die Prüfungsaufgaben konzentrieren, gewiß nicht leicht für einen Jungen, der die Erregung in der Stadt mitbekommen und der im Lauf des Nachmittags den entfernten Donner von Kanonen gehört hatte.

Endlich war es soweit, gegen 6 Uhr durften die Schüler das Kloster verlassen und sich unter die Menschen auf der Straße mischen, die sich aufgeregt die Neuigkeiten dieses Tages erzählten. Überall standen Gruppen beieinander, die den Berichten derer lauschten, die in der Nähe des Hôtel des Invalides oder der Bastille gewesen, vielleicht sogar an den Kämpfen beteiligt waren. Marc-Antoine war tief beeindruckt von den umstürzenden Vorgängen, die sich während seiner Lateinklausur auf dem anderen Ufer der Seine ereignet hatten. Doch der durch die Lektüre der Klassiker und die Diskussionen in seinem aufklärerisch gesinnten Elternhaus politisch hellwache und gewiß auch ein wenig altkluge Schüler erkannte sofort, daß die Eroberung der Bastille nur ein äußerliches Ereignis bleiben würde, falls nicht zugleich auch die Macht des Königtums gebrochen würde. Wozu hatte er schließlich seinen Aristoteles, seinen Cicero und seinen Cäsar gelesen?

Er handelte blitzschell. Eilig lief er in den Saal des Klosters zurück, in dem er die Klausur geschrieben hatte. Auf den Tischen lagen noch einzelne Bögen Papier, die nicht verbraucht worden waren. Marc-Antoine raffte sie zusammen, faltete sie mehrfach und zerriß sie in mehrere kleine quadratische Zettel, auf die er nur zwei Sätze schrieb:

Es ist zuwenig,
die Bastille erstürmt
zu haben!

Man muß den Thron
stürzen!

Als er alle Zettel beschrieben hatte, stürmte er auf die Straße hinaus und verteilte seine kleinen Flugblätter an die Passanten. Mit einer Mischung aus Unglauben und Bestürzung lasen die Menschen, die sich gerade noch an der unglaublich leichten Eroberung der Bastille berauscht hatten und zufrieden nach Hause gehen wollten, die unverständliche Forderung, die ihnen ein Schuljunge mit leuchtenden Augen in die Hand drückte. Ein seltsamer Junge war das! Wer von ihnen hatte denn die Absicht, den Thron des Königs stürzen? Niemand wollte so etwas!

Marc-Antoine Jullien, der an diesem Dienstagabend wie viele seiner Mitbürger auf atemlose Berichte und noch mehr auf Gerüchte angewiesen war, um etwas über die Vorgänge dieses Tages im Rathaus, im Hôtel des Invalides und vor der Bastille zu erfahren, konnte sich nur bruchstückhaft erschließen, was an diesem Tag wirklich geschehen war. Vermutlich war selbst den Menschen, die einzelne Ereignisse dieses Tages miterlebt hatten, der Zusammenhang des Geschehens noch unbewußt geblieben. Sie konnten nur das übersehen, was sie selbst erlebt hatten, und das waren jeweils nur sehr enge Ausschnitte der Pariser Ereignisse dieses Tages.

Die Bedingungen des Tages

Dieser Dienstag erfordert den Blick auf insgesamt fünf Schauplätze: das Rathaus an der Place de Grève unmittelbar am Ufer der Seine gelegen, das Hôtel des Invalides auf der anderen Seite der Seine und der Stadt am Marsfeld, die Bastille an der östlichen Stadtgrenze nahe beim Faubourg St.Antoine, das königliche Schloß in Versailles und das Tagungslokal der Nationalversammlung in Versailles. Zwei Schwerpunkte also, knapp 20 km voneinander entfernt, wobei das eigentlich wichtige Geschehen sich auf Rathaus und Bastille konzentrierte. Versailles, d.h. Hof und Nationalversammlung, konnte auf die Vorfälle dieses Tages in Paris nurmehr reagieren, dieser Tag wurde in Paris entschieden.

Die 24 Stunden dieses 14. Juli 1789 sind durch eine ungewöhnliche Dichte von genauen und detaillierten Aufzeichnungen belegt. Von der Eintragung im Protokollbuch einer Bürgerkompanie, die nachts um ein Uhr einen verdächtigen jungen Mann festnahm, bis hin zum Bericht über die Gesandtschaft der Generalstände an den König um 11 Uhr abends zieht sich eine dichte Kette genau fixierter Ereignisse, auch wenn die uns vertrauten Minuteneinteilungen noch weitgehend fehlen. Briefe und Tagebuchaufzeichnungen haben vielen Menschen geholfen, diese Ereignisse zu verarbeiten. Doch sie bieten immer nur Teileinblicke in das Geschehen des Tages, oft genug geben sie nur das wieder, was die Zeitungen schrieben, was man von Nachbarn gehört oder von weitem gesehen hatte.

Was erstaunlicherweise selten erwähnt wird, sind die Wetterbedingungen dieses Tages, gewiß nicht unwichtig für den Verlauf revolutionärer Ereignisse, denen die Geschichtsschreibung allzu oft strahlenden Sonnenschein angedichtet hat. Um genauere Informationen zu erhalten, wollen wir uns an die zuständigen Beamten des Pariser Observatoriums wenden.

Paris verfügte schon seit 1669 über ein Observatorium, dessen Direktoren seit vier Generationen aus der Familie Cassini stammten, die einst aus Bologna nach Paris gekommen war. Doch seit der Mitte des 18. Jahrhunderts war der Bau so verfallen, daß eine im Jahre 1772 geplante Besichtigung des Observatoriums durch den späteren Kaiser Joseph II. im Rahmen seines Inkognito-Besuchs in Paris abgesagt werden mußte. Erst Jean-Dominique Cassini – Cassini IV, wie man ihn nannte – gelang es seit 1776, die Arbeitsbedingungen dieses wissenschaftlichen Instituts wieder zu verbessern. 1785 wurde eine neue Ordnung für das Haus erlassen, die die astronomischen und meteorologischen Beobachtungen des Direktors und seiner drei Mitarbeiter regelte. So können wir einigermaßen sicher sein, daß an diesem frühen Dienstagmorgen der diensthabende Beamte im Observatorium seine täglichen Aufzeichnungen zum Sonnenaufgang und zum Wetter machte. Absolut sicher aber können wir deshalb sein, weil an jenem Morgen ein äußerst seltener »heliakischer Saturnaufgang« zu beobachten war, ein Ereignis, das sich keine astronomische Station entgehen lassen konnte, wenn sie ihrem Namen Ehre machen wollte.

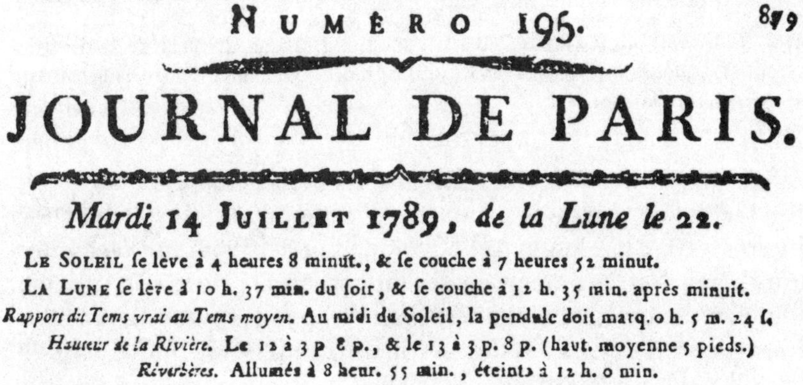

NUMERO 195. 879

JOURNAL DE PARIS.

Mardi 14 JUILLET 1789, *de la Lune le* 22.

LE SOLEIL se lève à 4 heures 8 minut., & se couche à 7 heures 52 minut.

LA LUNE se lève à 10 h. 37 min. du soir, & se couche à 12 h. 35 min. après minuit.

Rapport du Tems vrai au Tems moyen. Au midi du Soleil, la pendule doit marq. 0 h. 5 m. 24 s.

Hauteur de la Rivière. Le 12 à 3 p 8 p., & le 13 à 3 p. 8 p. (haut. moyenne 5 pieds.)

Réverbères. Allumés à 8 heur. 55 min., éteints à 12 h. 0 min.

Abb. 7: Titelkopf des »Journal de Paris« vom 14. Juli 1789 mit den Zeiten für Sonnenauf- und Untergang

Die Sonne war an diesem Tag um 4.08 aufgegangen, um 19.52 sollte sie untergehen. Eine Stunde später – um 20.55 – sollte die Straßenbeleuchtung angezündet werden, die bis Mitternacht die wichtigsten Straßen in das schummrige Licht der Öllaternen tauchen würde, die seit einiger Zeit beweglich über Straßen und Plätzen angebracht waren. Für die Stadt kündigte sich trotz einiger Aufhellungen ein überwiegend bedeckter und relativ kühler Sommertag an, die Temperaturen lagen am frühen Morgen bei 15 Grad, am frühen Nachmittag bei 22 Grad und um neun Uhr abends bei 13 Grad, ein frischer Wind wehte fast den ganzen Tag aus westlicher Richtung. Diese genauen Wetterbeobachtungen verdankten die Redakteure des »Journal de Paris«, die sie – wie gewöhnlich – zwei Tage später abdruckten, natürlich der Arbeit des Observatoriums. Im Unterschied zu den vorausgegangenen Nächten war in der vergangenen Nacht kein Regen gefallen; die vielen Patrouillen der Bürgermiliz, die meist gegen 8 Uhr ihren Dienst beendeten, hatten dies dankbar zur Kenntnis genommen, denn die Nacht war ohnehin sehr kühl gewesen.

Observations Météorologiques du Matin 14 Juil.

Époques.	Thermom.	Baromèt.	Vent.	État du Ciel & Remarques.
A 5 h. m	+12, 2	27. 10, 2	O. fort.	Couvert une g^de partie de la journée.
A 2 ½ s	+17, 8	28. 0, 7		
A 9 s	+10, 5	28. 0, 8		

Abb. 8: Wetterbeobachtungen für den 14. Juli 1789 im »Journal de Paris« vom 16. Juli. Die Temperaturen sind in Réaumurgraden gemessen, die auf Celsiusgrade umgerechnet wurden.

Schon bald nach Sonnenaufgang tat man in allen Stadtvierteln wieder genau das, was schon am Vorabend im Mittelpunkt des Interesses gestanden hatte: Man suchte nach Waffen. Nach einer unruhigen Nacht, immer wieder aufgeschreckt durch Fehlalarme, die von angreifenden königlichen Truppen sprachen, konzentrierte man sich jetzt auf die Ausrüstung und Bewaffnung der Bürgermiliz, die am Tag zuvor offiziell beschlossen worden war. Soweit verfügbar, wurden einzelne Abteilungen der Miliz zur Bewachung der Banken und des königlichen Schatzamts sowie wichtiger öffentlicher Gebäude abgestellt.

Um das Rathaus und die davor liegende Place de Grève vor eventuellen Angriffen zu schützen, wurden einige Barrikaden errichtet. Das Rathaus war in diesen Tagen der politische Mittelpunkt der Stadt, nachdem die Versammlung der Pariser Wahlmänner das Regiment in der Stadt übernommen hatte. Zwar amtierte noch Monsieur de Flesselles, der Vorsteher der Kaufmannschaft, als offizieller Bürgermeister, doch die Fäden der Entscheidungen liefen jetzt im Comité Permanent zusammen, das vor zwei Tagen aus der Versammlung der Wahlmänner heraus gebildet worden war und dem de Flesselles noch präsidierte. Schon am Abend zuvor war der Marquis de la Salle provisorisch an die Spitze der Bürgermiliz gesetzt worden, am 14. sollte er endgültig dieses Amt übernehmen.

Auf dem Rathausplatz sammelten sich, wie schon seit dem Vortag, Fahrzeuge mit Nahrungsmitteln. Die Händler wollten ihre Waren nach der teilweisen Zerstörung der Zollmauern um die Stadt herum von einer städtischen Kommission taxieren lassen. Auch beschlagnahmte Vorräte wurden hierher gebracht. Im Laufe des Tages sollte der Platz zu einem Sammelort für Truppen, Gewehre, Kanonen und anderes militärisches Material werden. Auch alle möglichen Fahrzeuge, die man requiriert hatte, wurden hier abgestellt, so daß der Platz bald kaum mehr passierbar war.

Hôtel des Invalides, 7 Uhr 30

Wer in Paris in diesen Tagen ernsthaft nach Waffen suchte, wußte, wohin er sich wenden mußte, nachdem die einschlägigen Läden der Stadt und kleinere Waffenlager in der Kaserne der Stadtwache oder das Garde-Meuble nichts mehr hergaben. Wenn man Waffen in hohen Stückzahlen brauchte, um die Männer zu bewaffnen, die sich schon am Dienstag in die Listen der Bürgermiliz eingetragen hatten, dann gab es keine Diskussion, daß diese Mengen nur im Hôtel des Invalides zu bekommen waren. Das Hôtel des Invalides, ein von (wegen Verletzungen oder wegen ihres Alters nicht mehr voll diensttauglichen) Soldaten bewachter weitläufiger Kasernenbau am südwestlichen Stadtrand, der in unmittelbarer Nähe anderer militärischer Einrichtungen wie Militärschule und Marsfeld auf der anderen Seite der Seine lag, galt als das größte Waffenarsenal der Stadt. Tatsächlich lagerten hier neben Kanonen auch über 30 000 Gewehre der verschiedensten Art.

In unmittelbarer Nähe kampierten auf dem Marsfeld Tausende von Soldaten jener Regimenter, die der König in den letzten Wochen um Paris zusammengezogen hatte, so daß das Zeughaus als wohlbewacht gelten mußte. Noch am Abend vorher war der Baron de Besenval, der Befehlshaber dieser Truppen, im Hôtel des Invalides gewesen, um nach dem Rechten zu sehen. Dabei hatte Monsieur de Sombreuil, der Gouverneur dieses Arsenals, den Baron mit zwei Deputationen konfrontiert, die den dringenden

Wunsch nach Waffen aus seinen Vorräten geäußert hatten. Sie brauchten diese Waffen – so hatten sie gesagt –, um sich gegen Räuber zu verteidigen, die ihre Häuser belagerten. Besenval wußte natürlich, daß die Waffen keineswegs zur Bekämpfung von Räubern gebraucht wurden, sondern im Ernstfall gegen seine Truppen zum Einsatz kommen würden. Er verzögerte eine Entscheidung über die Auslieferung der Waffen mit dem Hinweis auf seine Unzuständigkeit, ein Vorwand, der von den Deputationen nur für kurze Zeit akzeptiert und von ihnen sofort ins Rathaus gemeldet wurde.

Bei dieser Gelegenheit ließ sich Besenval auch von de Sombreuil über die Stimmung unter dessen Soldaten berichten, denen die Bewachung dieser ungeheuren Waffenmenge anvertraut war. Was der Gouverneur berichtete, hätte den Befehlshaber der Truppen alarmieren müssen. Im Hôtel des Invalides herrschte offene Aufsässigkeit: Aufrührerische Broschüren seien eingeschmuggelt worden, die Leute verfügten plötzlich über viel Geld und – vor allem – der von de Sombreuil im Laufe des Tages erteilte Befehl, die Musketen durch Ausbau der Hähne und Ladestöcke unbrauchbar zu machen, sei so widerwillig befolgt worden, daß binnen sechs Stunden gerade 20 Gewehre unschädlich gemacht worden seien. Der Gouverneur wollte für seine Mannschaft nicht die Hand ins Feuer legen. Die Kanoniere würden eher seine Wohnung beschießen, als ihre Kanonen zum Schutz der Waffen gegen etwaige Angreifer richten. Die militärisch Verantwortlichen wußten also um das Risiko, mitten in dieser von Ängsten und Gerüchten brodelnden Stadt ein Waffenlager solcher Größe zu unterhalten, das von einer schwachen und dazu noch unzuverlässigen Mannschaft bewacht wurde.

Im Comité Permanent der Wahlmänner im Rathaus waren inzwischen die Beschwerden der Deputationen eingetroffen, denen Besenval die Auslieferung der Waffen verweigert hatte. Da ein Bürger vom Gouverneur zu wissen glaubte, er sei bereit, die Waffen auszuliefern, faßte das Comité den Beschluß, einen Gesandten zum Gouverneur zu schicken, um die Lage im Hôtel des Invalides prüfen zu lassen. Am frühen Morgen dieses 14. Juli wurde Ethys de Corny, der Syndikus der Stadt und ein Teilnehmer am amerikanischen Unabhängigkeitskrieg, zum Hôtel des Invalides geschickt. Als er vielleicht zwischen halb acht und acht Uhr an der Kaserne

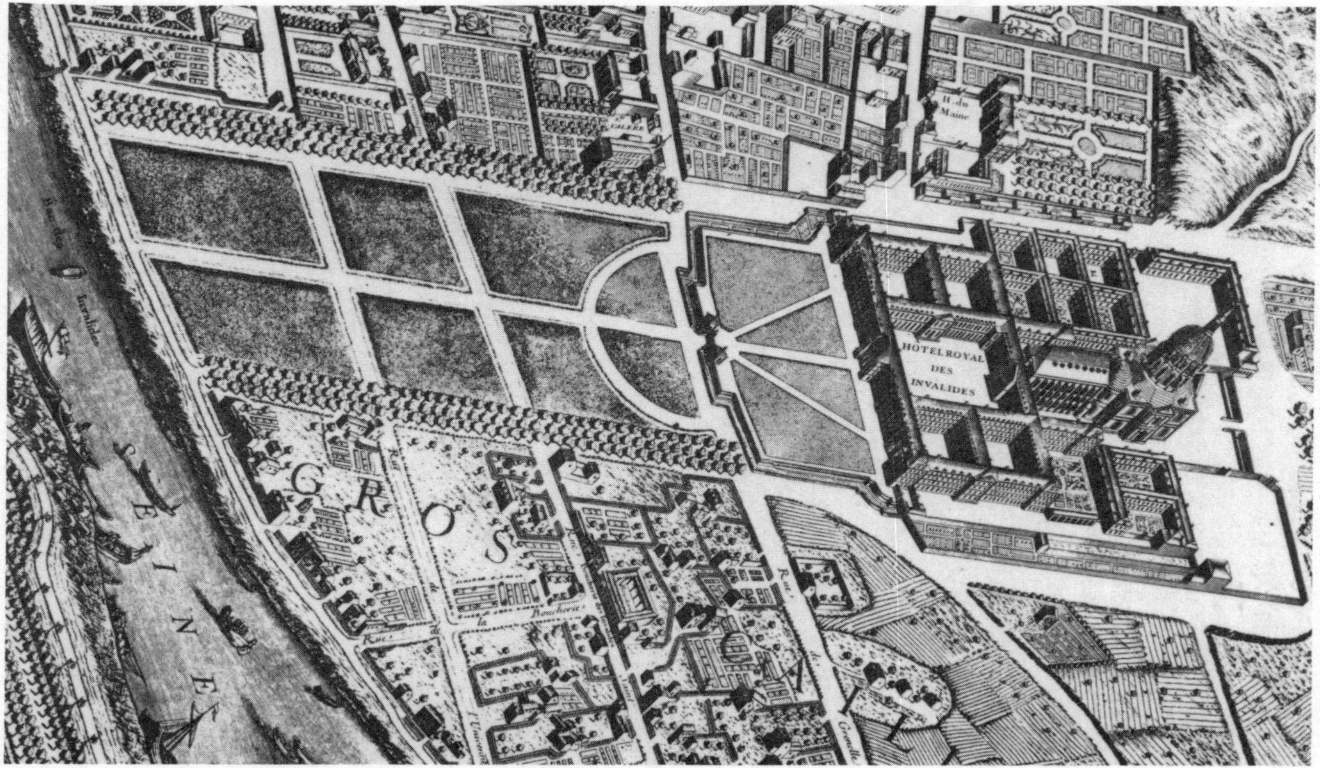

Abb. 9: Hôtel des Invalides (Ausschnitt aus dem Stadtplan von Turgot, 1739)

eintraf, mußte er feststellen, daß das Gebäude schon zu dieser Zeit von einer großen Menschenmenge belagert wurde, die die Waffen abholen wollte. Vom Gouverneur erfuhr er bald, daß dieser einen Kurier nach Versailles geschickt hatte, um sich von dort Befehle für sein Verhalten der Menge gegenüber zu erbitten, und er bat de Corny, doch die Rückkehr dieses Kuriers abzuwarten, nicht ohne ihn auch seiner Verbundenheit mit dem Comité Permanent zu versichern.

Corny wollte diese Wartezeit nützen, um der Menge vor dem geschlossenen Tor diesen Sachverhalt zu erklären. Zunächst äußerte man auch durchaus Verständnis für das Verhalten des Gouverneurs, der sich in Versailles rückversichern wollte, bis plötzlich ein Mann auftrat und auf die Gefahr einer weiteren Verzögerung hinwies. Jetzt halfen alle Erklärungen des Gouverneurs und des Abgesandten aus dem Rathaus nicht mehr. Die Menschen stürzten sich auf das Tor, drängten die wenigen Bewacher fort, überwanden die Gräben, die das Gebäude umgaben und drangen in die Säle ein, in denen die Waffen lagerten.

Unter denen, die mit dem ersten Ansturm in die Kaserne hineingespült worden waren, waren auch zwei Männer, denen wir im Laufe des Tages noch öfter wiederbegegnen werden. Einen von ihnen haben wir schon als Teilnehmer des Demonstrationszuges zum Palais Royal kennengelernt: den Koch François-Felix Desnot. Dem anderen, dem Uhrmachergesellen Jean-Baptiste Humbert, begegnen wir hier zum erstenmal. Humbert war in die Kellergewölbe hinuntergelaufen, wo er erstaunt die langen Reihen der Gewehre gesehen hatte. Schnell waren die Ständer aufgebrochen, man wollte nicht erst warten, bis die Invaliden herbeikamen und die Stellagen öffneten. Er hatte sich zwei Gewehre umgehängt und wollte wie alle anderen jetzt wieder ins Freie. Doch von oben strömten neue Menschenmengen die Treppen hinunter, trafen auf die, die wieder hinaus wollten und beide Gruppen fielen übereinander. Da der Druck von oben stärker wurde, gaben die Untenstehenden nach, fielen hin, wurden überrannt von denen, die weiter nachdrängten.

Humbert und seine Genossen erkannten schnell die gefährliche Lage, die hier entstanden war. Schon lagen einige Männer verletzt und bewußtlos auf dem Steinfußboden. In dieser Situation wußten sich Humbert und seine Leidensgefährten nicht mehr anders zu helfen, als die gerade gefundenen Waffen gegen die andrängende Menge zu gebrauchen. Geschlossen richteten sie die Bajonette der Gewehre gegen die Nachdrängenden, und erst unter diesem Eindruck löste sich der Zusammenprall auf. Jetzt erst konnten die Bewußtlosen aus dem Gebäude herausgetragen und auf den Rasen gelegt werden.

Der Koch Felix Desnot berichtete später von dem vergeblichen Versuch, die Gewehre mit einem Wagen zum Rathaus zu fahren, man habe ihm die Waffen schon unterwegs abgenommen. De Corny meldete schließlich, daß er die Pferde seines Wagens zur Verfügung gestellt habe, um sie vor einige Kanonen spannen zu lassen. Als er zwischen 10 und 11 Uhr wieder im Rathaus eintraf und dem Comité Permanent seinen Bericht erstattete, waren diese Kanonen noch auf dem Weg zum Rathausplatz.

Der sächsische Gesandte Comte de Salmour, der die Erstürmung der größten Waffenkammer von Paris mitansehen mußte, obwohl in kurzer Entfernung Tausende von Soldaten lagerten, äußerte sich bestürzt über den Unterschied zwischen den »traurigen, unlustigen und niedergeschlagenen Soldaten«, die seit zwei Wochen auf engstem Raum hier kampierten, und den »mutigen und einsatzbereiten Männern«, die zuvor die Tore und Gräben des Hôtel des Invalides überwunden hatten. Die Offiziere dieser Truppen hatten sich in der nahen Militärschule versammelt und sahen angesichts der Volksmengen, die im Laufe des Morgens in das Hôtel eindrangen, keine Möglichkeit mehr einzugreifen. Der aus Braunschweig nach Paris geeilte Joachim Heinrich Campe schrieb mit bewunderndem Staunen nach Hause: »Zehntausend Mann der besten königlichen Truppen unter dem Kommando des erfahrensten Generals der französischen Armee, des alten Maréchal de Broglie, halten fünfhundert Schritt davon auf dem sogenannten Marsfelde und wagen es nicht, diesem unordentlichen, nur mit Knüppeln bewaffneten Haufen entgegenzutreten.« Gegen Mittag, so beobachtete Campe weiter, war der Spuk vorbei, die Waffen waren ausgeräumt, und die Invalidenmannschaft, der kein Haar gekrümmt worden war, konnte sich wie gewohnt zum Mittagessen niedersetzen. Paris hatte die Waffen, die es brauchte.

Hôtel de Ville, am Morgen

So wie sich die Männer, die seit dem Vortag zur Bürgermiliz gehörten, seit dem frühen Morgen um Waffen und Pulver bemühten, so trafen sich im Rathaus am Morgen ab 7 Uhr wieder die Mitglieder der Wahlmännerversammlung, weit mehr jedenfalls, als das Comité Permanent Mitglieder hatte. Sie lösten die vier Kollegen ab, die die Nacht über die Stellung gehalten hatten und mehrfach Opfer hysterischer Alarmmeldungen geworden waren. Doch auch im Laufe des Morgens war das Comité Permanent, das sich zur besseren Verteilung der anfallenden Arbeit bald in mehrere Abteilungen aufgespalten hatte, immer wieder gezwungen, Beauftragte in die Vorstädte zu entsenden, wo besorgte Bürger einen bevorstehenden Angriff der Truppen bemerkt haben wollten. Ständig trafen im Rathaus einzelne Befehlshaber von Einheiten der Bürgerwehr ein, baten um neue Befehle und Munitionszuweisungen, hier herrschte die Atmosphäre eines militärischen Hauptquartiers.

Auch der Vorsteher der Kaufmannschaft Jacques de Flesselles, der auch als Vorsitzender des Comité Permanent fungierte, war im Rathaus geblieben, weil er sich nicht nach Hause getraut hatte. Den ganzen Tag über waren heftige Vorwürfe gegen ihn erhoben worden, er habe durch hinhaltende und widersprüchliche Befehle die Beschaffung von Waffen für die Miliz verhindert. Er hatte kaum geschlafen und machte auf seine Kollegen einen geschwächten Eindruck. Schon um sieben Uhr hatte das Comité ja sein Mitglied de Corny zum Hôtel des Invalides entsandt, um keine Zeit zu verlieren.

Daneben war das Rathaus auch zum Pulvermagazin geworden. Nicht nur die am Vortag in der Kaserne der Gardes Françaises erbeuteten Kanonen, sondern auch eine Ladung Pulver von etwa 80 Fässern, die man an einer Anlegestelle der Seine beschlagnahmt hatte, war ins Rathaus gebracht worden, wo der Abbé Lefevre, ein übergelaufener Wahlmann des Klerus, zum Verwalter und Verteiler des Depots ernannt worden war. Unter Einsatz seines Lebens hatte er bis tief in die Nacht das Pulverlager bewacht und an die Mitglieder der Miliz Pulverrationen ausgeteilt. Dieser Pulverfund und seine sorgfältige Verteilung durch den Abbé sollte sich als wichtige Voraussetzung für die Kämpfe dieses Tages erweisen.

Abb. 10: Der Weg vom Hôtel de Ville (Rathaus) zur Bastille (Ausschnitt aus dem Stadtplan von Turgot, 1739)

Versailles, 9 Uhr vormittags

»Es gibt Städte, die sich selbst bewachen; aber die Ausdehnung dieser Hauptstadt erlaubt keine Überwachung dieser Art.« Mit diesem Argument hatte Ludwig XVI. am Nachmittag des 13. Juli eine Delegation der Generalstände abschlägig beschieden, die ihm die Sorgen der Versammlung über die Truppenmassierung um Paris herum vorgestellt und den Rückzug dieser Truppen erbeten hatte. Zugleich hatte diese Delegation keinen Zweifel daran gelassen, daß die Nationalversammlung die Entlassung Neckers und seiner gleichzeitig entlassenen Ministerkollegen nicht billigte. Das Thema der offensichtlichen Verstärkung der königlichen Truppen im Raum Paris war schon am 8. Juli vom Grafen Mirabeau in einer Rede aufgeworfen worden, seitdem hatte die Kritik an diesen Maßnahmen nicht verstummen wollen. Mochte der König auch immer wieder versichern, daß er nur an die Aufrechterhaltung von Ruhe und Ordnung dachte, so konnte er damit nicht die Gerüchte entkräften, die den Aufmarsch von etwa 18 000 – 20 000 Mann als Vorbereitung eines Schlages gegen die Nationalversammlung und gegen das neue bürgerliche Regiment in Paris betrachteten.

Unterdessen hatte die Versammlung an den folgenden Tagen ihre Beratungen über eine neue Verfassung des Königreiches weitergeführt. Am 9. Juli hatte Mounier, der Berichterstatter des Verfassungsausschusses, einen Arbeitsplan vorgelegt, aus dem die Richtung der weiteren Arbeit der Versammlung klar hervorging: Man wollte eine allgemeine Erklärung der Menschenrechte verabschieden, und man einigte sich über die Prinzipien einer neuen Verfassung.

Mit der seit Tagen immer gleichlautenden Antwort des Königs hatte sich die Versammlung auch am Abend des 13. Juli nicht zufriedengeben können. Noch einmal bekräftigte sie ihre Kritik an der Absetzung der Minister, bestätigte die Bildung der Bürgermiliz in Paris und wies dem neuen Ministerium die Schuld an etwaigen Konsequenzen der verfahrenen Situation zu. Kurz nach 10 Uhr machte sich der Präsident auf den Weg ins Schloß, um den König über diesen Beschluß der Versammlung zu informieren. Da der König jedoch schon zur Königin gegangen war, wurde der Präsident nicht mehr vorgelassen und mußte seinen Auftritt auf den nächsten Morgen verschieben.

Um 11 Uhr abends hatte die Versammlung schließlich noch einen Vizepräsidenten gewählt, um den Präsidenten angesichts der fortdauernden Sitzung der Versammlung zu entlasten. Diese Wahl muß als eine programmatische Entscheidung betrachtet werden, denn man wählte den Mann, der am Nachmittag die feste Haltung der Nationalversammlung in Worte gefaßt hatte und der zwei Tage vorher – am 11. Juli – den Antrag auf Beratung einer Erklärung der Menschenrechte gestellt hatte. Das Vertrauen der Versammlung fiel auf einen Adeligen, der im amerikanischen Unabhängigkeitskrieg auf Seiten der rebellierenden Amerikaner gekämpft und sich nach seiner Rückkehr nach Frankreich als eindeutiger Vertreter durchgreifender Reformen erwiesen hatte. Man wählte den gerade 32jährigen Gilbert Motier Marquis de Lafayette, dessen von dem Bildhauer Houdon gefertigte Büste schon 1786 als Gabe des Parlaments von Virginia im Großen Saal des Rathauses von Paris aufgestellt worden war.

Angesichts der Gerüchte über die erwarteten Verhaftungen einzelner Deputierter oder einer militärischen Besetzung der Nationalversammlung wollte man sich schützen, indem man in Permanenz tagte. Um halb zwölf beendete Lafayette die Diskussionen, aber über hundert Abgeordnete blieben mit ihm im Saal, legten sich auf den Boden und die Bänke zum Schlafen oder versuchten, in ihren Sitzen etwas Schlaf zu finden. Um 6 Uhr morgens schrieb Lafayette, der keinen richtigen Schlaf gefunden hatte, nach einem besorgten Blick auf diese seltsame Szene in einem Brief an eine Freundin, daß sich die Versammlung in einer einzigartigen Situation befinde. Der kommende Tag werde die Unterschiede zwischen der »nationalen Partei« und der »Hofpartei« ganz deutlich machen.

Am nächsten Morgen, dem Dienstag, nahm die Versammlung um 9 Uhr wieder die offizielle Debatte auf. Immer noch drehten sich die Diskussionen um die weitere Behandlung der Verfassungsfrage, die gegen Mittag endlich mit der Wahl eines achtköpfigen Verfassungsausschusses abgeschlossen werden konnte. Erst um 17 Uhr wollte man die Sitzung wieder aufnehmen.

Bastille, 8 Uhr

Im Rathaus waren an diesem Morgen auch Einwohner des Faubourg Saint-Antoine aufgetaucht, die voller Sorge von Husaren berichteten, die man an den äußeren Grenzen des Viertels gesehen habe. Sie zeigten sich auch besorgt darüber, daß die auf den Türmen der Bastille stehenden Kanonen geradewegs auf ihr Stadtviertel gerichtet seien. Die Bewohner des Viertels fühlten sich von beiden Seiten bedroht. Auch in diesem Fall beauftragte das Comité Permanent drei seiner Mitglieder (die Wahlmänner Bellon, Billefod und Chatou), die Vorwürfe durch einen Besuch beim Gouverneur der Bastille aufzuklären. Die Herren aus dem Rathaus begegneten unterwegs immer wieder Gruppen besorgter Bürger, und vermutlich wurde die Delegation auch durch die Menge der Bürger aufgehalten, die sich jetzt den drei Beauftragten des Comités anschloß. Eigentlich hätte der Fußweg vom Hôtel de Ville zur Bastille kaum länger als zwanzig Minuten dauern dürfen.

Die Delegation kam also nicht allein an der Festung an. Als sich die drei Wahlmänner an der ersten Zugbrücke anmeldeten und der Gouverneur die Menschenmenge hinter den drei Abgesandten erblickte, glaubte er der Menge schon Geiseln für die drei Wahlmänner stellen zu müssen, um deren unversehrte Rückkehr zu garantieren. Vier Unteroffiziere verließen zu diesem Zweck die Festung.

Das Gespräch zwischen den drei Wahlmännern, von denen einer Offizier war, und dem Gouverneur und seinen Offizieren verlief durchaus freundlich. Delauney sagte zu, die Kanonen zurückzuziehen. Die Herren setzten sich schließlich zu einem zweiten Frühstück nieder, man trank zusammen ein Glas Wein, und erst nach etwa zwei Stunden verließen die Wahlmänner die Bastille. Dieses Verhalten von Gouverneuer und Gesandten macht deutlich, wie wenig man unter Zeitdruck zu stehen glaubte. Warum nicht in aller Höflichkeit ein Glas Wein trinken, wenn doch die Verhandlungen erfolgreich verlaufen waren? Während diese erste Gesandtschaft also unter Wahrung aller Förmlichkeiten ihren Auftrag ausführte, verbreitete sich die Meldung von den auf Saint-Antoine gerichteten Kanonen der Bastille in der Stadt, und die Wahlmänner des Distrikts Saint-Louis de la Culture (an dessen nördlicher Grenze die Bastille lag) beschäftigten sich ebenfalls mit diesem Problem.

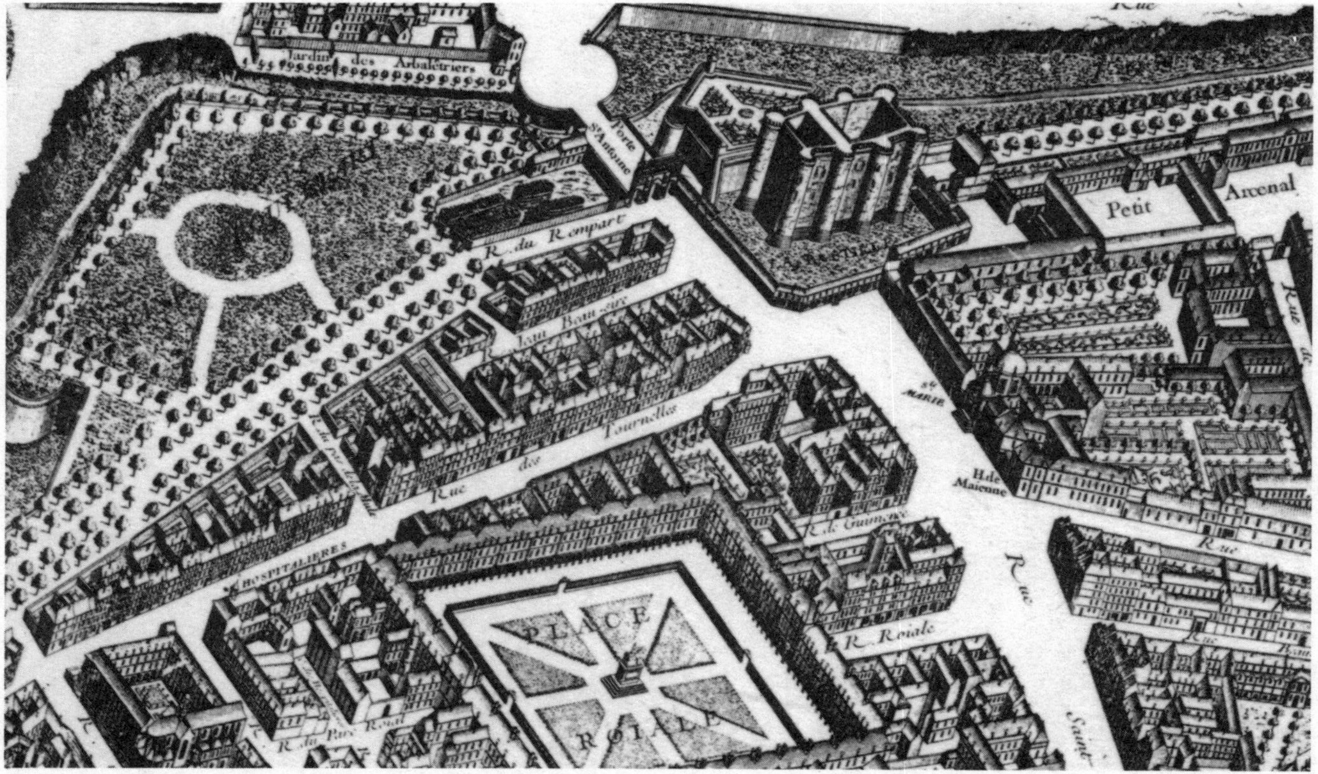

Abb. 11: Bastille (Ausschnitt aus dem Stadtplan von Turgot 1739)

Man muß davon ausgehen, daß die Vorgänge in und um die Bastille schon seit Tagen von den benachbarten Stadtvierteln aus beobachtet worden waren. So konnte der Rechtsanwalt Thuriot de la Rosière, der Wahlmann des Viertels Saint-Louis de la Culture war, seine Kollegen vom Comité des Distrikts ohne Mühe von der Notwendigkeit überzeugen, eine eigene Delegation zur Bastille zu schicken. Was lag näher, als mit dieser Aufgabe auch gleich den Mann zu betrauen, der schon mehrfach als Anwalt einen Klienten in der Bastille besucht hatte und der mit Personal und Örtlichkeiten der Festung bestens vertraut war. Ohne von der Gesandtschaft aus dem Hôtel de Ville zu wissen, schickte der Distrikt also Thuriot de la Rosière als seinen Gesandten zur Bastille.

Thuriot, ein resoluter und scharfzüngiger Mann, machte sich in Begleitung zweier Milizsoldaten auf den Weg. Er traf genau in dem Augenblick an der ersten Zugbrücke ein, als die andere Gesandtschaft wieder die Bastille verließ. Sein späterer Bericht erwähnte die Begegnung, eine Absprache oder ein Erfahrungsaustausch fanden offensichtlich jedoch nicht statt. Es ist dies der erste direkte Hinweis auf ein unkoordiniertes Nebeneinander von Aktionen der verschiedenen Gremien, das nicht zuletzt dazu beigetragen hat, eine Atmosphäre der Unsicherheit, des Mißtrauens und auch der akuten Verwirrung entstehen zu lassen.

Der ortserfahrene und energische Thuriot forderte den Gouverneur ebenfalls auf, die Kanonen zurückzuziehen, darüber hinaus aber richtete er an ihn die viel weitergehende Forderung, sich zu ergeben. Delauney sah keinen Anlaß dazu, die Festung zu übergeben, so daß Thuriot darauf bestand, in den Innenhof eingelassen zu werden, um seine Forderung den Offizieren und Mannschaften der Bastille vorzutragen: Im Namen des Vaterlandes forderte er die Besatzung auf, sich zu ergeben. Doch auf Anordnung des Gouverneurs schworen die Männer, kein Feuer zu eröffnen und keine Waffen zu gebrauchen, sofern man selbst nicht angegriffen würde.

Vermutlich, um Thuriot von seinen friedlichen Absichten zu überzeugen, bestieg der Gouverneur mit ihm einen der südlichen Türme der Bastille. Beide zeigten sich von der Plattform aus den im Garten des Petit Arsenal wartenden Menschen, die dieses Zeichen des offensichtlichen Einvernehmens mit Applaus begrüßten. Der Gouverneur sah daraufhin die Lage als bereinigt an, während der Schweizer Offizier Ludwig von Flühe, der Führer der vor wenigen

Tagen eingetroffenen Verstärkung vom Regiment Salis-Samade, kritisch in seinem späteren Bericht vermerkte, daß Thuriot eher unzufrieden die Festung verlassen habe.

Thuriots Aufenthalt in der Festung kann nicht lange gedauert haben, denn er traf noch früher wieder im Rathaus ein als die erste Delegation, die nur mit Mühe dem Menschenhaufen entkommen war, der sich um die Bastille herum versammelt hatte. Ihr Mitglied Bellon war als Spion verdächtigt worden, und es hatte einige Zeit gedauert, bis die Identität des Gesandten festgestellt worden war. Immerhin konnte auf Grund der beiden im Kern gleichlautenden Berichte im Rathaus kein Zweifel mehr an der Haltung des Gouverneurs der Bastille bestehen. Das Comité Permanent beschloß, das Ergebnis der beiden Erkundigungen beim Gouverneur der Bastille öffentlich bekanntzugeben. Ethys de Corny, Thuriot de la Rosière und ein weiterer Wahlmann traten vor das Rathaus, ein Tambour kündigte die Verlesung der gerade beschlossenen Proklamation an, höchste Aufmerksamkeit richtete sich auf die Männer, die gerade auf der Rathaustreppe erschienen waren.

In diesem Augenblick hörte man aus östlicher Richtung einen Schuß. Einen Schuß? Einen Kanonenschuß? Eine Gewehrsalve? Die Menschen auf dem Rathausvorplatz konnten nicht genau bestimmen, wer oder was geschossen hatte. Die Bastille war immerhin 1.8 km vom Rathaus entfernt, der Wind wehte in Richtung Bastille und die Front des Rathauses lag zusätzlich noch von der Bastille abgewandt. Was immer auch dort geschossen hatte, so war doch klar, daß der Schuß nur aus der Richtung der Bastille kommen konnte! Jeder auf dem Platz glaubte zu wissen, was das bedeutete. Was gerade noch als unwahrscheinlich verkündet werden sollte, war jetzt eingetreten, an der Bastille wurde gekämpft. Es dauerte nicht lange, bis die ersten Meldungen vom Kampf um die Festung eintrafen; Sterbende und Verletzte, die man zum Rathaus gebracht hatte, machten den Menschen die Verschärfung der Situation bewußt, die jetzt eingetreten war.

Wie ein Lauffeuer verbreitete sich zwischen Bastille und Hôtel de Ville das Gerücht vom Verrat des Gouverneurs Delauney. Die von der Bastille herbeiströmenden Menschen berichteten – so heißt es im späteren Bericht der Wahlmänner – »Delauney habe die erste Zugbrücke der Festung hinabgelassen, um die Menge zum Näherkommen zu verleiten. Das Volk habe sich tatsächlich ohne

Hintergedanken in den Hof begeben, worauf dann aus einer Muskete in der Bastille ein Schuß abgegeben worden sei. Diese Berichte und die große Zahl der Verletzten überzeugten das Comité Permanent von der Heimtücke derer, die ausersehen waren, diese Festung zu verwalten«.

Ohne nähere Prüfung übernahm das Comité diese Interpretation der Ereignisse in der Bastille, die von jenen berichtet wurden, die gar nicht in vorderster Front des Geschehens dort gestanden hatten. Delauney aber war seit diesem Zeitpunkt der Sündenbock für die weitere Entwicklung der Lage um die Festung. Er war der »Verräter des Vaterlands«! Sein angeblicher »Verrat« wurde sofort tausendfach kolportiert und dabei weiter verschlimmert. Zeitungskorrespondenten und Diplomaten übernahmen ungeprüft diese Version. Der venezianische Botschafter schrieb über Delauney, daß dieser »die perfide Strategie« erfunden habe, »die weiße Fahne zu hissen und die Menge unter Vortäuschung guten Willens in die Bastille zu locken, ein Plan, der ihm zum Verhängnis wurde. Er ließ die Brücken wieder schließen und auf die Menschen schießen. Die Abscheulichkeit dieses Verrates schürte jedoch den Mut und die Kühnheit der Franzosen«.

So entstand und verbreitete sich unwidersprochen die Legende vom »Verrat« Delauneys. Er sollte nicht die geringste Chance haben, diese Legende zu korrigieren, denn nur relativ wenige der vielen tausend um die Bastille herumwogenden Menschen hatten wirklich gesehen, was geschehen war, nachdem Thuriot de la Rosière die Festung verlassen hatte.

Bastille, 12 Uhr 30

Genauere Auskunft über die Vorgänge in der Festung können uns vor allem die Männer geben, die selbst auf den Türmen und an den Zugbrücken standen und so die Lage an den umkämpften Punkten übersehen konnten. Daneben gibt es zwei Berichte von den an vorderster Front kämpfenden Einwohnern aus dem Stadtviertel Saint-Antoine und einigen direkt Beteiligten, die sich in den wesentlichen Einzelheiten bestätigen. Ohne einen in allen Einzelheiten synchronen Bericht formulieren zu können, sind die wesentlichen Etappen des Kampfes doch auszumachen.

Etwa eine halbe Stunde, nachdem Thuriot die Bastille verlassen hatte, veränderte sich die Lage vor der Bastille insofern, als die Belagerer jetzt immer dringender die Übergabe der Festung forderten. Die Versuche der Invaliden, zunächst mit Zurufen die Menge zurückzuhalten und an ihr Nichtangriffsversprechen zu erinnern, fruchteten überhaupt nichts. Die Bastille wurde jetzt zum wirklichen Angriffsziel. Es ist schwierig, genau den Grund anzugeben, warum und zu welchem Zeitpunkt dieser Umschwung vor der Bastille erfolgte. Am Vortag hätte gewiß niemand die Übergabe der Bastille gefordert, auch wenn man – wie bekannt – im Palais Royal seit Ende Juni ein wachsames Auge auf alle militärischen Befestigungen in der Stadt geworfen hatte. Nachdem aber die Bürgermiliz gebildet und – was entscheidend ist – bewaffnet worden, das Waffenlager im Hôtel des Invalides geplündert worden war, konnte eine Stimmung entstehen, in der die bedrohlich auf Saint-Antoine zeigenden Kanonen die Festung selbst zum Eroberungsziel werden ließen. Wer wußte schon im Faubourg Saint-Antoine, daß auf den Zinnen der Bastille zweckentfremdete Schiffsgeschütze postiert waren, die schon seit langem nur noch zum Salutschießen benutzt wurden? Wer überhaupt wollte es an diesem Tag wissen?

Die Belagerer und Angreifer befanden sich zu diesem Zeitpunkt in dem von der Rue Saint-Antoine bis zur ersten Zugbrücke reichenden Platz, dem sog. Ulmenhof, der von Läden und von den Wohnungen der Invaliden gesäumt war, die in der Festung regulären Dienst taten. Damit wurden die beiden nebeneinanderliegenden Zugbrücken (die sog. Avancée) zur Sperre für die Angreifer, denn beide Brücken waren schon seit längerem hochgezogen und nur der schmalere Teil war für die Delegationen geöffnet worden. Freilich waren diese beiden Brücken schwer zu verteidigen.

Einige junge Männer kletterten nämlich über die Dächer der Boutiquen und die dahinterliegende Mauer zum Wachhäuschen. Alle Berichte stimmen darin überein, daß es einem Mann namens Louis Tournay, einem ehemaligen Soldaten und derzeitigem Wagenbauer, gelang, über das Dach des Parfümiers Riquet (der in einem der Läden sein Geschäft führte) in den zweiten Hof zu gelangen. Unbehelligt von Schüssen der Verteidiger, denen es nach Lage der Örtlichkeit ein Leichtes hätte sein müssen, Tournay an dieser Mauerkletterei zu hindern, konnte er auf das Dach des Wachhäuschens springen und glitt von dort in den Gouverneurshof. Hier suchte er zunächst nach den Schlüsseln für die Zugbrücke, doch nachdem er diese nicht hatte finden können, zerschlug er die Verriegelung der Zugketten und beide Brückenteile konnten herunter gelassen werden. Die größere der beiden Zugbrücken fiel mit solcher Wucht hinunter, daß sie mannshoch wieder zurückfederte.

Der Gouverneur hatte sich offensichtlich entschlossen, den leicht voraussehbaren Angriff auf die erste Zugbrücke zuzulassen, weil diese ohnehin militärisch kaum zu verteidigen war. Er wird darin bestärkt worden sein durch den Widerstand seiner Invalidenbesatzung, die nur widerwillig seinen Befehlen folgte, die Angreifer mit gezielten Schüssen anzugreifen. Wir müssen annehmen, daß die erste Zugbrücke von Delauney nicht als wichtiger Teil der Festungsverteidigung angesehen wurde, sie konnte geopfert werden. Nur so ist zu erklären, daß die Angreifer über die Dächer und die Mauern zum Wachhaus vordringen konnten, unterstützt dabei durch eine Gruppe entschlossener Männer aus Saint-Antoine, die die Kletterer von außen unterstützten.

Als die Zugbrücke endlich den Weg in den zweiten Innenhof freigab, stürmte die Menge mit solchem Ungestüm hinein, daß dabei ein Mann den Tod fand. Man war dem Ziel zwar einen Schritt näher gekommen, doch jetzt lag erst der entscheidende Abschnitt des ganzen Festungssystems vor der heranstürmenden Menge. Aus der Sicht der Angreifer bog aus dem zweiten Innenhof nach links eine etwa sechs Meter breite steinerne Brücke ab, die über einen etwa 30 Meter breiten Graben zum Hauptzugang der Festung führte. Am Ende der Steinbrücke blieb bei hochgezogener Zugbrücke ein etwa 4 Meter breiter Abgrund, der von einem etwaigen Angreifer kaum zu überwinden war. Denn aus zwei Löchern, die man in die Bohlen der hochgezogenen Zugbrücke geschlagen hatte, waren zwei schwere Belagerungsgewehre auf die Steinbrücke gerichtet, und mit einer Ladung Nägel oder Eisenteile hätte auf diese Entfernung jeder Angriff abgeschlagen werden können.

Für den Fall eines Durchbruchs der Angreifer durch die Zugbrücke standen im Innenhof drei Zweipfünder, die von den Schweizern bedient wurden. Die Verteidigung des Haupttors wurde auch dadurch erleichtert, daß die beiden vorderen Türme der Bastille genau die Zugbrücke flankierten. Von dort konnten die Verteidiger ebenfalls aus kurzer Entfernung und selbst gut gedeckt auf die Angreifer schießen. Doch selbst wenn die Verteidiger die Zugbrücke lediglich geschlossen gehalten hätten, ohne einen Schuß auf die Angreifer abzugeben, wäre eine Eroberung der Bastille eine langwierige Angelegenheit geworden, denn es gab keine direkte Verbindung zwischen dem Rand der Steinbrücke und der in den meterdicken Mauern der Bastille verankerten Zugbrücke. Dieser Vorteil der Verteidiger galt jedoch nur für den Fall, daß ein etwaiger Angreifer keine Kanonen einsetzen konnte. Hatte er aber selbst Kanonen, so würde die hochgezogene hölzerne Zugbrücke einen konzentrierten Beschuß nicht lange aushalten. Ludwig von Flühe wußte, was er tat, als er seine Leute im Innenhof der Bastille aus dem Schußfeld nahm, nachdem er gesehen hatte, daß die Angreifer auf der Brücke drei Achtpfünder in Stellung gebracht hatten, für die die Zugbrücke kein wirkliches Hindernis sein konnte.

Diese Details sind für das Verständnis der nachfolgenden Ereignisse unabdingbar. Denn für den Gouverneur war mit der Einnahme der ersten Zugbrücke offensichtlich der Punkt überschritten, bis zu dem sein Nichtangriffsversprechen galt. Zunächst gaben die Invaliden von den Türmen herab der angreifenden Menge zu verstehen, daß sie sich zurückziehen solle, doch wurden diese Zeichen als Aufforderung zum Näherkommen mißverstanden. Der Gouverneuer sah in der näherrückenden, Gewehre und Äxte schwingenden Menge aber eine elementare Bedrohung. In seiner Bedrängnis war er völlig überfordert und gab den verhängnisvollen Befehl, auf die Angreifer zu feuern. Ein Kanonenschuß – der einzige Kanonenschuß, der an diesem Tag von der Bastille auf die Angreifer abgegeben werden sollte – und eine Salve der Gewehre mußten auf diese Nähe verheerende Wirkungen haben. Tote und Verwundete mit sich schleppend zogen sich die Angreifer in den Schutz der Tore zurück.

Dieser Befehl mußte sich deshalb fatal für die weitere Zuspitzung der Lage auswirken, weil sich die Angreifer durch die relativ leichte Eroberung der ersten Zugbrücke jetzt mit Absicht in den zweiten Hof hereingelockt sahen, der natürlich für die Besatzung ein besseres Schußfeld als der Ulmenhof abgab. Die falsche Meldung, daß der Gouverneuer hinter der eingedrungenen Menge die erste Zugbrücke wieder habe hochziehen lassen, schien diesen Fehlschluß noch zu bestätigen. Er war schon deshalb ganz falsch, weil niemand von der Besatzung mehr an der ersten Zugbrücke war, der sie hätte hochziehen können. Wie auch immer, unter den Belagerern ging nach der Gewehrsalve auf die Angreifer im zweiten Hof das Gerücht um, der Gouverneur habe die Menge hereingelockt, um sie besser beschießen zu können. Sein Entschluß, zunächst nicht zu schießen, wurde ihm als Hinterlist ausgelegt.

War das Volk bislang in der Rolle des Angreifers, so drehte dieser Schießbefehl die moralische Schuldlage um. Jetzt kämpfte das Volk aus guten Gründen gegen den hinterlistigen Vertreter eines despotischen Systems. Jetzt war die Bastille nicht mehr nur ein vermutetes Waffen- und Pulverlager oder eine mögliche militärische Bedrohung für Saint-Antoine, nein, jetzt vermischten sich blitzschnell der aufgestaute Haß gegen das Regime der willkürlichen Verhaftungen, der allgegenwärtigen Polizeispitzel und -kommissare, all die latenten Unzufriedenheiten des letzten Jahres. Man erinnerte sich der Schauermärchen von jahrelang eingekerkerten Gefangenen, die seit einigen Jahren in Pamphleten verbreitet wurden. Binnen ganz kurzer Zeit wurde der aktuelle Kampf gegen einen scheinbar hinterhältigen Befehlshaber zum moralisch gerechtfertigten Kampf gegen ein despotisches Regime. Damit erst braute sich die explosive Stimmung in den Vorhöfen um die Bastille zusammen, die letztlich unüberwindbar wurde und die erst die Erstürmung der Bastille zum symbolischen Ereignis werden ließ.

Wenige Minuten später trafen die Meldungen über den vom Gouverneur gelegten »Hinterhalt« am Rathaus ein, wo gerade die Proklamation des Comité Permanent verlesen werden sollte. Sofort wurde erneut beraten, und wieder beschloß das für militärische Fragen im Comité zuständige militärische »Bureau« die Absendung einer Delegation an den Gouverneur der Bastille, »um das Gemetzel abzustellen, das sich rund um die Bastille abspielte«, wie es im Bericht des Comité später hieß. Zu dieser Delegation wurden die Herren Delavigne (der Präsident der Wahlmännerversammlung war), Chignard, Ledeist de Boutidoux und der Abbé Fauvet bestimmt. Ihr schwieriger Auftrag bestand darin, den Gouverneur zu »bitten«, in die Bastille Einheiten der Pariser Miliz aufzunehmen, um so Ruhe und Ordnung zu gewährleisten.

Dieser Auftrag ging von der bemerkenswerten Feststellung aus, daß es innerhalb der Stadt Paris keine militärische Streitkraft geben dürfe, die sich der Kontrolle durch die »Organe der Stadt« entzöge. Im Klartext hieß dieser Beschluß: Dem König, bislang unbezweifelter Inhaber des militärischen Oberbefehls, wurde diese Gewalt entzogen. In Paris herrschte die revolutionäre Versammlung der Wahlmänner. Zwischen halb zwei und zwei Uhr brachen die Herren der zweiten Delegation zur Bastille auf.

Die Stimmung im Rathaus und in den Straßenzügen zwischen Rathaus und Bastille war schon zu dieser Zeit extrem gespannt. Geradezu hysterische Reaktionen gegen alles, was mit der Besatzung der Bastille zusammenhängt, können dies belegen. So wurden drei Mann aus der Invalidenbesatzung herangeschleppt mit dem Vorwurf, sie hätten aus der Bastille auf die Menge geschossen. Wie immer man dieser Männer habhaft geworden war (vielleicht war es ihnen gelungen, sich aus der Festung abzusetzen), so erkannten die Verantwortlichen im Rathaus, daß diese weißhaarigen Männer nicht für das Geschehen verantwortlich zu machen waren, das an der Bastille ablief. Aber ihr Leben konnte nur mit dem Hinweis auf ihre genauen Kenntnisse über die Bastille gerettet werden.

Bald danach trieb ein anderer Menschenhaufen einen Gefangenen herbei, der einmal eine blau-goldene Uniform getragen hatte. Jetzt aber war der Mann nach vielen Stößen und Schlägen kaum mehr als Offizier wiederzuerkennen. Den Mitgliedern des Comité Permanent war M. Clouet freilich gut bekannt. Er war als Verwalter des Pulver- und Salpeterlagers der Bastille am Morgen dienstlich unterwegs gewesen und hatte auf seinem Rückweg zur Festung nur die Richtung gewechselt, um von Süden her dorthin zu kommen, weil er fürchtete, von der Rue Saint-Antoine her nicht eingelassen zu werden. Diese Richtungsänderung hatte genügt, um einige Frauen aufkreischen zu lassen, hier versuche der Gouverneur der Bastille zu fliehen. Auch diesen Mann konnten die Mitglieder des Comité Permanent nur unter Einsatz ihres eigenen Lebens retten.

Nachdem seit dem Abmarsch der zweiten Delegation schon eine geraume Zeit vergangen war und die Unruhe unter den restlichen Mitgliedern des Comité Permanent anwuchs, wurde bald darauf eine dritte Delegation zur Bastille abgeschickt. Sie wurde von Ethys de Corny, dem erfahrenen Offizier, geleitet, der am Morgen schon am Hôtel des Invalides tätig geworden war. Die zeitliche Differenz zwischen beiden Delegationen war so knapp, daß man diese dritte Delegation eher als Verstärkung der vorhergehenden ansehen muß, denn die zweite Delegation konnte noch nicht zurück sein. Der Delegation de Cornys aber gab man – jetzt die Situation an der Bastille treffender einschätzend – einen Tambour und eine weiße Fahne mit. Das Comité Permanent nahm damit zur Kenntnis, daß man zu militärischen Gepflogenheiten greifen müsse, um dem Kampf an der Festung endlich ein Ende zu machen.

Währenddessen hatte sich die zweite Delegation über den Vorhof der Festung genähert und zunächst ganz vergeblich versucht, inmitten des um die Bastille knatternden Gewehrfeuers mit der Besatzung Kontakt aufzunehmen. Ihre gutgemeinten Bemühungen, mit weißen Taschentüchern der Besatzung ihre Funktion anzudeuten, blieben ohne sichtbaren Erfolg. Tatsächlich erwähnt der Bericht der Invaliden, die ja von der Plattform aus schossen, diese Delegation gar nicht. So blieb den Mitgliedern nichts anderes übrig, als an verschiedenen Stellen des Belagerungsrings mit den kämpfenden Bürgern zu sprechen und sie zum zeitweisen Rückzug zu bewegen, um überhaupt mit der weiterhin schießenden Besatzung sprechen zu können. Doch dies erwies sich als unmöglich. Die Kämpfenden sahen eine Delegation, die eine Beruhigung oder gar Einstellung des Kampfes vermitteln sollte, jetzt nicht mehr als wünschenswert an: »Eine Delegation sei nicht mehr das, was sie wollten; sie wollten die Belagerung der Bastille, die Zerstörung dieses schrecklichen Gefängnisses; sie verlangten mit großem Geschrei den Tod des Gouverneurs.« Vor diesen Forderungen mußten die Herren aus dem Rathaus kapitulieren. Der Kampf ging weiter.

Er ging weiter, bis Ethys de Corny mit seiner Delegation auf dem Schauplatz eintraf. Er näherte sich mit Fahne und Tambour dem Ulmenhof von Süden her, ging zur Mitte des Ulmenhofs, ließ die weiße Fahne schwenken und schickte seinen Tambour zur Zugbrücke vor. Da zeigte man aus der belagerten Festung, daß man die Parlamentäre gesehen hatte. Eine weiße Fahne stieg am Fahnenmast der Festung empor, und die Soldaten auf den Türmen drehten demonstrativ ihre Gewehre herum, so daß die Mündungen nach unten zeigten. Diese günstigen Zeichen nutzte de Corny, um die Belagerer zum Stillhalten und teilweisen Rückzug zu veranlassen.

Erstaunlicherweise gelang dies auch. Langsam zogen sich die Kämpfer über den Ulmenhof in Richtung Rue Saint-Antoine zurück, als plötzlich von der Festung her ein Musketenschuß und Gewehrschüsse auf den Hof abgefeuert wurden, die mehrere Menschen niederstreckten.

Die Empörung der Menschen auf dem Hof war so groß, daß sich ihr Zorn jetzt sogar gegen die Mitglieder der Delegation richtete, denen man die Schuld an dem Vorfall gab. Man unterstellte ihnen sogar, diesen Vorfall provoziert zu haben, um der Besatzung bessere Treffmöglichkeit zu geben. Erst dem besonnenen de Corny gelang es, die Situation zu bereinigen, als er die aufgeregten Kämpfer auf seine eigene Gefährdung hinwies und ihnen anbot, mit ihnen zum Rathaus zu gehen. Auch die anderen Delegationsmitglieder konnten sich nur mit Mühe verteidigen und waren froh, als sie endlich zum Rathaus zurückhasten konnten.

Als die Männer um Ethys de Corny auf ihrem Rückweg zum Rathaus auf der Höhe von Saint-Gervais angekommen waren, kamen ihnen in Marschformation gut 60 Soldaten der Gardes Françaises entgegen, die auch einige der Kanonen mit sich führten, die gegen Mittag aus dem Hôtel des Invalides am Rathaus angekommen waren. Mit dem Eingreifen dieser Soldaten, die sich jetzt offen auf die Seite der Belagerer schlugen, trat der Kampf in ein neues Stadium ein. Jetzt mußte der Kampf an der Bastille ein Krieg um die Bastille und damit um die Macht in Paris werden.

Bastille, 15 Uhr

Etwa gegen drei Uhr traf diese Kolonne der Gardes Françaises an der Bastille ein, stürmisch begrüßt von der Menschenmenge, die hier seit Stunden versammelt war und das Gefecht zwischen Besatzung und Angreifern sowie die vergeblichen Bemühungen der Delegationen aus dem Rathaus beobachtet hatte. Das Erscheinen der Gardes Françaises, die seit dem 30. Juni zu den Lieblingen des Volks von Paris geworden waren, bedeutete zudem eine moralische Stärkung des Vorhabens der Bastille-Belagerer. Was zunächst wie ein ungesetzlicher Angriff auf eine königliche Festung begonnen hatte, war jetzt eine Bewegung des Volkes und seiner bewaffneten Kräfte geworden. Wer konnte noch an der Richtigkeit der Attacken auf die Bastille zweifeln, deren hinterlistigem Befehlshaber man es jetzt heimzahlen wollte? Die Garden, die – wenn auch nur mit 63 Mann, dafür aber mit Artillerie – auf der Szene erschienen, würden endlich angemessen auf die Schüsse aus der Bastille reagieren können.

Am Vormittag dieses Tages hatten sich zwei Abteilungen dieser Gardes Françaises auf dem Rathausvorplatz eingefunden und sich dem Comité Permanent unterstellt. Es waren zwei Kompanien des 3. Bataillons, die in Lubersac und Reffuvelle stationiert waren. Unter Führung von drei Sergeanten hatten sie zunächst gegen vermeintliche Räuber an den Zollstationen Dienst getan, sich danach aber zum Rathaus begeben. Am Abend zuvor hatten sich ja Mitglieder des Comité Permanent schon darum bemüht, die Bürgermiliz durch die Soldaten der Gardes Françaises zu verstärken. Als zwischen zwei und drei Uhr die Nachrichten von dem Gefecht an der Bastille eintrafen, begannen sofort Diskussionen, wie man die Festung erobern könne, und die Anführer der beiden Gruppen ließen einige Kanonen fertigmachen.

Die jungen Sergeanten, die diese Kompanien in Ermangelung ihrer Offiziere führten, waren der Situation jedoch alleine nicht gewachsen. In diesem Augenblick nahm ein Mann das Heft in die Hand. Er stellte sich unter die Gardesoldaten und fragte sie: »Meine Freunde, seid ihr Bürger? Ja, Ihr seid Bürger! Marschieren wir zur Bastille! Dort bringt man die Bürger von Paris und Eure Kameraden um; die einen wie die anderen sind unsere Brüder. Wollt ihr es wirklich dulden, daß sie das Opfer des grausamsten Verrats werden?« So bei ihrer Ehre gepackt, gab es für die Gardisten keine Diskussion mehr. Begleitet von einer größeren Zahl Zivilisten setzten sich die beiden Kompanien in Marsch und zogen mit drei der Kanonen in Richtung Bastille, wobei man sich der Festung aber von Süden, vom Kloster der Cölestiner her, näherte.

Wer war dieser Mann, der mit wenigen Worten die Führung der Truppe an sich gerissen hatte und jetzt an der Spitze der beiden Kompanien zur Bastille zog? Es war Pierre-Augustin Hulin, der 1758 in Paris geborene Sohn eines Tuchhändlers, der seit 1772 nach einer Lehre als Uhrmacher in den Schweizer Garden gedient hatte, bis er 1787 als Unteroffizier ausgeschieden war und eine Wäscherei in Saint-Denis übernommen hatte. Wie an den meisten Sonntagen, war er auch am 12. Juli wieder in Paris gewesen und war in die öffentliche Unruhe nach der Entlassung Neckers hineingezogen worden. Er hatte sich der Miliz angeschlossen und hatte am Morgen dieses Tages schon an der Plünderung des Hôtel des Invalides teilgenommen. Von dort war er gegen Mittag wieder am Rathaus eingetroffen.

Hulins Erscheinung muß die um ihn herumstehenden Menschen beeindruckt haben. Alle Zeugen beschreiben ihn als großgewachsenen Mann mit schönen Gesichtszügen und kräftiger, beeindruckender Stimme. Die Unteroffiziere der Garden waren froh, in dem 30jährigen ehemaligen Kollegen einen Anführer gefunden zu haben und akzeptierten ihn einhellig – jetzt selbst von der Last der Verantwortung befreit – als ihren Führer.

Ungefähr gegen drei Uhr müssen die beiden Kompanien in den Höfen der Bastille angekommen sein. Unter dem Schutz ihres koordinierten Gewehrfeuers gelangten die Angreifer in einen Durchgang unter den Invalidenwohnungen, der genau gegenüber der ersten Zugbrücke lag. Von dort gelang es den ausgebildeten Kanonieren, die Hulin zur Verfügung hatte, die Ketten dieser Brücke zu zerschießen, eine Maßnahme, die man vermutlich deshalb traf, weil man jeden Hinterhalt verhindern wollte. Natürlich hatte man das Gerücht von der Hinterlist des Gouverneurs schon gehört. So war der Rückweg der Angreifer gesichert, und sie konnten jetzt in den Gouverneurshof eindringen. Allerdings war es im Augenblick noch unmöglich, weiter vorzudringen, denn auf der zum Haupttor der Bastille führenden Steinbrücke standen drei mit schwelendem Stroh beladene Wagen. Wolken beißenden Qualms machten jede gezielte Angriffsaktion auf das Haupttor unmöglich.

Diese Wagen mit brennendem Stroh waren auf Anregung des Brauers Santerre aus dem benachbarten Stadtteil Saint-Antoine vor die Festung geschoben worden, um die Angreifer mit einem Rauchvorhang vor den Schüssen von den Türmen her zu schützen. Angesichts des westlichen Windes war dies zunächst auch einigermaßen gelungen, doch mußte sich jetzt eine solche Schutzmaßnahme für eine Angriffsaktion als extrem hinderlich erweisen. Santerre, ein Wahlmann aus der Vorstadt Saint-Antoine und Führer der Milizkompanie seines Distrikts, war auch durch den phantasievollen Plan aufgefallen, mit Feuerlöschpumpen eine Mischung aus Mohn- und Lavendelöl auf die Bastille zu spritzen und diese

Mischung dann mit Phosphor in Brand zu setzen. Er war einer der aus der unmittelbaren Nachbarschaft der Festung stammenden Bürger, die sich schon seit dem Vormittag an der Bastille aufhielten.

Die brennden Wagen, die den beißenden Qualm verbreiteten, wieder zurückzuziehen und damit den Blick auf die Festung und den Zugang zu ihr freizubekommen, war wohl die schwierigste Aufgabe dieses Nachmittags. Da sie unmittelbar vor dem Ende der zum Haupttor führenden Steinbrücke standen, riskierte man dabei, in das Gewehrfeuer der Verteidiger zu geraten, die jede Gelegenheit nutzten, um zu schießen. Hier tat sich vor allem ein anderer ehemaliger Soldat hervor, Jacob-Job Elie, der im Regiment der Königin gedient und zuletzt den Rang eines Fähnrichs bekleidet hatte. Als am Morgen die Aktionen vor der Bastille begannen, war der 40jährige Elie nach Hause gelaufen und hatte die Uniform angezogen, die er erst ein Jahr zuvor abgelegt hatte. Jetzt war die Gelegenheit gekommen, den adeligen Offizieren, die den Emporkömmling immer ihre Verachtung hatten spüren lassen, Revanche zu geben. Es bedarf keiner großen Phantasie, um sich den todesmutigen Elie in den Rauchschwaden auf der umkämpften Brücke vorzustellen, wie er mit einigen Helfern versuchte, die brennenden Wagen zurückzuziehen. Es waren diese Heldentaten bislang unbekannter Männer, die das Erstaunen aller Beobachter der Szene und aller späteren Berichterstatter hervorriefen. Ohne daß dies von einem Führer befohlen worden wäre, opferten sich immer wieder einige Männer für besonders gewagte Aktionen.

Erst als die Wagen zurückgezogen und gelöscht worden waren, bot sich Hulin und seinen Kanonieren endlich freies Schußfeld auf das Haupttor der Bastille. Zwischen ihnen und dem Haupttor lagen gut dreißig Meter, eine günstige Entfernung für den direkten Schuß der Kanonen auf das Tor. Eine der Kanonen war ein mit Silber beschlagenenes Prachtexemplar, das dem König einstmals vom König von Siam verehrt worden war. Am Vortag hatte man es aus dem königlichen Depot Garde-Meuble an der Place Louis XV auf den Rathausplatz geschleppt. Jetzt sollte dieses Prunkstück dabei helfen, die Festung des Königs einzunehmen. Hinter den Kanonen standen geordnet die Soldaten, fertig zum Angriff. So konnte man den Verteidigern Paroli bieten.

Es war der starke Eindruck dieser waghalsigen Aktionen auf der

Brücke und der zur Kanonade bereiten Truppe vor seinem Haupttor, der den Gouverneur jetzt an den Chancen einer erfolgreichen Verteidigung seiner Festung zweifeln ließ. Delauney war nicht der Mann, der mehrere Stunden Pulverdampf, Gewehrfeuer, die Schreie der Angreifer und die Widerspenstigkeiten seiner eigenen Soldaten hätte ertragen oder ihnen gar etwas hätte entgegensetzen können. Nach dem Abzug der letzten Parlamentäre war er sich dessen noch sicher, daß dies nur ein Trick der Belagerer gewesen war, um in die Festung zu gelangen. Jetzt aber hatte er es mit erfahrenen Soldaten zu tun, denn er hatte natürlich erkannt, daß in vorderster Front die Gardes Françaises standen.

Monsieur Delauney war gewiß ein braver Offizier seines Königs, der seine Meriten in der Betreuung der Gefangenen der Bastille und in Verwaltungsgeschäften erworben hatte. Aber diese Festung, die ja auch sein Elternhaus war, in dem er vor 49 Jahren das Licht der Welt erblickt hatte, militärisch gegen das wütende Volk von Paris und noch die Gardes Françaises, die Elitetruppe des Königs, zu verteidigen, das überstieg einfach seine Vorstellungskraft und seine Fähigkeiten. Mit dieser Möglichkeit hatte ihn niemand vertraut gemacht. Er war schließlich bloß der Kommandant eines Staatsgefängnisses, er hatte Erfahrungen im Umgang mit listigen Advokaten, aufsässigen Gefangenen und unfähigen Rechnungsbeamten. Er wußte auch, wie man durch die Vermietung der Läden im Bastillehof zusätzliches Geld verdienen konnte, er war aber nicht auf die Abwehr eines Artillerieangriffs königlicher Soldaten auf seine Festung vorbereitet worden. Dazu saß ihm noch dieser unerträgliche Schweizer Offizier im Nacken, der an der Spitze seiner Gardisten jede seiner Maßnahmen kritisch beobachtete und deutlich erkennen ließ, daß er von den militärischen Qualitäten des Gouverneurs nicht beeindruckt war.

Als Delauney von seiner Beobachtungsplattform die aufgestellten Kanonen und die Angriffstruppe sah, die ungefähr sechs Gewehrsalven auf die Verteidiger abgegeben hatte, brach er innerlich zusammen. Seine Unteroffiziere redeten auf ihn ein, die Festung ohne weiteres Blutvergießen zu übergeben, seine Soldaten wagten sich angesichts der Salven der Angreifer gar nicht mehr hinter ihren Deckungen hervor. Denn währenddessen hatten die Soldaten hinter den beiden Kanonen mit dem Beschuß der Bastille begonnen, wenn auch zunächst nur mit Gewehren. Aber dieses

Gewehrfeuer hatte anders geklungen als die früheren Schüsse. Es waren konzentrierte Salven, die jetzt abgefeuert wurden und das militärische Training der Angreifer verrieten. Diese Salven reichten aus, um den Gouverneur zu einer Änderung seiner Taktik zu bewegen.

Delauney zog sich in sein Büro zurück. Dort fand sich auch Ludwig von Flühe, der Schweizer Offizier, ein, um herauszubekommen, was der Gouverneur jetzt plante. Als von Flühe eintrat, ließ dieser ihn den Text einer Mitteilung an die Belagerer sehen. Er drohte darin den Angreifern, das Pulverlager der Bastille in die Luft zu sprengen, falls man die Kapitulation der Besatzung nicht annehmen würde. Er befahl von Flühe, den Angreifern diese Mitteilung zu übermitteln. Natürlich war der Offizier mit diesem Schritt nicht einverstanden. Er hielt dem Gouverneur vor, daß für eine solche Drohung kein Anlaß bestünde. Die Festung sei unversehrt, die Tore intakt, genügend Munition sei auch noch vorhanden, mit Ausnahme eines Toten und dreier Verletzter habe man eine funktionierende Verteidigung. Doch Delauney war solchen Argumenten nicht mehr zugänglich, der Offizier hatte zu gehorchen, und er machte sich mit der Meldung auf den Weg zum Innenhof.

Auf die Spitze eines Degens gespießt, wurde die Mitteilung des Gouverneurs durch eine der beiden Schußöffnungen im Haupttor vorsichtig hinausgereicht. Sofort verstummte das Gewehrfeuer, alle Aufmerksamkeit richtete sich auf diesen Zettel, der vor dem dunklen Holz der Zugbrücke gut zu erkennen war. Doch wie sollte man den dazwischenliegenden Abgrund von etwa 4 Metern überwinden? Die Männer in der vordersten Linie wußten sich jedoch zu helfen. Einer aus der vordersten Gruppe, Jean-Louis Ribaucourt, wußte, was zu tun war: Man brauchte lange schwere Planken, die einen Mann tragen konnten! Schnell lief er mit einigen Begleitern zu dem ihm bekannten Schreiner Lamarchand in der Rue de Tournelles, die genau gegenüber der Bastille lag. Bei ihm fand er einige der benötigten festen und langen Planken und schleppte sie zur zweiten Zugbrücke zurück.

Einer der Angreifer, ein Mann von 38 Jahren namens Michel Beziers, betrat diese schwankende schmale Planke, die einige kräftige Mitstreiter über die Mauer zum Tor hinschwenkten, indem sie sich als Gegengewicht auf das andere Ende der Planke stemmten. Beziers verlor jedoch – kurz vor dem Ziel – das Gleichgewicht und stürzte einige Meter tief in den Graben der Festung und zog sich dabei schwere Brüche zu. Doch auch hier sprang ohne Rücksicht auf die Gefahr sofort ein anderer in die Bresche.

Jetzt kletterte Mercier-Réol, ein Weinhändler, vorsichtig auf das schwankende Brett und ließ sich von seinen Kameraden behutsam zur Zugbrücke schwenken, wo er endlich den Zettel zu fassen bekam. Nun brauchten ihn seine Kameraden nur noch zurückzuziehen, und wie selbstverständlich reichte er das Papier an Elie weiter, der mit lauter Stimme den kurzen Text vorlas, den der Gouverneur geschrieben hatte:

»Wir haben 20 Zentner Pulver.
Wir werden das ganze Viertel
und die Festung in die Luft sprengen,
wenn ihr die Kapitulation nicht
annehmt.

De L'Aunay, in der Bastille,
5 Uhr nachmittags, 14. Juli 1789.«

Delauney spielte mit dieser unverhüllten Drohung seine letzte Karte aus: Das Pulvermagazin der Festung, das gerade vor einigen Tagen noch einmal aufgefüllt worden war, als die Schweizer den Pulvervorrat aus dem unsicheren Arsenal in die Bastille gebracht hatten, hätte in der Tat ausgereicht, die Festung in die Luft zu jagen und auch in der unmittelbaren Nachbarschaft erhebliche Schäden anzurichten. Angesichts der Menschenmengen um die Bastille herum wäre eine Katastrophe unvermeidlich gewesen.

Es bleibt unklar, wie Elie und seine um ihn herumstehenden Kameraden auf diese bedingte Kapitulation reagierten. Vermutlich – so hat er es jedenfalls später auf den Zettel des Gouverneurs geschrieben – schrie Elie mit lauter Stimme in Richtung Haupttor: »Beim Ehrenwort eines Offiziers, wir nehmen an! Laßt die Brücken herunter!« Für Ludwig von Flühe stellte sich die Situation ganz anders dar. Er hörte nach der Übergabe des Zettels nur die Drohung

Abb. 12: Übergabe der Mitteilung des Gouverneurs der Bastille an die Belagerer

»Keine Kapitulation!« und »Runter mit der Brücke« herüberschallen und ging wieder zum Gouverneur zurück, um ihm Bericht zu erstatten. Um so überraschter war er, als kurz danach vier Invaliden zum Nebentor gingen, um es zu öffnen.

Vielleicht hatten einige der Invaliden tatsächlich gehört, daß die Angreifer die gewünschte Kapitulation und damit den freien Abzug der Besatzung angenommen hatten. Ohne einen eindeutigen Befehl des Kommandanten abzuwarten, eilten die Invaliden zum Tor und entfernten die Verriegelungen. Dieses Vertrauen in die Zusage freien Abzugs war jedoch ein Trugschluß, wie sich bald herausstellen sollte. Die lediglich mündliche Annahme der Kapitulation durch Elie war von der Masse der Angreifer gar nicht gehört worden, geschweige denn, daß man ihr zugestimmt hatte. Die Verteidiger aber waren froh, auf diese Weise die unangenehme Situation zwischen einem kopflosen Gouverneur, der mit dem Plan spielte, das Magazin in die Luft zu jagen, und der wild entschlossenen Menge der Angreifer zu beenden. Langsam senkte sich zuerst die kleine seitliche Zugbrücke, stürmisch bejubelt, sie wurde sofort in ihrem Gegenlager verankert, die ersten Angreifer eilten in die Festung und sorgten dafür, daß auch die große Zugbrücke heruntergelassen wurde.

Die riesige, völlig unbeschädigte Festung war in die Hände der Angreifer gefallen, weil ihr Kommandant und ein Teil der Besatzung dem psychischen Druck des Angriffs nicht gewachsen waren. Die Invaliden konnten (trotz einer Solderhöhung um 2 Sous, die man ihnen seit Mai als Risikoprämie für den Dienst in der gefährdeten Bastille gewährt hatte) kein Interesse am Kampf gegen die Bevölkerung von Paris haben. Die Schweizersoldaten und ihr Anführer sahen trotz der Unversehrtheit der Festung die Aussichtslosigkeit der Lage der Bastille unter diesem Gouverneur ein, dessen Befehlen sie in jedem Fall gehorchen mußten. Delauney selbst wußte in der letzten Phase der Belagerung keine andere Lösung mehr, als sich selbst in die Luft zu sprengen. Einige Berichte weisen daraufhin, daß er von seinen eigenen Soldaten davon abgehalten wurde, das Pulvermagazin mit einer brenenden Lunte zu betreten. In dieser prekären Situation mußte für die Besatzung das höchst unsichere und von keiner Autorität gedeckte »Ehrenwort« Elies geradezu wie eine Erlösung wirken, der man bereitwillig nachgab.

Es war noch nicht ganz fünf Uhr, als die Menge der Angreifer in den Innenhof hineinstürmte und die Plünderung und Zerstörung der Festung begann. Auf 17.15 blieben jedenfalls die Zeiger des Uhrwerks der Bastille stehen, das Ende des Dramas genau markierend. »Die Menge drängte hinein« – so berichtete Ludwig von Flühe – »entwaffnete uns auf der Stelle und ergriff einen jeden von uns. Man drang in die Gebäude ein und verwüstete alles, nahm die Waffen an sich, warf Akten aus dem Fenster und plünderte alles. Diejenigen unter meinen Männern, die ihre Taschen nicht bei sich trugen, verloren ihre Habseligkeiten, und ich verlor mein gesamtes Eigentum.« Der Offizier, der mit nüchternen Worten das unbeschreibliche Durcheinander beschrieb, das sich jetzt im Innern der Bastille ergab, verlor zwar sein Eigentum, aber er rettete sein Leben. Nach dem Eindringen der Menge in die Bastille hatte man sich zunächst auf die Invaliden gestürzt und dabei die Gruppe der Schweizersoldaten übersehen, die man wegen ihrer ungewöhnlichen Uniformen im ersten Augenblick wohl für Gefangene hielt.

Erst mit einiger Verspätung und nach einer ersten Abrechnung mit der Bastille-Besatzung machten sich die Eroberer auf die Suche nach den armen Gefangenen, die man in den Zellen der Bastille vermutete. Doch die Suche nach den bedauernswerten Opfern des Despotismus hatte ein sehr ernüchterndes Ergebnis: Ganze sieben Gefangene wurden aus den Turmzimmern und keineswegs aus den unterirdischen Verliesen befreit. Wer waren diese Gefangenen und welches waren die Gründe für ihren Aufenthalt in der Bastille?

Whyte de Walville, geb. 1730, war wegen seiner Geisteskrankheit zunächst in Vincennes, seit 1784 in der Bastille untergebracht.

Ein Comte des Solages war 1765 auf Ersuchen seines Vaters wegen grausamer Verbrechen inhaftiert worden.

Tavernier war schon 1754 als geistesgestört in die Bastille gebracht worden. Er galt als Komplize Damiens, des Attentäters auf Ludwig XV.

Die restlichen Häftlinge La Caurège, Bichade la Barte, Pujade und Laroche waren notorische Betrüger und Wechselfälscher. Während sich diese Betrüger schnell aus dem Staube machten, wurden die geistesgestörten Häftlinge in der Stadt herumgeführt und als Opfer der Bastille gefeiert. Schon zwei Tage später wurden sie in die Irrenanstalt von Charenton gebracht. Da sich keiner der

Abb. 13: Darstellung des Angriffs auf die Bastille

Gefangenen zum erwarteten Märtyrer aufbauen ließ, erfand man einen Comte de Lorges, einen angeblich wegen seiner republikanischen Gesinnung seit 1757 eingekerkerten Gefangenen, von dem sogar Bilder und Büsten angefertigt wurden, die man im Wachsfigurenkabinett des Herrn Curtius bewundern konnte. So schuf sich die öffentliche Meinung ihren idealen Bastillehäftling, wo die nüchterne Wirklichkeit nichts hergab.

Die Führungsgruppe der Angreifer beteiligte sich nicht an den planlosen Plünderungen der Bastille, sondern kümmerte sich sofort um das weitere Schicksal der Soldaten und Offiziere, die die Festung verteidigt hatten. Mit dem Gouverneur an der Spitze bewegte sich bald ein Zug von Gefangenen und Bewachern aus dem Bastillehof über die Vorhöfe in Richtung Hôtel de Ville.

Gegen halb sieben, so beobachtete der Bürger Toussaint Mareux, der in der Nähe der Rue St. Antoine wohnte, wie die Sieger den Gouverneur und die Besatzung der Bastille an seiner Haustür vorbei zum Rathaus führten. Er war überzeugt davon, 15 aus dem Gefängnis befreite Häftlinge gesehen zu haben.

Wieder war Hulin der Mann, der in vorderster Linie agierte. Er führte Delauney am Arm, unterstützt dabei von einigen wenigen Gardes Françaises. Es wurde ein riskantes Spießrutenlaufen durch die aufgebrachte Menge. Je weiter sich der Zug von der Bastille entfernte, desto lauter wurde das Geschrei, das der Gruppe vorauseilte: »Hier kommt der Gouverneur der Bastille! Hier kommt Delauney, der Verräter!« Aufgeregte Menschen stürzten sich auf den Gefangenen, in einer engen Passage sauste eine Axt auf die Gruppe nieder, der Hulin gerade noch ausweichen konnte. Man riß dem Gouverneur die Haare aus, trat nach ihm, bespuckte ihn, bewarf ihn mit Straßenschmutz, schlug auf ihn ein und viele der Attacken trafen auch Hulin oder seine Kameraden, die ihren Gefangenen nicht losließen. Hinter dem Gouverneur folgte ein Teil der Schweizersoldaten mit von Flühe an der Spitze, der das Spießrutenlaufen seines ehemaligen Vorgesetzten folgendermaßen beschrieb:

»Monsieur Delauney ging einige Schritte vor mir her. Von der Bastille bis zum Hôtel de Ville war dieser Gang eine einzige lange und grausame Tortur. Von allen Seiten wurde er von Schwertern und Bajonetten getroffen, und da er keinen Hut trug, konnte man ihn leicht ausmachen, um ihn zu schlagen. Einer seiner Begleiter, der dies erkannte, setzte ihm seinen eigenen Hut auf, aber als sich dann die Schläge gegen ihn richteten, wollte der Gouverneur, daß er seinen Hut zurücknahm. Zwischen der Arkade Saint-Jean und dem Vorplatz des Hôtel de Ville sah ich plötzlich einen blutenden, abgehauenen Kopf auf dem Ende einer Stange. Man sagte mir, es sei der Kopf von Delauney.«

Der Bericht von Flühes mußte an diesem Punkt ungenau werden, denn je näher der Zug dem Rathaus kam, desto unübersichtlicher wurde die Lage der Gefangenen und ihrer Beschützer. Hulin und die Gardesoldaten, die bislang alles getan hatten, um Delauney zu schützen, waren am Ende ihrer Kräfte, fürchteten vielleicht auch um das eigene Leben. In einer Arkade an der Place de Grève, also unmittelbar vor Erreichen des Rathauses, kam es zu einer Szene, über deren Ablauf wir durch den Bericht des Mannes informiert sind, der dem Gouverneur eigenhändig den Kopf abgeschnitten hat.

Es war jener François-Felix Desnot, der arbeitslose Koch, den wir seit dem 12. Juli in Paris überall dort finden konnten, wo etwas los war: im Palais Royal, beim Zwischenfall mit den Reitern von Lambesc, bei der Plünderung des Hôtel des Invalides und schließlich – wenn auch mit Verspätung – an der Bastille. Am 15. Juli wird er sich im Rathaus stolz als der Mann melden, der dem Gouverneur der Bastille den Kopf abgeschnitten habe und der dafür eine Medaille erwarte. Desnot war der Prototyp des einfachen Mannes, der, ohne ein direktes Ziel zu haben oder ein spezielles Interesse zu verfolgen, einfach dabei war. Er ließ sich eher vom Gang der Ereignisse mitreißen als selbst einzugreifen. So angetrieben, handelte er an diesem Nachmittag auf eine Weise, die er sich wenige Stunden zuvor kaum hätte vorstellen können. Er steht auch für jene »Helden des Tages«, die, selbst gar nicht beteiligt an den Kämpfen um die Bastille, im Nachhinein ihren Mut und ihren Patriotismus beweisen wollten.

Desnot hatte gesehen, wie der Zug mit Delauney an der Spitze die Bastillevorhöfe verlassen hatte. Er war hinterhergelaufen, um sich den Mann genauer anzuschauen, den jetzt alle als »Monster« bezeichneten. Er hatte versucht, ihn am Rock festzuhalten. In der Arkade Saint-Jean kam es zu einem kurzen Halt, der vermutlich durch eine Schwäche Hulins verursacht war und die sofort zu neuen Attacken auf Delauney genutzt wurde. Verzweifelt um sich schlagend muß er geschrien haben, daß man ihn doch töten solle, und dabei könnte er auch Desnot einen Tritt in die Geschlechtsteile versetzt haben. Desnot habe gesehen, so gab er zu Protokoll, wie jemand dem Gouverneur ein Bajonett in den Leib gestoßen und auf ihn geschossen habe. Ein anderer Bürger habe ihm einen Säbel gereicht, um Delauneys Kopf vom Rumpf zu trennen. Dies sei ihm jedoch nicht gelungen. Desnot habe darauf – so fährt das Protokoll fort – aus seiner Tasche ein kleines Messer mit schwarzem Griff gezogen, mit dem es ihm gelungen sei, den Kopf Delauneys vom Rumpf zu trennen.

Indem er das getan habe, habe er geglaubt, eine patriotische Tat zu vollbringen und für die Vernichtung des Monsters eine Medaille zu verdienen. Er habe geglaubt, daß Delauney durch die Säbelhiebe, die er erhalten hatte, bereits tot gewesen sei. Desnot habe anschließend den Kopf des Gouverneurs auf eine Pike gesteckt, die ihm jemand angereicht habe, und in der Überzeugung, eine patriotische Tat zu vollbringen, habe er den Kopf auf der Spitze der Stange hochgehalten und habe in Begleitung von mehr als 200 bewaffneten Personen das Châtelet-Gericht durchquert. Nach einer regelrechten Parade Desnots durch die näheren Straßenzüge übergab er den Kopf schließlich gegen eine förmliche Quittung dem wachhabenden Beamten des Kriminalgerichts am Châtelet. Danach kehrte er in einem Café ein und berichtete, auf einem Tisch stehend, dem Publikum seine Heldentat. Noch am folgenden Tage wurde der Koch von den Wahlmännern der Stadt Paris für seine Tat belobigt.

Abb. 14:
Kopf Delauneys
auf der Pike

Was für ein Mensch war dieser François-Felix Desnot, der, in Paris geboren und mit einer Stickerin verheiratet, in einer Hinterhauswohnung in der Rue St. Denis wohnte? Er war bislang niemals hervorgetreten, ein biederer Koch und eher einfältiger Zeitgenosse, auch gewiß nicht bekannt als Verbrecher oder gar Mörder. Seine letzte Arbeitgeberin, die alte Baronin de Breteuil, hatte ihm ein gutes Zeugnis ausgestellt. Er wäre vermutlich ein völlig unbekannter Einwohner von Paris geblieben, wenn die Wirren dieser Julitage ihn nicht aus der normalen Lebensbahn geworfen hätten. An Felix Desnot läßt sich exemplarisch die Dynamik der

Mobilisierung der Einwohner von Paris aufzeigen, gerade auch der einfachen Leute. Sie hatten zunächst neugierig auf die Ereignisse nach der Entlassung Neckers reagiert, man lief dorthin, wo andere Menschen sich versammelten, man wollte dabei sein, zuschauen, mitmachen.

Unmerklich verwischten sich die Grenzen zwischen dem unbeteiligten Zuschauen, dem zustimmenden Beifall oder der Ermunterung für andere und schließlich dem eigenen Handeln. Eine höhere Gerechtigkeit schien hier am Werk zu sein, die alten Autoritäten galten nichts mehr, die Polizeiagenten, auch die Truppen des Königs waren machtlos, ja sie waren sogar auf die Seite des Volkes übergegangen. Recht geschah ihnen, wer war denn schuld am teuren Brot und der Misere der kleinen Leute? Hatte man am 12. und 13. noch zugeschaut, war man vor den Reitern Lambescs noch zurückgewichen, so hatte man am Morgen des 14. schon keine Hemmungen mehr gekannt, das Hôtel des Invalides zu stürmen. Jetzt war auch die Attacke auf die Bastille möglich geworden, wo doch das Pulver lag, das man so dringend brauchte für die erbeuteten Gewehre.

Wie konnte es der Gouverneur wagen, sich diesen berechtigten Forderungen entgegenzustellen, wo doch jetzt das Volk von Paris bestimmte? Wie konnte er auf die Bürger schießen lassen, wie sich doch alle Welt erzählte? Einen solchen Mann mußte seine gerechte Strafe treffen, dieses »Monster« mußte vom Volk gerichtet werden. Solche Gedanken mögen Felix Desnot durch den Kopf geschossen sein, aufgeputscht von der tobenden Menge, ermutigt durch den offensichtlichen Zusammenbruch der königlichen Autorität und vielleicht noch zusätzlich befeuert von einem Glas Schnaps, das man ihm nach einer leichten Verletzung an der Bastille gereicht hatte. Er selbst, seine vielen Mitbürger auf den Straßen, die Waffen in der Hand, sie sprachen jetzt Recht und vollstreckten es auf der Stelle. So wie man früher dem Henker auf dem Rathausplatz zugesehen hatte, wie er in aller Öffentlichkeit seines Amtes waltete, so hatte man jetzt seine Rolle usurpiert. Man tat ja nur das, wozu man ein Recht hatte. Ja, man war sogar stolz darauf, ein Ungeheuer wie Delauney getötet zu haben.

Nur schwer fand Desnot wieder in die Wirklichkeit zurück. Als man ihn jedoch überreden wollte, den Kopf Delauneys, den er im Triumphzug durch die Straßen getragen hatte, mit nach Hause zu nehmen und dort für weitere Umzüge am nächsten Tag aufzubewahren, reagierte Felix Desnot wieder normal. Mit Hinweis auf die Gefühle seiner Ehefrau, bei der der Anblick des blutigen Kopfes eine »révolution« auslösen könne, lehnte er den Vorschlag ab und brachte den Kopf zum Chatelet. Eine Revolution an der Bastille mochte schon angehen, zu Hause schien sie dem Helden des Tages weniger angebracht.

Delauney war nicht der einzige der Bastille-Verteidiger, der von der aufgebrachten Menge ermordet wurde. Den Major de Losme traf es kurz nach der Stelle, an der Delauney gestorben war, obwohl sich ein ehemaligen Bastille-Gefangener, ein M. de Pelleport, für ihn eingesetzt und damit beinahe sein Leben riskiert hatte. Ein Mann aus der Gruppe der Invaliden wurde nach vorheriger Mißhandlung auf dem Rathausplatz aufgehängt, und vermutlich hätte dieses Schicksal auch die anderen Angehörigen dieser Gruppe getroffen, wenn nicht die Gardes Françaises sich der Invaliden angenommen und sie in Sicherheit gebracht hätten. Insgesamt wurden sechs Offiziere und Soldaten der Besatzung der Bastille aufgehängt oder erschlagen. Zum erstenmal bewährten sich jetzt die neuen Öllaternen, die an langen Seilen über der Straßenmitte und an den Hausecken hingen. Man brauchte sie bloß herunterzulassen, die Laterne abzunehmen und schon hatte man einen praktischen Galgen.

Die Schweizergardisten unter von Flühe hatten unmittelbar nach der Eroberung der Festung davon profitiert, daß man sie wegen ihrer unüblichen Uniformen zunächst für Gefangene hielt. Außerdem zahlte sich für sie aus, daß sie nicht von den Türmen herunter auf die Angreifer geschossen hatten. Sie hatten vielmehr im Innenhof der Bastille gekämpft, von wo sie aus den Schießscharten und durch das Loch im Haupttor geschossen hatten, ohne daß sie jedoch klar erkannt worden waren. Da man im Rathaus nach ihrem Eintreffen nichts mit den Schweizern anzufangen wußte und sie sich außerdem geschickt anboten, in den Dienst der Nation zu treten, wurden sie einzelnen Milizkommandeuren übergeben und von ihnen in ihre Stadtviertel mitgenommen. Noch um Mitternacht wurde von Flühe mit einigen seiner Soldaten in der Stadt gesichtet. So waren sie zunächst einmal der unmittelbaren Bedrohung entzogen.

Die Ermordung Flesselles

Doch neben den sechs Bastille-Verteidigern, die in dem Blutrausch nach der Erstürmung auf dem Weg zum Rathaus ihr Leben einbüßten, verlor noch am gleichen Tag ein Politiker der Hauptstadt sein risikoreiches Spiel mit dem Volk von Paris. Wir hatten Jacques de Flesselles, den nach altem Brauch »Vorsteher der Kaufmannschaft von Paris« genannten Bürgermeister von Paris und Vorsitzenden des Comité Permanent, zuletzt unter jenen Wahlmännern gesehen, die in der Nacht zum Dienstag im Rathaus geblieben waren. Auch de Flesselles war dort geblieben, aber es war vor allem die Angst, die ihn zum Übernachten im Rathaus veranlaßte. Er mußte Angst haben, weil sich im Laufe des Tages mehrere Situationen ergeben hatten, in denen seine Taktik der Verzögerung, des Hinhaltens und der sinnlosen Beschäftigung der Bürgermiliz erkennbar geworden war.

So hatte Flesselles am Montagmittag den anstürmenden Bürgern noch für den gleichen Tag Tausende von Gewehren in Aussicht gestellt, doch als am Abend dann Kisten ins Rathaus gebracht wurden, die zwar die Aufschrift »Artillerie« trugen, aber nichts als wertlosen Plunder enthielten, da tauchte schon der Vorwurf des Verrats auf. Als er dann noch am gleichen Abend die Deputierten mehrerer Bezirke mit einer formellen Ordre in das Kartäuserkloster im Süden der Stadt geschickt hatte, um vom Abt des Klosters 50 Gewehre zu fordern, obwohl in diesem Kloster gar keine Gewehre vorhanden waren, herrschte nach der Rückkehr dieser Gruppe in das Rathaus am Morgen des 14. einhellige Empörung über das undurchsichtige, für viele schon verräterische Treiben des Bürgermeisters. Seine Antworten waren verwirrt, er konnte nicht eindeutig erklären, warum er den Befehl gegeben hatte.

In der spannungsgeladenen Atmosphäre des Vormittags und des frühen Nachmittags dieses Dienstags konzentrierte sich im Rathaus immer dann die Kritik auf Flesselles, wenn von den zurückkehrenden Deputationen der Verdacht des Verrats, des geheimen Zusammenspiels zwischen Hôtel de Ville und dem Gouverneur der Bastille geäußert wurde. Sogar das Comité Permanent geriet in den Sog der Verdächtigungen, als die Waffenfrage immer noch nicht zur Zufriedenheit der Freiwilligen geklärt werden konnte. Als um 14 Uhr die Pariser Schützenbruderschaft zum Rathaus kam und Flesselles um Anweisungen für ihren Einsatz bat, erklärte sich dieser »mit einer unübersehbaren Menge anderer Angelegenheiten« beschäftigt und ließ sie einfach stehen. Erst Moreau de Saint-Merry, ein Kreole, der aus Santo Domingo nach Paris gekommen und im Rathaus an diesem Tage zum ruhenden Pol geworden war, schickte die Kompanie mit Pulvernachschub zur Bastille.

Als nach der Erstürmung der Bastille die siegreichen Belagerer im Rathaus einzogen, ihre noch lebenden Gefangenen mit sich führend, war auch für den zögernden Flesselles die Stunde der Abrechnung gekommen: »Ich mußte mitansehen,« – so beschrieb der Wahlmann Pitra die Szene – »daß in dem Moment, der mein Lebtag nicht aus meinem Gedächtnis verschwinden wird, als der Schrei: Die Bastille ist genommen! den ganzen Saal widerhallen ließ, der Vertreter der Kaufmannschaft erbleichte und zu zittern begann, so daß auch ich mich der Verdächtigungen gegen ihn nicht mehr erwehren konnte.« In den folgenden Auseinandersetzungen um »Verrat, Komplott, Betrug« (so Bailly, sein Nachfolger im Amt des Bürgermeisters) erklärte sich Flesselles schließlich bereit, im Palais Royal öffentlich Rede und Antwort zu stehen:

»Also gut, meine Herren, gehen wir zum Palais Royal«: Er stieg vom Podium herab, durchquerte den Saal und ging hinaus. Die Menge blieb ihm dabei dicht auf den Fersen, tat ihm jedoch keine Gewalt an. Er überquerte den Platz; und dann, an der Ecke des Quai Pelletier, tötete ihn ein Unbekannter mit einem Pistolenschuß. Wenn auch Flesselles nicht wie die anderen Opfer des Tages von der Menge erschlagen oder aufgehängt, sondern kaltblütig von einem einzelnen niedergeschossen wurde, so kann kein Zweifel daran bestehen, daß der Vorsteher der Kaufmannschaft ähnlich wie Delauney zu einem »Verräter« an der Sache des Volkes geworden zu sein schien. Die offensichtliche Bestätigung dafür lieferte ein Brief, den man bei Delauney gefunden zu haben vorgab und dessen Text lautete: »Halten Sie durch bis um 8 Uhr, man wird ihnen mit Truppen und Munition zu Hilfe kommen. Während ich darauf warte, halte ich die Kanaille bei Laune.«

Auf der Place des Morgues, wo üblicherweise die Leichen von Verbrechern und unbekannte Tote zur Identifizierung ausgestellt wurden, konnte man schon am Abend die blutige Bilanz der Opfer dieses Tages aufmachen. Sieben Menschen waren dem Zorn der

Eroberer nach der Erstürmung zum Opfer gefallen. In den Reihen der Belagerer fanden 83 Männer während des Kampfes den Tod, 15 Schwerverletzte erlagen später ihren Verletzungen, 60 weitere Verletzte überlebten das Abenteuer des Angriffs auf die Bastille.

Doch wer dachte jetzt an die Toten, nachdem man die Festung erstürmt hatte? Schon als die Sieger mit ihren Gefangenen in das Rathaus einzogen, erfaßte diese Menschen ein Zustand des Rausches. Der »tapfere Elie« wurde auf den Schultern einiger Männer hereingetragen, in der Hand noch immer seinen Degen, der bei den Kämpfen zerbrochen war, die Uniform blutbefleckt, die Haare zerzaust. Vor ihm ging der Marquis de la Salle, ein Wahlmann des Adels, der am Morgen als Befehlshaber der Miliz vereidigt worden war, und hielt triumphierend die Schlüssel der Bastille und die berühmte Kapitulation, die ihm Elie übergeben hatte. Später zogen die Menschen mit diesen Insignien der eroberten Festung, den auf Piken gesteckten Köpfen der Toten und schnell gemalten Plakaten durch die Stadt.

Der englische Arzt Dr. Rigby, der an diesem Tag einen Ausflug in die Gärten von Monceau unternommen hatte und am späten Nachmittag in die Stadt zurückgekehrt war, geriet am Abend in einen solchen Umzug. Er beschrieb ihn mit der Akribie eines Menschen, der gewohnt ist, menschliches Verhalten distanziert und präzise zu beobachten: »Wir liefen bis ans Ende der Rue Saint-Honoré. Dort bemerkten wir eine riesige Menschenmenge, die mit auffälliger Geschwindigkeit dem Palais Royal zustrebte, was uns als ein Zeichen für ein erfreuliches Ereignis erschien. Als die Menge näher kam, sahen wir eine Flagge, einige große Schlüssel und ein Schriftband auf einer Stange, das sich hoch über die Menge erhob und auf dem geschrieben stand: La Bastille est prise et les portes sont ouvertes! (Die Bastille ist erobert und ihre Tore stehen offen!). Die Nachricht von diesem außerordentlichen Ereignis hatte eine unbeschreibliche Wirkung auf die Menge. Ein plötzlicher Ausbruch unsäglicher Freude ergriff alle, die sich auf jede nur erdenkliche Art und Weise äußerte. Schreie und Gekreische, Hüpfen und Umarmungen, Lachen und Tränen, alle Arten von Lärm und Bewegung einschließlich mancher hysterischer und nervöser Anwandlungen zeugten in der so gemischten Menge von einer derart einheitlichen und gleichzeitigen Gefühlsbewegung, wie man es wohl niemals vorher erlebt hat.«

Dieser ersten Gruppe folgte eine weitere, deren Verhalten sich für Rigby deutlich unterschied: »Jedoch war ihr Näherkommen begleitet von laut triumphierendem Geschrei, das sich, als wir näher kamen, von dem Freudengeschrei unserer Gruppe deutlich unterschied. Ein tiefes und hohles Brausen ging von ihnen aus, und in ihren Gesichtern lag eine Mischung von Erstaunen und Entsetzen. Wir konnten uns dieses Phänomen zunächst nicht erklären. Wir drangen weiter vor und entdeckten plötzlich von einem Augenblick zum andern zwei auf Piken aufgerichtete blutige Köpfe, welche die Köpfe von Delauney und Flesselles sein sollten. Sofort drängte sich dem Beobachter der Eindruck wilder Barbarei auf und überdeckte die Empfindungen der Freude, die noch kurz zuvor geherrscht hatte. Viele der Leute zogen sich ebenso wie wir aus Abscheu und Ekel vor dieser Szene sofort zurück.«

Andere aber machten es nach. Am 22. Juli wurden Foulon, der nach Neckers Entlassung für wenige Tage Minister gewesen war, und sein Schwiegersohn Berthier, der die Funktion eines Intendanten von Paris ausübte, von aufgebrachten Menschen auf grausame Weise ermordet. Von Foulon ging das Gerücht, er habe gesagt, das Volk sei dazu bestimmt, Heu zu essen. Sein Schwiegersohn galt als einer der für die hohen Brotpreise Verantwortlichen, als Drahtzieher des sog. »Hungerkomplotts«, das man dem Adel und anderen reichen Schiebern und Spekulanten anlastete. Als man an diesem 22. Juli wieder einmal zwei auf Piken gespießte Köpfe mit wildem Geheul durch die Straßen trug, reifte in dem Vicomte de Chateaubriand, an dessen Wohnungsfenster der Zug vorbei kam, der Gedanke, angesichts solcher »Gesten des Kannibalismus« sein Heimatland zu verlassen.

Am Tag, an dem Berthier in Paris ermordet wurde, wollte es der Zufall – oder darf man hier noch von Zufall sprechen? –, daß Felix Desnot wieder mit dabei war. Er hatte die Tage nach dem 14. Juli in der Stadt herumgelungert, hatte stolz seinen Dragonerhelm vorgeführt, den er bei dem Zusammenstoß in den Tuilerien erbeutet hatte, und sich nachträglich für seine »Heldentat« bewundern lassen. Als er hörte, daß Berthier zum Rathaus gebracht werden sollte, lief er schnell dorthin und beobachtete, wie man vergeblich versuchte, ihn an einer Laterne aufzuhängen. Als der Strick riß, stieß jemand dem Opfer einen Degen in den Leib, der dann von weiteren Stichen zerfetzt wurde. Jemand schnitt das Herz aus dem

Abb. 15: Ermordung Foulons auf der Place de Grève

blutenden Körper heraus, und in diesem Augenblick war Desnot wieder zur Stelle. Einer der Umstehenden spießte das Herz auf einen Degen, und Desnot war es, der dieses neuerliche Beweisstück seines »Patriotismus« zum Palais Royal trug. Als die Menge danach verlangte, warf Desnot es aus dem Fenster hinaus den johlenden Menschen vor die Füße.

Nach den Greueltaten dieses Juli und ihrer offensichtlichen Billigung, wenn nicht gar Belobigung durch die Behörden, kam unter Kindern und Jugendlichen in Paris ein neues Spiel auf. Man fing herumstreunende Katzen, schnitt ihnen die Köpfe ab und spießte sie auf Stöcke. Daran befestigte man Zettel mit den Namen besonders verhaßter Adeliger und veranstaltete damit Umzüge durch die Nachbarschaft. So konnte man die Revolution nachspielen und stumpfte zugleich gegenüber solchen Verbrechen ab.

Versailles, Nationalversammlung, 17 Uhr

Zur gleichen Zeit, als in Paris die Eroberer in den Innenhof der Bastille stürmten, hatte in Versailles die Nationalversammlung gerade ihre Sitzung wieder aufgenommen. Gerade war das Ergebnis der Wahl der Mitglieder des Verfassungsausschusses bekanntgegeben worden. Damit aber war die ruhige Arbeit der Versammlung an diesem Tage getan. Mitten in der dann folgenden Diskussion über ihre weitere Haltung gegenüber dem König betrat gegen 7 Uhr der Vicomte de Noailles, von Schweiß und Staub bedeckt, den Saal. Mehrere Abgeordnete umringten ihn, sprachen erregt mit ihm. Sofort verstummte der Abgeordnete am Rednerpult, allen war klar, daß dieser Mann wichtige Neuigkeiten aus der Hauptstadt mitzuteilen hatte. Noch ganz unter dem Eindruck des in Paris Geschehenen stehend gab er der Versammlung einen ersten Bericht über die Ereignisse in der Hauptstadt: Das Hôtel des Invalides gestürmt, die Bürgerschaft unter Waffen, die Gardes Françaises und viele andere Soldaten zu den Bürgern übergegangen, die Bastille erobert, ihr Gouverneur gefangengenommen und ermordet:

»Diese Erzählung rief in der Versammlung den traurigsten Eindruck hervor. Jede Diskussion hörte auf,« schreibt das Protokoll, und erst nach einer kurzen Zeit der Besinnung konnte man den

Entschluß fassen, den Erzbischof von Vienne an der Spitze einer Delegation zum König zu schicken und ihr den Vicomte de Noailles als Zeugen der Vorgänge in Paris mitzugeben. Wieder übernahm jetzt Vizepräsident Lafayette die Leitung der Versammlung, er versuchte seine Kollegen an ihre Aufgaben zu erinnern und die Debatte »mit der Ruhe des Mutes« fortzusetzen. Doch dies gelang nur für kurze Zeit. Während die Deputation noch im Schloß war, wurden jene beiden Mitglieder der Pariser Wahlmännerversammlung in den Saal geführt, die vom Comité Permanent zur Berichterstattung nach Versailles geschickt worden waren. Einer von ihnen, der Notar Bancal des Issarts, ergriff das Wort, entschuldigte sich zunächst für sein Unvermögen, unter dem Eindruck der Pariser Ereignisse einen klaren Bericht abzugeben. Dann aber gelang es ihm, die Einzelheiten des Tages aus der Sicht des Hôtel de Ville und der Mitglieder des Comité Permanent vorzutragen. Lafayette antwortete als Vizepräsident, verwies auf die Initiative der Nationalversammlung für einen Rückzug der Truppen und bat die beiden Berichterstatter, das Ergebnis der Deputation an den König im Kreis der Nationalversammlung abzuwarten.

Zugleich beschloß die Versammlung, eine neue Gesandtschaft – die dritte dieses Tages – zum König zu schicken. Gerade als man ihre Zusammensetzung bestimmt hatte, kehrte der Erzbischof vom König zurück, bei sich eine schriftliche Antwort des Königs, die einige bemerkenswerte Veränderungen in dessen Haltung andeutete. Immerhin nahm der König in dieser Erklärung die Bildung der Bürgermiliz zur Kenntnis, sprach zugleich jedoch davon, daß er hohe Offiziere gebeten habe, sich an ihre Spitze zu setzen. Seinen Truppen auf dem Marsfeld habe er befohlen, sich aus Paris zurückzuziehen.

Ungeachtet dieser Änderung in der Haltung des Königs verließ um halb zwölf die dritte Gesandtschaft des Tages die Versammlung, diesmal vom Erzbischof von Paris geleitet. Sie wurde im Unterschied zur voraufgehenden Deputation sofort zum König geführt, doch er wußte ihr nichts Neues zu sagen: »Meine Herren, Sie zerreißen immer mehr mein Herz durch die Berichte, die Sie mir über das Unglück in Paris geben. Es ist unmöglich zu glauben, daß der Grund dieses Unglücks die Befehle sind, die den Truppen gegeben wurden. Sie kennen die Antwort, die ich Ihrer vorigen Gesandtschaft gegeben habe; ich habe ihr nichts hinzuzufügen.«

Ludwig XVI. weigerte sich zuzugeben, daß seine Befehle an die Truppen der Grund für die blutigen Kämpfe in Paris gewesen sein könnten.

Mitternacht war längst vorbei, als der Erzbischof diese Antwort in der Nationalversammlung vortrug. Natürlich war man nicht zufrieden, am Morgen wollte man es erneut beim König versuchen. Währenddessen sorgte Lafayette wenigstens dafür, daß den beiden wartenden Wahlmännern eine ermunternde Antwort an ihre Auftraggeber mitgegeben wurde. Am nächsten Morgen konnten sie dem Comité Permanent die Absicht der Nationalversammlung versichern, beim König alles zu versuchen, um eine endgültige Beruhigung der Lage durch einen Truppenabzug zu erreichen. Sie vergaßen keineswegs mitzuteilen, daß Lafayette sie ausdrücklich vor den hohen Offizieren des Königs gewarnt habe, die sich an die Spitze der Miliz setzen sollten und für die der König schon die Bestallungen ausgefertigt hatte. Doch diese Warnung war schon nicht mehr notwendig, sie war durch den Gang der Ereignisse überholt worden.

Inzwischen war es fast zwei Uhr geworden. Übermüdet schloß der Vizepräsident die Beratungen ab, ohne freilich die Sitzung formell zu schließen. Immer noch befand man sich in der Sitzung, die am Montag, dem 13. Juli begonnen hatte, wieder legte man sich im Versammlungssaal zum Schlafen nieder. Der nächste Morgen mußte die endgültige Entscheidung über die Haltung des Königs bringen.

In Versailles brach die Nacht der Entscheidung an, eine sehr kurze Nacht, denn zwischen zwei Uhr und dem Wiederbeginn der Sitzung der Nationalversammlung mußte sich der König entscheiden.

Die Nacht in Versailles

Jetzt war alles für die Szene vorbereitet, die zu Beginn dieses Buches beschrieben wurde. Der König war um Mitternacht zu Bett gegangen, die Bastille war erobert, und der Herzog von LaRochefoucauld-Liancourt konnte nach dem Ende der Sitzung der Nationalversammlung ins wenige hundert Meter entfernte Schloß eilen, in das Schlafzimmer des Königs treten, ihn wecken und ihm noch einmal die Erstürmung der Bastille berichten. Doch warum hätte der Herzog dies tun sollen? Der König war über die Ereignisse in Paris durch die Gesandtschaften der Nationalversammlung (der Comte de Noailles war ja selbst beim König gewesen) und sicher auch durch andere Quellen (Besenval hatte ihm berichtet) bestens informiert, er bedurfte gar nicht der nochmaligen Unterrichtung. Man könnte sagen: Er hatte sich nicht zu Bett gelegt, ohne etwas über die Eroberung der Bastille zu wissen, sondern er hatte sich trotz dieses Ereignisses niedergelegt.

Was also geschah in dieser Nacht in Versailles? Eine Antwort auf diese Frage fällt leichter, wenn man sich die Lage vergegenwärtigt, in die der König durch die Ereignisse in Paris geraten war. Der ganz ohne Zweifel seit Ende Juni bestehende und z.B. vom gewöhnlich gut informierten amerikanischen Beobachter Morris mehrfach erwähnte Plan, mit Hilfe der nach Paris beorderten Truppen die Nationalversammlung aufzulösen oder sie zumindest bei gleichzeitiger Gefangennahme und Einschüchterung ihrer Führer in die Provinz zu schicken, war offensichtlich fehlgeschlagen. Der Hof hatte sich in den Tagen vor dem 14. Juli seiner Sache sicher gezeigt, und noch am frühen Nachmittag dieses Tages selbst hatten Besuche des Marschalls de Broglie, des Königs und der Königin sowie etlicher Damen und Herren der Hofgesellschaft bei den in der Orangerie des Schlosses von Versailles lagernden beiden Regimentern deutlich gemacht, daß diese Truppen für Maßnahmen gegen die Nationalversammlung gewonnen werden sollten.

Das Werben des Hofes um die Truppen mit Alkohol, Musik, Geschenken und Versprechungen hatte zwar nicht den gewünschten Erfolg gezeitigt – die Regimenter ließen sich Bewirtung und Hofierung wohl gefallen, machten aber zugleich deutlich, daß sie nicht gegen die Nationalversammlung vorgehen würden –, aber am Morgen des 15. Juli bestanden für den König immer noch folgende Möglichkeiten: Der Versuch einer militärischen Gewaltlösung gegen Paris (favorisiert vom Bruder des Königs, dem Grafen von Artois), eine Flucht des Königs mit den zuverlässigen Teilen der Armee in eine sichere Garnison Frankreichs oder gar ins Ausland bei gleichzeitiger Regentschaft des Herzogs von Orléans – oder die Anerkennung der neuen Machtverhältnisse in Paris, der Rückzug der Truppen und die Rückberufung des am 11. entlassenen Neckers.

Dies war die Entscheidungssituation, vor der der König stand, jedenfalls zu dem Zeitpunkt, an dem er aufwachen würde. Es sprechen viele Anzeichen für die Vermutung, daß der Herzog von LaRochefoucauld-Liancourt am frühen Morgen den König mit diesen Handlungsmöglichkeiten konfrontierte und mit ihm ausführlich über die Erfordernisse der Lage, die Einschätzung der Vorgänge in Paris und seine nächsten Schritte sprach. Viele zeitgenössische Beobachter aus diplomatischen Kreisen, aber auch der Buchhändler Jacques Hardy und einige der vielen Broschüren und Zeitungen sprachen schon kurz darauf von der besonderen Rolle des Herzogs in dieser Nacht, der auf Grund seines hohen Hofamtes unmittelbaren Zugang zum König hatte und durch seine Mitgliedschaft in der Nationalversammlung der naheliegende Berater des Königs sein mußte. An dieser Rolle des Herzogs gibt es keinen Zweifel. Es gelang ihm, den König zum Nachgeben gegenüber der Nationalversammlung zu bewegen. Als die Nacht von Versailles zu Ende ging, waren die Würfel gefallen.

Die Welt hat sich verändert!

Versailles, 15. Juli

Obwohl man in der vergangenen Nacht erst gegen 2 Uhr die Sitzung unterbrochen hatte, trafen sich die übermüdeten Abgeordneten am nächsten Morgen zur festgesetzten Zeit (gegen 9 Uhr), um ihre Beratungen fortzusetzen. Vor allem ging es darum, eine weitere Deputation an den König zu beschließen. Der Marquis de Sillery war gerade dabei, seinen Verfahrensvorschlag zu erläutern, als der Herzog von LaRochefoucauld-Liancourt die Nationalversammlung betrat und seinen Kollegen verkündete, der König habe sich entschlossen, selbst vor der Versammlung zu erscheinen. Die Abgeordneten reagierten schnell. Ihre bereits für die Deputation gewählten Kollegen wurden jetzt gebeten, dem König entgegenzugehen. Die freudige Erwartung des größeren Teils der Abgeordneten war stärker als das dumpfe Grollen des Grafen Mirabeau, der für einen schweigenden Empfang des Monarchen plädiert hatte.

Der Besuch des Königs – so läßt sich mit guten Gründen vermuten – war das Ergebnis der Gespräche, die LaRochefoucauld-Liancourt im Lauf des frühen Morgens mit dem König geführt hatte. Hier konnte es natürlich nicht mehr darum gehen, den König – wie es die Legende will – erstmals über die Ereignisse in Paris zu informieren, sondern dem Herzog lag vor allem daran, dem König den Ernst der Lage klar zu machen, was seine Minister am Abend offensichtlich versäumt hatten. Ludwig verstand die Welt nicht mehr. Er habe doch nur Gutes für sein Volk tun wollen, und jetzt diese Revolte! Vielleicht war dies der Punkt, an dem LaRochefoucauld-Liancourt seine korrigierende Bemerkung einfügte, daß diese sogenannte Revolte besser als Revolution zu bezeichnen sei.

Der Monarch und sein Kammerherr waren nicht die einzigen Beobachter, die sich nach diesem Ereignis um die Begriffe sorgten, das Geschehene angemessen zu benennen. Nicht allen kam das Wort der »glücklichen Revolution« so leicht über die Lippen wie einem Camille Desmoulins, aber alle wollten die besondere Qualität des Ereignisses unterstreichen. Meistens taten sie es, indem sie auf die fehlenden historischen Beispiele verwiesen. Der Pariser Theaterdirektor Toussaint Mareux schrieb am 19. Juli seinem Sohn ausführlich über »diesen erinnerungswürdigen Tag, für den die Geschichte kein Beispiel bietet.« »Der Erfolg ist ein glücklicher«, so schrieb er weiter, »aber er wird das Universum in Erstaunen versetzen, und unsere Nachkommen werden selbst diesen Vorgang als eine Fabel betrachten.« Aus allen diesen Äußerungen spricht der Unglaube, die Unsicherheit und die noch fehlende Bewältigung des Geschehenen. Wo sollte man sich festhalten, wenn selbst die Geschichte weder Hilfe noch Trost bot. Mareux wußte sich deshalb nicht anders zu helfen, als das vertraute Wort »Revolte« zu benutzen, das er auch schon für den Aufstand der Arbeiter gegen Réveillon verwendet hatte. Doch das, was sich bis zum 13. Juli schon in Paris abgespielt hatte, konnte nur noch gesteigert werden, das war jetzt die »révolte générale«.

Nachdem sich schon am Nachmittag des Vortages gezeigt hatte, daß die in Versailles liegenden Regimenter sich nicht zu einer Attacke auf die Nationalversammlung hergeben würden, vor allem aber unter dem Eindruck der schrecklichen Vorgänge in Paris fand der König sich schließlich, wenn auch zögernd, mit den Vorschlägen des Herzogs ab. Auch von den wichtigsten militärischen Ratgebern des Königs wurden sie unterstützt, nachdem anfänglich noch einmal die Chancen einer gewaltsamen Lösung durchkalkuliert worden waren. Sie liefen darauf hinaus, die Truppen um Paris zurückzuziehen und sich der Nationalversammlung anzuvertrauen. Die verbleibenden Möglichkeiten einer Flucht unter dem Schutz des Militärs in eine sichere Garnison an der Ostgrenze Frankreichs oder gar einer Abdankung zugunsten einer Regentschaft des Herzogs von Orléans, wie sie in diplomatischen Kreisen der Hauptstadt für wahrscheinlich gehalten wurde, fanden in den nächtlichen Beratungen weder die Zustimmung des Königs noch des Grafen von Provence. Er ermunterte den König, die Stellung zu halten, während die Königin und der Graf von Artois auf Flucht drängten.

Die Zurücknahme der Truppen, mehr aber noch die Unterstellung unter die Nationalversammlung mußten natürlich den Machtverlust des Königs einleiten. Die Demontage des absoluten Königtums ging jetzt Schritt für Schritt vor sich, ein Schritt ergab sich mit Folgerichtigkeit aus dem vorhergehenden. Der König fügte sich seinem Schicksal, nur manchmal distanzierte er sich verbal, letztlich aber akzeptierte er die Ereignisse. Als ihm am 16. Juli der Beschluß der Pariser Wahlmännerversammlung über den Abriß der Bastille gemeldet wurde, bemerkte er zu LaRochefoucauld-Liancourt nur: »Das ist ein starkes Stück! Aber da Sie es zur Wiederherstellung des Friedens für notwendig gehalten haben, nur zu!«

Als gegen 11 Uhr die Ankunft des Königs in der Nationalversammlung gemeldet wurde, brauste der Beifall der Abgeordneten auf. Der König betrat ohne Waffen und ohne die übliche militärische Ehrengarde den Saal, nur von seinen Brüdern begleitet. Den für ihn aufgestellten Sessel nahm er nicht in Anspruch, stehend und ohne Kopfbedeckung richtete er seine Ansprache »vertrauensvoll« an die Abgeordneten, um »Ihnen seinen Schmerz zu bekunden und Sie zu bitten, nach Möglichkeiten zu suchen, um die Ruhe und Ordnung wiederherzustellen ... Ich stehe hinter der Nation, und ich bin eins mit ihr; ich vertraue mich Ihnen an. Helfen Sie mir in dieser Lage, das Wohl des Staates zu sichern«.

Es blieb keineswegs bei dieser kurzen Rede. Der Präsident der Versammlung nahm in seiner ebenso kurzen Antwort den entscheidenden Punkt in der Auseinandersetzung zwischen König und Nationalversammlung auf. Natürlich könne die Versammlung dem König nicht die Wahl seiner Minister vorschreiben, aber die Ereignisse hätten gezeigt, wohin es führe, wenn Männer zu Ministern gemacht würden, die nicht das Vertrauen des Volkes besäßen. Die Vertreter der Nation würden es nicht dulden, wenn sich jemand zwischen sie und den König drängen würde.

Diese letzten Bemerkungen bewogen den König noch einmal zu einer Stellungnahme. Jetzt ganz frei sprechend, betonte er mit Nachdruck, daß er sich niemals geweigert habe, die Abgeordneten anzuhören. Starker Beifall belohnte diese Aussage, die wohl auch in die Zukunft gedeutet wurde. Der König verließ die Versammlung und begab sich in Begleitung aller Abgeordneten zurück ins Schloß. Dabei faßten sich etwa 20 Abgeordnete bei den Händen und bildeten so einen schützenden Halbkreis, in dem der König mit seinen Brüdern schritt. Unter dem Jubel von Tausenden von Menschen erreichte er das Schloß, wo er sich noch einmal mit seiner Familie auf dem Balkon zeigte. Am nächsten Tag sprach in Paris ein Abgeordneter davon, die Versammlung habe den König auf ihren Armen ins Schloß zurückgetragen.

Für den Abgeordneten Bailly war sofort die Bedeutung dieser Rede klar: »Wenn auch die Folgen noch unabsehbar und bedrohlich waren, so konnte doch von diesem Moment an die Revolution selbst als erfolgt betrachtet werden.« Der König billigte damit – wenn auch stillschweigend – die Vorgänge, die zur Erklärung der Nationalversammlung geführt hatten. Doch bemerkten die Führer des Dritten Standes sofort, nachdem sie in ihren Saal zurückgekehrt waren, daß der angekündigte Truppenrückzug jetzt nicht mehr ausreichte. Graf Mirabeau stellte die Frage nach dem Rücktritt des neuen Ministeriums und nach der Rückberufung Neckers, allein die maliziöse Bemerkung des Grafen Clermont-Tonnerre, daß man den König an einem solchen Tag sein Glück in Schweigen genießen lassen müsse, sorgte für eine Vertagung dieser Forderung.

Als die Nationalversammlung jedoch am 16. Juli erneut über diese Frage diskutierte und gerade dabei war, eine von Mirabeau formulierte Adresse an den König zu beraten, traf im Versammlungssaal die erlösende Nachricht ein, daß ein Ministerrat im Beisein der ganzen königlichen Familie beschlossen habe, das neue Ministerium zu entlassen und Necker in sein Amt zurückzuberufen. Diese Sitzung des Ministerrats, der hohen Militärs und der königlichen Familie bedeutete die definitive Bankrotterklärung der »Hofpartei«, die an der Entwicklung der letzten Tage die Hauptschuld trug. Noch einmal wurden jetzt die Alternativen durchgespielt, die verbliebenen Möglichkeiten geprüft, die Verläßlichkeit der Truppen erwogen. Es blieb dabei. Der König gab nach und blieb an seinem Platz, die für diese fatale Situation Verantwortlichen aber zogen es vor, in der Nacht vom 16. auf den 17. Juli Versailles zu verlassen und sich im Ausland in Sicherheit zu bringen. Von einem Tag auf den anderen, manchen erschien es wie ein Spuk, hatte sich die glänzende Hofgesellschaft in Versailles in Nichts aufgelöst. Als Bertrand de Moleville sich an diesem 16. Juli um 11 Uhr morgens zum König begeben wollte und einen Soldaten der Garde fragte, ob der König mit seinen Ministern in einer Besprechung sei, fragte der Schweizergardist zurück: »Seine Minister? Er hat keine Minister mehr.« Der österreichische Botschafter fand bei seinem Besuch in Versailles am 17. Juli, »das Schloß gleiche einer Wüste«.

Unter den hochadeligen Familien, die auf Anraten Marie-

Antoinettes selbst das Land verließen, war auch die Familie Polignac, das Herz der Hofpartei. Nach mehrtägiger Fahrt erreichte die Reisegesellschaft Basel, wo sich ein wahrhaft denkwürdiges Zusammentreffen ergab. In dem gleichen Gasthof, in dem die Familie Polignac Unterkunft fand, hatte sich auch schon Jacques Necker mit seinen Angehörigen einquartiert, die nach einer Reise über Brüssel und Frankfurt am Main ebenfalls in der Stadt eingetroffen waren. So erfuhr der Ex-Minister die Pariser Ereignisse ausgerechnet von denen, die für seine Ablösung verantwortlich waren. Besser konnte der totale Umschwung der Verhältnisse in Frankreich kaum dokumentiert werden. In Basel trafen sich die alten und die neuen Machthaber, die einen waren voller Angst aus dem Land geflohen, der andere erwartete seine Rückberufung an die Macht.

Der letzte sinnfällige Akt jedoch fehlte noch, die Reverenz des Königs an die revolutionären Ereignisse in Paris. Bislang hatte sich alles in der unwirklichen Atmosphäre von Versailles abgespielt, von den Ereignissen in Paris war nur berichtet worden. Der König mußte nach Paris kommen, mußte die neue Ordnung dort anerkennen, denn am 16. war anläßlich des Besuchs einer großen Deputation der Nationalversammlung im Rathaus Bailly zum neuen Bürgermeister und der Marquis de Lafayette zum Befehlshaber der Miliz gewählt worden. Die nur versteckte Billigung der Bürgermiliz vom Abend des 14. Juli reichte jetzt nicht mehr aus, es bedurfte eines stärkeren, symbolträchtigeren Akts der Anerkennung, zumal im Palais Royal schon ein »Marsch nach Versailles« erörtert wurde, um den König nach Paris zu holen.

Am Morgen des 17. Juli war es endlich soweit. Nachdem der König seinen Bruder – für den Fall, daß er nicht aus Paris zurückkehren würde – formell mit dem Titel eines Generalleutnants des Königreiches betraut und sich tränenreich von seiner Familie verabschiedet hatte, begab er sich auf den Weg nach Paris, nur von einigen Adeligen begleitet. Marie-Antoinette hatte für den Fall, daß der König nicht aus Paris zurückkommen würde, schon eine Rede vorbereitet, die sie dann vor der Nationalversammlung halten wollte. Mehrmals ließ sie sich während des Tages von besonderen Boten aus Paris über den Verlauf des Besuchs berichten.

Wer erwartet, daß an diesem Tag inhaltsreiche Erklärungen ausgetauscht oder Dokumente unterzeichnet worden wären, muß enttäuscht sein, wenn er die Berichte über den Verlauf des Besuches liest. Es geschah nicht mehr, als daß der König zum Rathaus fuhr, dort begrüßt wurde, sich der Menge zeigte, einen Satz sagte und wieder zurückfuhr. Dieser Besuch wurde jedoch zu einem Akt der symbolischen Billigung und sogar der Unterwerfung. Die Umstände dieses Besuchs waren es, die ihn zu einem vielkommentierten Ereignis machten.

Schon die Abfahrt des Monarchen in Versailles erregte einiges Aufsehen. Der Baron de Gauville, der von seinem Fenster aus den Zug auf der Rue de Paris beobachtete, stellte fest, daß dem König nur eine Kutsche und 12 Gardisten folgten, gerade so, als wenn der König zur Jagd führe. Der Monarch, der noch vor wenigen Wochen zur Eröffnung der Generalstände von glänzenden Gardetruppen eskortiert worden war, mußte jetzt die Begleitung von 200 Milizionären erdulden, die mehr schlecht als recht gekleidet, ihre Gewehre umgekehrt über die Schulter gehängt hatten. Dienstboten und Bettler, so meinte der Baron, folgten diesem seltsamen Aufzug, der vier Stunden brauchte, bis er Paris erreichte. »Welche Resignation, welche Schwäche!«

In Paris kündigten an allen Ecken Plakate an, daß an diesem Freitag in der Stadt wegen des königlichen Besuches keine Kutschen fahren dürften. So war der amerikanische Geschäftsmann Gouverneur Morris trotz seines amputierten linken Beins gezwungen, sich zu Fuß in die Rue St. Honoré zu begeben, wo er einen Fensterplatz ergattern konnte, an dem er von 11 bis 4 Uhr ausharrte. Zu allem Unglück wurde ihm in dem dichten Menschengedränge auch noch ein Taschentuch gestohlen, das ihm seine Geliebte gerade erst geschenkt hatte. Man schätzte, daß an diesem Tag etwa 300 000 Menschen die Straßen und Plätze säumten, die die Kutsche des Königs und seine militärische Begleitung passierten. Die Kanonen, die vor wenigen Tagen von den Bürgern aus den Magazinen des Königs herausgeholt worden waren, standen an den Einmündungen der Straßen und auf den Plätzen der Stadt.

Die gesamte Wegstrecke wurde von Angehörigen der Bürgermiliz bewacht, die dort in Doppelreihen postiert war. Wohlgemerkt, es war die Miliz von Versailles, die Ludwig bis an die Stadtgrenze von Paris eskortiert hatte, und es war die Miliz von Paris, die ihn dort in ihre Obhut nahm. Dem Engländer Rigby kam der König wie ein Gefangener vor. »Eine solche öffentliche Abbitte«, so meinte Tho-

Abb. 16: Allegorische Darstellung vom Kampf des Volkes gegen das Ungeheuer des »aristokratischen Komplotts«
© Bulloz, Paris

mas Jefferson in einem zwei Tage später geschriebenen Brief, »hat noch nie ein Herrscher geleistet und noch nie ein Volk entgegengenommen.« Für ihn war es klar, daß er hier die »bedingungslose Kapitulation« Ludwigs XVI. erlebt hatte.

Bailly, der neue Bürgermeister, hatte ihm traditionsgemäß die Schlüssel der Stadt übergeben. Er hatte den Hinweis nicht unterlassen können, daß diese Schlüssel schon Heinrich IV. überreicht worden seien. Dieser habe einst sein Volk zurückerobert. Heute aber, so formulierte Bailly anzüglich, habe das Volk seinen König erobert. Auf der Treppe des Rathauses reichte er ihm eine blau-rote Kokarde, die sich der König unter dem Jubel der Menge neben die lilienweiße Kokarde seines Huts steckte, die Farben der Trikolore hatten zueinander gefunden. Der Weg von der Kutsche zum Eingang des Rathauses war von den Wahlmännern gesäumt, die ihre Degen zu einem Baldachin formten, unter dem der König mit bemerkenswerter Gelassenheit hindurchschritt. Im großen Saal des Rathauses ließ er eine Reihe von Ansprachen über sich ergehen, ohne selbst das Wort zu ergreifen, weil er vor Rührung nicht sprechen konnte. Nur einen Satz konnte er sagen: »Mein Volk kann immer auf meine Zuneigung zählen.«

Auf seiner Fahrt zum Rathaus war der König mit eindeutigen Hochrufen auf die Nation und den Dritten Stand begrüßt worden. Einige Leute hatten ganz offen gesagt, daß man den König erst später hochleben lassen wolle, wenn man mit ihm zufrieden sei. Der Beifall aus dem Großen Saal des Rathauses zeigte an, daß man mit ihm zufrieden sein konnte. Jetzt wurden die traditionellen Rufe »Vive le Roi, Vive le Roi« von der Menschenmenge draußen auf der Place de Grève immer lauter. Gerührt trat der König ans Fenster und zeigte sich der jubelnden Menge.

Als der König die Treppe wieder herunterkam, waren die Menschen nicht mehr zu halten. Hochrufe, Tränen in den Augen aller Zuschauer drückten die Anspannung aus, in der sich die Stadt in den letzten Tagen befunden hatte, die sich jetzt aber emphatisch löste. So als wirke der alte Königsmythos noch, drängte man sich um ihn, küßte seine Hände, preßte seinen Arm, berührte den Saum seines Rocks, versuchte seine Berührung zu erreichen, einer Marktfrau gelang es, ihn zu umarmen.

Tränen des Glücks auch in Versailles, als der König nach dem überstandenen Abenteuer wohlbehalten in den Schoß seiner

Familie zurückkehrte. Von der Königin wird berichtet, daß sie – als sie die blau-rote Kokarde am Hut des Königs bemerkte – sagte, sie wisse gar nicht, daß sie einen Bürgerlichen geheiratet habe. Aber diesmal war die spöttische Bemerkung der »Österreicherin« nur ein Versuch, die Aufregung der letzten Stunden vergessen zu machen.

Ein Tag wie ein Jahrhundert!

Nicht nur für Marc-Antoine Jullien, den Schüler, der auf den Klausurbögen seiner Schule am Abend des 14. Juli den Sturz des Throns gefordert hatte, wurde dieser Tag ein unvergeßlicher Tag. Als am Abend ein M. de Falloux nach Hause kam, wunderte er sich darüber, daß sein Haus von einer Fülle von Kerzen festlich erleuchtet war. Als er seine kleine Tochter nach dem Grund dieser ungewöhnlichen Maßnahme fragte, antwortete ihm das noch nicht einmal neunjährige Mädchen ganz ernsthaft: »Aber Vater, muß man die Eroberung der Bastille und die Befreiung dieser armen Gefangenen nicht feiern?« Auch für den 15jährigen André-Marie Ampère war, wie er seinem Tagebuch anvertraute, die Eroberung der Bastille neben dem Tag seiner Erstkommunion der stärkste Eindruck seiner Kindheit. Der 16jährige Heinrich Steffens, der damals in Hamburg lebte, erinnerte sich Zeit seines Lebens an die Worte seines Vaters, als dieser die Nachricht von der Erstürmung der Bastille erhielt: »Kinder, Ihr seid zu beneiden! Welch eine schöne und glückliche Zeit eröffnet sich Euch!« Der gleichaltrige Harry Priestley stürmte in Manchester in das Wohnzimmer von Bekannten und verkündete, was ihm sein Bruder gerade aus Paris geschrieben hatte: »Frankreich ist frei. Die Bastille ist genommen.«

So wie diese Kinder hat dieser Tag das Leben vieler Menschen geprägt. Er wurde für sie zu einem wahrhaft historischen Tag, der ihren Lebenslauf definierte, manchmal auch veränderte. Doch diese Erinnerungsfetzen in den Gedächtnissen von Kindern sind keineswegs erstaunlich, alle bedeutenden historischen Ereignisse haben einen solchen Eindruck hinterlassen. Fragte man im 16. Jahrhundert 30 oder 40 Jahre nach dem Bauernkrieg einen Bauern, wie alt er sei, pflegte er zu antworten, zur Zeit des Bauernkriegs sei er ein Bub gewesen. Was den 14. Juli so erstaunlich eindeutig auszeichnet, ist die schon unmittelbar nach der Eroberung der Bastille einsetzende Erkenntnis, daß sich etwas Besonderes, Epochales ereignet habe, das mehr sein müsse als nur die Übergabe eines fast leeren Staatsgefängnisses.

Gerade in der Biographie der Männer, die zu Revolutionären wurden, bildete der 14. Juli selbst das Schlüsselergeignis, nachdem man sich schon am 13. »als einer der ersten« in die Miliz eingereiht hatte. Antoine Collin, Mitglied des Club des Cordeliers, erinnerte sich an seine Freude, an diesem Tag der Plünderung des Hôtel des Invalides zugesehen zu haben, ein François Desfieux wußte noch, daß er an diesem Tag an der Bastille und überall dort war, »wo ein Patriot zu sein hatte«. Ein Julian de Carentan war an diesem Tag einer der ersten, die in Saint-Antoine zu den Waffen griffen, und er war natürlich – »wie man sich vorstellen kann« – auch an der Bastille. Autobiographische Erinnerungen dieser Art, entstanden im Rahmen jakobinischer Selbstkritik im Jahre 1793, zeigen, daß die Teilnahme an den Ereignissen des 14. Juli für einen guten Revolutionär unverzichtbar geworden war. Er gehörte zur revolutionären Musterbiographie: »Ich begab mich zur Bastille«, schrieb ein Gilbert Liendon: »Ich teilte mit mehreren guten Bürgern den Ruhm, die Festung des Despotismus zum Einsturz zu bringen.«

Aus der Rückschau unserer Zeit mag es so aussehen, als sei der 14. Juli nur einer in einer langen Kette von wichtigen Tagen im Verlauf der Revolution, als habe ihn erst der spätere Nationalfeiertag zu einem historischen Ereignis besonderer Art gemacht. Doch dieser Eindruck wäre ganz falsch, seine historische Qualität eröffnete sich den Menschen unmittelbar, und sie verliehen diesem Gefühl auch beredten Ausdruck.

Man kann nur sehr vage von den psychischen Effekten sprechen, von der noch allenthalben spürbaren Erregung, der zu schnellen Lösung der Spannung, der Angst, von den fremden Truppen überwältigt zu werden, der elementaren Unsicherheit, in die sich Menschen gestürzt sahen, die noch bis vor kurzem nur die tradierte Ordnung des Ancien Régime gekannt hatten. Schon am 14. Juli selbst hatte der englische Arzt Dr. Rigby von »nervösen und hysterischen Affekten« im Verhalten der Menschen nach dem Fall der Bastille gesprochen, wie sie ihm noch nie untergekommen waren. Fast ein Jahr nach der Eroberung der Bastille machte sich der Wahlmann und Schriftsteller Dusaulx Gedanken über den »Einfluß der großen Gefahren und Schrecken auf Geist und Körper der Bürger«. Ihm sei aufgefallen, daß sich viele Bürger körperlich nie besser als »in dieser großen und schrecklichen Epoche« gefühlt hätten.

Furcht habe man kaum empfunden, und ein Mediziner habe ihm dies auch ganz einleuchtend erklären können. Der Mensch verfüge über die Fähigkeit, in großen Bewegungen seinen Gesichtskreis zu begrenzen, weiterführende Überlegungen auszuschalten und sich auf die gerade anstehende Bedrohung zu konzentrieren. Aber er habe auch davon gehört, daß sich einige Bürger selbst umgebracht hätten, weil sie den Tod für unvermeidlich hielten, aber nicht die Kraft hatten, auf ihn zu warten. Sowohl im Rathaus als auch in den Distrikten habe man von Fällen gehört, in denen Menschen ganz ausgelassen gewesen seien, andere, vor allem junge Menschen, seien völlig um den Verstand gebracht worden.

Wir können schon Genaueres von der Art und Weise berichten, wie sich die Bewohner von Paris Rechenschaft über die Vorgänge ablegten und sie sich verständlich zu machen versuchten. Dieser Tag kostete zunächst einmal Fässer von Druckerschwärze. Eine Flut meist kleinerer Berichte ergoß sich in den folgenden Tagen über Stadt und Land, jeder der Dabeigewesenen wollte seine Rolle ins rechte Licht rücken, wollte falsch Berichtetes korrigieren, Vergessenes ergänzen.

Gab es 1788 nur vier Zeitungen in Paris, von denen gerade eine, das »Journal de Paris« täglich erschien, so traten im Lauf des Jahres 1789 insgesamt 135 neue Titel hinzu. Wenn auch manchmal nur für wenige Wochen oder eine Serie von Nummern existent, so belegen diese Zahlen wie auch die neue Aktualitätssucht dieser Zeitungen ein völlig verändertes Informationssystem. Am 14. Juli versprach der »Courrier national« in seiner Nullnummer, in Zukunft schon um 9 Uhr morgens in den entferntesten Vierteln von Paris verfügbar zu sein. Einige Zeitungen verkündeten in ihren Titeln stolz die Uhrzeit ihres täglichen Erscheinens. Mochte die Geschichte selbst in rasenden Galopp übergehen, die Zeitungen blieben ihr auf der Spur. In einer der vielen Broschüren über die Ereignisse zwischen dem 11. und 14. Juli hieß es: »Wir haben in drei Tagen den Raum von drei Jahrhunderten durchquert«.

Eine der meistgelesenen Zeitungen Frankreichs wurde das Blatt, das die Ereignisse in Paris direkt im Titel trug: »Révolutions de

Paris«, eine 48-seitige Wochenzeitung des radikalen Lagers, die der Verleger Louis-Marie Prudhomme sofort nach dem 14. Juli mit großem Erfolg herausbrachte. Folgt man den Angaben Camille Desmoulins, so hat sie die unglaubliche Zahl von 200 000 Abonnenten gehabt. Natürlich ist diese Zahl weit übertrieben, eine solche Zahl deutet eher an, daß die »Révolutions de Paris« ein enormer publizistischer und finanzieller Erfolg waren.

Gedichte, Lieder und Theaterstücke wurden geschrieben, man kümmerte sich um die Verewigung dieses unglaublichen Ereignisses in Hunderten von populären Drucken. Zeichner und Maler versuchten, das Ereignis in allen seinen Details festzuhalten. Die Kirchen der Stadt füllten sich während der allenthalben abgehaltenen Dankgottesdienste, nachdem der Erzbischof von Paris am 15. Juli mit einem Te Deum im Beisein der Wahlmänner und der Gesandten der Nationalversammlung begonnen und den Bastillesturm zur »glücklichen Revolution« gemacht hatte. Der Abbé Fauchet, einer der Wahlmänner, hielt in mehreren Kirchen eine flammende politische Predigt, die von den begeisterten Zuhörern mit Schüssen in die Kirchendecke quittiert wurde. Der Abbé ließ sich auf den Schultern der Menge zum Rathaus tragen, zusätzlich wurden die Reden noch gedruckt. Die Nonnen eines Klosters ließen für die Kirche St. Geneviève ein Votivbild anfertigen, das eine vom Feuer zerstörte Bastille und einen Angehörigen der Gardes Françaises zeigte, der Gott auf den Knien für seine Hilfe dankt. Das Ereignis des 14. Juli wurde dem Volk so verfügbar und wiederholbar gemacht, Bild und Text über die »Bastille« leisteten hier wertvolle Hilfe.

Am Sonntag, dem 19. Juli, besuchte der Amerikaner Morris einen Maler, der ihm ein vom König bestelltes klassisches Stück über eine Episode aus der Äneis zeigte. Ungerührt empfahl ihm Morris, doch ein neues Thema zu wählen, der Sturm auf die Bastille sei gewiß ein aktuelleres Sujet, und er erzählte ihm auch gleich eine Geschichte, die er für äußerst wirksam hielt, um auf einem Gemälde festgehalten zu werden. Am gleichen Tag traf der Amerikaner einen M. Rouillé, der dabei war, eine »Geschichte der gegenwärtigen Revolution« zu schreiben. Morris selbst gab die Empfehlung, die in der Bastille gefundenen Papiere zu sammeln, um daraus die »Annalen dieser diabolischen Burg« bis zu ihrer Eroberung zu schreiben. Alle die Wünsche dieses Mannes sollten in

Abb. 17: Allegorische Darstellung des Sieges des Volkes über den Despotismus

Erfüllung gehen, dieser Blick in das Tagebuch des Amerikaners dokumentiert, welch beherrschenden Gesprächsstoff die Bastille in diesen Tagen abgab.

Die bemerkenswertesten Urteile über die Bedeutung der Eroberung der Bastille finden sich jedoch in den Berichten ausländischer Beobachter. Unser bewährter englischer Augenzeuge Dr. Rigby schrieb am 18. Juli tief beeindruckt nach Hause: »Ich bin Zeuge der außergewöhnlichsten Revolution geworden, die vielleicht jemals in der menschlichen Gesellschaft stattgefunden hat. Ein großes und weises Volk kämpfte für die Freiheit und die Rechte der Menschheit. Sein Mut, seine Umsicht und Ausdauer sind mit Erfolg belohnt worden. Ein Ereignis, das Millionen von Menschen in der Zukunft zu Glück und Wohlstand verhelfen wird, hat sich mit verhältnismäßig geringem Blutvergießen vollzogen, ohne daß der normale Tagesablauf für mehr als ein paar Tage beeinträchtigt wurde.« Dieser Eindruck des relativ geringen Blutvergießens findet sich auch bei dem schon zitierten englischen Botschafter Lord Dorset, der von der »größten Revolution der bisherigen Geschichte« sprach und der seiner für diesen Zeitpunkt erstaunlichen Überzeugung Ausdruck verlieh, daß Frankreich von diesem Zeitpunkt an ein befreites Land, der König in seiner Macht beschränkt und der Adel dem Rest des Volkes angeglichen sei. Lord William Auckland wunderte sich über das zu Helden gewordene Volk von Paris, das in 24 Stunden etwas vollbracht habe, was selbst die Vorstellung nicht begreifen könne.

Während die Depesche des russischen Botschafters Simolin noch die Skepsis des fremden Beobachters erkennen läßt, wenn er schreibt, daß sich in Frankreich eine Revolution vollzogen habe, »die man nicht glauben kann, hätte sie sich nicht vor unseren Augen abgespielt«, ist sich der österreichische Botschafter, Graf Mercy-Argenteau, in seiner Bewertung für Kaunitz sicher: »So unwahrscheinlich, wie uns die Revolution, die hier stattgefunden hat, auch erscheinen mag, es ist nichts desto weniger absolut sicher, daß von nun an die Stadt Paris in Frankreich in Wahrheit die Rolle des Königs spielen wird, und daß es von ihrem Gutdünken allein abhängen wird, die Assembleé von einer Armee von vierzig- bis fünfzigtausend bewaffneten Bourgeois umzingeln zu lassen und ihr die Gesetze zu diktieren.« Auch für den schon erwähnten Amerikaner Morris, der am Abend des 14. Juli in seinem Tagebuch die

Eroberung der Bastille als eines der »außerordentlichsten Dinge« bezeichnete, die er je erlebt habe, war die Revolution noch drei Monate später »von so unglaublicher Natur, daß der Geist sich die Tatsache kaum vergegenwärtigen kann«. Allerdings hielt er die Revolution für zu groß, um in so kurzer Zeit und mit so geringem Blutverlust geregelt zu sein. Für den amerikanischen Botschafter Thomas Jefferson, der die Tage der Revolution in Paris ohne jedes Gefühl von Bedrohung erlebt hatte, stellte das Ereignis »nur das erste Kapitel in der Geschichte der europäischen Freiheit« dar.

Der liberale englische Politiker Charles James Fox formulierte gar am 30. Juli: »Es ist mit Abstand das gewaltigste Ereignis, das die Welt je sah. Und auch das Beste.« Vielleicht hatte er die »Morning Post« vom 21. Juli gelesen, wo die Pariser Ereignisse »als die größte Revolution, die die Welt je gesehen hat«, bezeichnet worden waren. Der sächsische Botschafter Graf Salmour gab sich überzeugt davon, daß diese »wichtige und außergewöhnliche Revolution eine beträchtliche Veränderung im politischen System Frankreichs« herbeiführen müsse. Der portugiesische Botschafter war sich sicher, in den »Annalen der Menschheit kein anderes Beispiel einer solchen Revolution zu finden.« Wäre er nicht selbst dabeigewesen, so hätte er es nicht gewagt, davon zu berichten, aus Angst, daß man seinen Bericht für eine Fabel gehalten hätte. Der Korrespondent der »Gazette d'Amsterdam« berichtete seinen Lesern begeistert von »dieser ebenso unfaßbaren wie für die französische Nation und die Bewohner der Hauptstadt glorreichen Revolution«.

Französische Beobachter waren in ihrer Beurteilung natürlich von ihrem Parteistandpunkt abhängig. Bei den Befürwortern der Vorgänge häuften sich Bemerkungen zur Zukunft des Landes: »Die Pariser haben die kostbarste Epoche der Geschichte eröffnet, die künftigen Geschlechtern die teuerste sein wird«, schrieb der Vikar Jacques Roux. In einer der vielen Lobreden auf die Bewohner von Saint-Antoine wurde die gerade vergangene Woche »zu einer der leuchtendsten Epochen unserer Monarchie« erklärt, der Abgeordnete Marquis de Sillery pries die Kürze dieser Revolution von zwei Wochen, während sie in England hundert Jahre Krieg erfordert habe. Huguet, ein Abgeordneter der Nationalversammlung aus Clermont-Ferrand, wollte nicht glauben, daß »jemals etwas Vergleichbares« geschehen sei: »Es ist einmalig in den Annalen der

Weltgeschichte, daß sich ein Volk in einem Zeitraum von fünf Tagen unter Beibehaltung größter Ordnung organisiert, sich alle notwendigen Waffen verschafft und eine Festung, das Bollwerk des Despotismus, einnimmt und zerstört.« Immer wieder beeindruckt, daß die Zeitgenossen das Geschehene »unglaublich« fanden, obwohl sie doch selbst seine Zeugen gewesen waren: »Die Überraschung, der Schrecken, die die Schnelligkeit der Ereignisse in die Seele geschleudert haben«, so schrieb der Verfasser der Schrift »L'ouvrage des six jours« (Das Werk der sechs Tage), »haben uns die Möglichkeit genommen, sie zu beschreiben.«

Camille Desmoulins, der Volksredner vom Palais Royal, erklärte selbstbewußt und apodiktisch: »Der 14. Juli ist der Tag der Befreiung von der Knechtschaft Ägyptens und der Durchquerung des Roten Meeres. Er ist der 1. Tag des Jahres I der Freiheit.« Damit hatte Desmoulins die Formel gefunden, die die zukünftige positive Revolutionsbewertung prägen sollte, tausendfach und zum Überdruß wiederholt in den folgenden Jahren. Die gegenteilige Interpretation sah dagegen der alte Buchhändler Hardy aus der Rue St. Jacques voraus, der selbst aus seiner Begeisterung für die Revolution keinen Hehl machte: »Dieser Tag wurde für alle Böswilligen und die Feinde des Staates für immer der Tag der großen Unordnung, während man doch an diesem Tag unglücklicherweise Zeuge der göttlichen und menschlichen Rache für diese selben Böswilligen geworden war.« Der 14. Juli als »Inbegriff der Anarchie« war geboren. Ähnlich formulierte es der Wahlmann Dusaulx, der vom 14. Juli als einem Prüfstein sprach, der erkennen lasse, ob jemand für oder gegen die Revolution sei. Weitsichtige Beobachter wie Graf Mirabeau und George Washington sahen schon nach den ersten blutigen Ereignissen voraus, daß diese Revolution »zu groß« sei, »um in so kurzer Zeit und mit so geringem Blutverlust erledigt zu sein«.

Außerordentlich treffend analysierte Bailly, der Astronom und zukünftige Bürgermeister von Paris, das Ereignis und seinen unmittelbaren Widerhall in ganz Frankreich: »Die Einnahme und die Zerstörung der Bastille, die an dem Tage der Übergabe bereits begann, stellte für das Volk ein physisch-konkretes, materielles Bild dar für den Sturz des alten Regimes und die Zerstörung der Willkürherrschaft.« Natürlich wußte dieser Wissenschaftler, daß schon die Junitage wichtige Beschlüsse gebracht hatten: »aber sie bestanden nur in den Augen und in dem Bewußtsein der Gesetzgeber (in Versailles) und der aufgeklärten Denker. Die bezwungene und geschleifte Bastille hingegen übte ihre Wirkung auf alle Welt aus«. Die Bastille, vorher gleichsam das Herrschaftsprinzip der Monarchie, war nach ihrer Eroberung zum Symbol des Umbruchs geworden. Ein anderer kritischer Zeitgenosse, der Buchhändler Nicolas Ruault, verdichtete am 16. Juli die große Bedeutung der Bastilleeroberung in einem einzigen Satz: »Der Verlauf des Dienstags hat die Macht des Königs getötet.«

Mußte man am Abend dieses denkwürdigen Tages solche Einsichten formulieren? Mindestens ein Mann entzog sich in seinen Tagebuchnotizen der Bedeutungsschwere der Ereignisse dieses Tages und gab damit Anlaß zu vielfachem Mißverständnis. In Versailles trug Ludwig XVI. ein einziges Wort, sein berühmtes »Nichts«, in das Tagebuch ein. Doch in einem Gespräch mit Graf Fersen im Februar 1792 gab der König zu erkennen, daß der 14. Juli der entscheidende Tag war, an dem er das Land hätte verlassen müssen: »Ich weiß, daß ich den Moment verpaßt habe; das war am 14. Juli. Damals hätte man fortgehen müssen, und ich wollte es auch. Aber wie sollte ich es machen, wenn sogar Monsieur (der älteste Brüder des Königs) mich bat, nicht zu fliehen, und Marschall de Broglie mir sagte: 'Ja, wir können nach Metz gehen. Aber was wollen wir machen, wenn wir da sind?' Ich habe damals den Moment verpaßt, und ich habe ihn seitdem nicht wiedergefunden.«

In Paris schloß Gouverneur Morris, der amerikanische Beobachter der politischen Szene der Hauptstadt, seine Tagebucheintragung zum 14. Juli mit den lapidaren Worten ab: »Return Home and take Tea, being ill. This has been a very cool Day.« Als am nächsten Morgen das »Journal de Paris« in den Buchläden von Paris verkauft wurde, fand sich auf den 4 Seiten der Zeitung kein einziger Hinweis darauf, daß die Bastille erobert worden war. Für die »vereinigten Patrioten« des Palais Royal war solche Enthaltsamkeit überhaupt nicht erstaunlich. Ihnen war die »schandbare Furcht« des Blattes schon Anfang Juli aufgefallen. Zwar verkünde man mit Würde Auf- und Untergang der Sonne oder das Anzünden und Erlöschen der Straßenlaternen, ansonsten falle diese Zeitung aber eher durch überholte und falsche Meldungen auf.

Schon eine knappe Woche später, als überall in Frankreich in den Städten die Pariser Ereignisse nachgespielt wurden und auf dem

Lande der Sturm auf die Schlösser begann, versuchte man in Paris, wieder zum normalen Leben zurückzukehren. Am 20. Juli bedankten sich die Aktionäre der Börse bei der neuen Stadtverwaltung für die Wiederherstellung der Ruhe; Bankiers, reiche Klöster, der Erzbischof von Paris, der ehemalige Polizeichef und das Kapitel von Notre-Dame spendeten Geld für bedürftige Arbeiter, die seit Tagen nichts mehr verdient hatten. Die Theater veranstalteten Wohltätigkeitsvorstellungen. Am 21. begann man mit dem Pflastern der für den Barrikadenbau aufgerissenen Straßen, und schon seit dem 15. Juli versuchte die Stadtverwaltung, die vielen Feuerwaffen wieder einzusammeln, indem sie jedem 9 Livres versprach, der sein Gewehr zurückgab. Am 22. Juli wurde der Brotpreis auf 12 Sous festgesetzt: Paris schien befriedet.

Palloy, der Patriot, und die Zerstörung der Bastille

Ein zweiter Kampf um die Bastille

Dr. Edward Rigby war durch die Umstände der Revolution gezwungen, länger in Paris zu bleiben, als er eigentlich beabsichtigt hatte. Da er keine Genehmigung zum Verlassen der Stadt erhielt, benutzte er den unfreiwilligen Aufenthalt, um sich näher in Paris umzusehen. Am Samstag, dem 18. Juli, besichtigte er das »weitaus interessanteste Objekt«, das die Stadt in diesen Tagen zu bieten hatte und »das auch die größte Anzahl Besucher anlockte«. Es war die eroberte Bastille: »Wir erblickten etwa 200 Arbeiter, die eifrig damit beschäftigt waren, dieses Schloß des Despotismus abzureißen. Inmitten der beifälligen Rufe des Volkes sahen wir einige Zinnen fallen. Ich beobachtete einige Künstler, die noch schnell einige Skizzen von einem Objekt anfertigten, das bald nur noch auf dem Papier existieren würde. Wir schätzten uns glücklich, Zeuge des Untergangs dieses Bollwerks des Terrors zu sein.« Trotz seiner Begeisterung ließ Rigby den Gedanken fallen, sich gegen gute Bezahlung einer der Milizeinheiten anzuschließen, um auf diese Weise eine Nacht in der Bastille zu verbringen. Der Gedanke an einen möglichen nächtlichen Alarm, der vier bewaffnete Engländer in der Bastille zum Vorschein gebracht hätte, reichte aus, um ihn und seine Freunde von dem Plan abzubringen. Viele Pariser ließen sich in diesen Tagen wie Gefangene in die Kellerverliese einschließen, um auf diese Art und Weise die Haftbedingungen der Festung nachzuvollziehen und an der öffentlichen Diskussion über die Größe der Ratten in den Verliesen teilnehmen zu können.

Zwei Tage später nutzte der Amerikaner Morris seine guten Beziehungen zum Marquis de Lafayette, um einen Pass zur Besichtigung der Bastille zu erhalten. Schon am folgenden Tag organisierte Morris eine Ausfahrt mit einigen Freunden und seiner Geliebten Madame de Flahaut, die wie tout Paris zur Bastille wollte, zur eroberten Festung. Die Gruppe wurde von einem der mit dem Abriß beautragten Architekten geführt, der ihnen ausführlich alle Winkel zeigte. Morris selbst war im Gegensatz zu seiner Begleitung nicht sehr beeindruckt von dieser Attraktion der Pariser Gesellschaft. Für einen Mann mit einem Holzbein war es wahrhaftig kein Vergnügen, in den Kellergewölben herumzusteigen. Außerdem klagte er über den schrecklichen Gestank in dem Gebäude, aber was mußte man nicht alles für die gerade gewonnene Geliebte tun? Am 17. Juli machten es ihnen etwa 100 Abgeordnete der Nationalversammlung nach, die mit dem König nach Paris gekommen waren. Sie stiegen auf die Türme der Festung und genossen dort oben den Applaus der Menge. Die Revolution der Juristen in Versailles machte sich die Ergebnisse des Bastillesturms zunutze.

So wie Rigby, Morris und seine Gesellschaft wollten in diesen Tagen alle Pariser beim Abbruch der Festung zusehen, es galt als schick, an der Baustelle gesehen zu werden. Der offizielle Beschluß zum Abriß war schon am 16. Juli gefaßt worden, zwei Architekten wurden beauftragt, die Arbeiten zu beaufsichtigen, die unter dem Kommando des stellvertretenden Kommandeurs der Miliz, de la Salle, stehen sollten. Dieser formelle Beschluß war jedoch eigenartig unwirklich, denn zur gleichen Zeit, als das Comité Permanent ihn faßte, waren an der Bastille schon etwa 200 Arbeiter mit den Abrißarbeiten beschäftigt.

Folgendes war geschehen: Am späten Abend des 14. Juli war der Wahlmann Soulès mit dem Kommando über die Festung betraut worden. Als er dort mit 100 Mann seiner Milizkompanie eintraf, hatte er eine erste Auseinandersetzung mit einer Gruppe der Gardes Françaises unter dem Kommando eines Marquis de Laizer zu bestehen, der sich dem neuen Kommandanten nicht unterordnen wollte. Soulès begegnete während seiner kurzen Amtszeit als Gouverneur der Bastille drei interessanten Männern. Zunächst hatte er eine eher unerfreuliche Begegnung mit dem bekannten Schriftsteller Beaumarchais. Der gewiefte Spekulant und Verfasser der »Hochzeit des Figaro«, der sich in der Nachbarschaft gerade ein prächtiges Haus mit Blick auf die Bastille gebaut hatte, hatte sich mit der Hilfe Laizers Eintritt in die Bastille verschafft, um sich unter den Dokumenten der Festung das auszusuchen, was ihm für seine schriftstellerischen Arbeiten am nützlichsten erschien. Zu seiner Ehre muß allerdings gesagt werden, daß er die gesammelten

Abb 18: Der Abbruch der Bastille wird zum öffentlichen Ereignis

Papiere wieder zurückgab, als sich die Stadtverwaltung an die systematische Sammlung des Archivs der Bastille machte, das bis 1798 zunächst einmal im Distrikt St. Louis de la Culture aufbewahrt wurde.

In der Nacht zum 15. Juli hätte Soulès beinahe sein neues Amt mit dem Leben bezahlt. Vor der Bastille war eine Kompanie der Miliz des Cordeliers-Distrikts aufgetaucht, die unter der Führung von Georges Danton stand. Diesem Heißsporn war nicht klar zu machen, daß Soulès nicht der »alte« Gouverneur der Festung, sondern schon der »neue« war. Soulès, der sich allein am Tor der Bastille aufhielt, wurde gefangengenommen, zu den Cordeliers gebracht, und erst dem Marquis de la Salle, dem Kommandeur der Pariser Miliz, gelang es, ihn wieder zu befreien.

Doch Soulès begegnete auch dem Mann, der schon am Abend dieses 14. Juli mit den Abrißarbeiten begonnen hatte. Es war der Mann, dessen Name für immer mit dem Abbruch der Bastille verbunden bleiben wird: Palloy, der Patriot, wie er sich selbst seit dem 16. Juli nannte. An diesem Tag nämlich, dem gleichen Tag, an dem von den städtischen Behörden erst formell der Abriß beschlossen wurde, versicherte der geschäftstüchtige Palloy brieflich dem Comité Permanent, daß er nicht die Absicht habe, den Platz zu räumen, »ehe ich nicht mit Befriedigung den letzten Stein habe fallen sehen; und das ist auch der allgemeine Wille des Volkes, das sich nach den Ereignissen wie wild gebärdet. Ich habe hier mehr Arbeiter zur Verfügung, als ich gebrauchen kann, und ich fürchte, daß es zu Streitereien kommen wird, wenn sie ihren Lohn verlangen«. Diese unverhohlene Erpressung hatte Erfolg, zumal das Comité Permanent froh war, auf diese Weise erst einmal der weiteren Sorge um die Bastille enthoben zu sein. Palloy erledigte diese Aufgabe in der Tat mit professionellem Ehrgeiz. Nach wenigen Tagen waren ca. 500 Arbeiter auf der Baustelle, und jedermann konnte die täglichen Fortschritte erkennen, die beim Abbruch der Festung gemacht wurden. Schon am 17. Juli berichtete der Marquis de Sillery – gewiß übertreibend – von 3 000 Arbeitern an der Bastille. Wer war der Mann, der sich so bemerkenswert intensiv um den Abbruch der Bastille kümmerte?

Pierre-François Palloy war ein junger Mann von 34 Jahren, der – nach einer zweijährigen Dienstzeit im Regiment Royal-Dragon – mit 20 Jahren in ein Bauunternehmen eingetreten war und dieses

Abb. 19: Arbeiter und Architekten beim Abbruch der Bastille

Geschäft nach dem Tode seines Inhabers, dessen Schwiegersohn er auch geworden war, übernommen hatte. Im Jahrzehnt vor der Revolution gab es für einen ehrgeizigen Bauunternehmer in Paris geradezu goldene Zeiten. Die Stadt platzte aus allen Nähten, neue Viertel wurden erschlossen, die Zollmauer mit ihren über 50 Zollstationen wurde gebaut, Palloy schwamm auf dieser Welle mit. 1789 besaß er ein Vermögen von einer halben Million, mehrere Häuser und Grundstücke brachten gute Einnahmen, und er gehörte zu der kleinen Schicht wohlhabender Pariser, die eine eigene Kutsche fuhren. Palloy war ein gemachter Mann, der aber nicht ohne politische Interessen war. Anfang Mai 1789 ließ er die Rede, die Ludwig XVI. zur Eröffnung der Generalstände gehalten hatte, auf eigene Kosten drucken. Kein Wunder, daß er sich an der Bildung der Bürgermiliz seines Distrikts beteiligte, und man wird auch verstehen können, daß der alte Soldat am 14. Juli, als er den Lärm von der Bastille hörte, zum Schauplatz der Kämpfe lief. Seine Beteiligung am Kampf selbst ist höchst unsicher, er selber behauptete später, daß ihm während der Kämpfe, als er sich gerade die Wachordnung für die Torwache der Bastille zur Erinnerung mitnehmen wollte, eine Kugel den Hut durchschlug. Auf der Siegerliste des Jahres 1790 fehlt sein Name, doch möglicherweise wurde er nur falsch geschrieben, denn Palloy erhielt die äußeren Insignien und die Urkunde eines »Vainqueur de la Bastille«.

All dies erklärt jedoch nicht die unglaubliche Schnelligkeit, mit der Palloy am Abend des 14. Juli alle seine verfügbaren Arbeiter zusammenrief und zur Bastille beorderte. Hatte Palloy etwa auf die Eroberung der Bastille gewartet, hatte er vielleicht im Rathaus gehört, wie Elie, einer der Anführer der »Sieger«, die Zerstörung ankündigte? Viel wahrscheinlicher ist es, daß der schon oft mit öffentlichen Bauarbeiten betraute Bauunternehmer schon von den Projekten gehört hatte, die Bastille abzureißen und das Gelände für Baumaßnahmen freizugeben. Insofern liegt es nahe, daß Palloy sich bereits mit dem Abbruch des Kolosses beschäftigt hatte. Als jetzt die erhoffte Situation eingetreten war, mußte sich der agile Unternehmer natürlich an seine Pläne erinnert sehen und konnte handeln. Einer seiner Angestellten hielt in der Nacht für ihn die Stellung, am nächsten Morgen war er selbst wieder zur Stelle und verstärkte noch die Zahl der Arbeiter, schaffte Werkzeug und Gerät heran und bezahlte am Abend des 15. Juli bereits 378 Arbeiter (zunächst) aus eigener Tasche, später übernahm die Stadtverwaltung die anfallenden Kosten. Schon am 15. schrieb Houette, ein Angestellter Palloys, einen Bittbrief an die Distrikte, sich an den Kosten zu beteiligen.

Palloy sorgte auch – soweit dies überhaupt möglich war – für Ordnung auf der riesigen Baustelle. Seine Angestellten und Arbeiter erhielten verschiedenfarbige Ausweiskarten, um sie von der Masse der Zuschauer unterscheiden zu können, die in diesen Wochen die Baustelle belagerten, um einen Blick in das berüchtigte Gefängnis zu werfen. Er konnte damit freilich nicht verhindern, daß sich viele der Arbeiter eine hübsche Nebeneinnahme verschafften, indem sie neugierigen Besuchern ihre Ausweiskarten überließen, damit diese sich so in die Bastille einschleichen konnten. Schon am 18. Juli mußte das Comité-Permanent den Arbeitern die Annahme solcher Extragelder verbieten.

Unterbrochen wurden diese ersten Tage intensiver Arbeit eigentlich nur durch offizielle Besuche der vom Comité Permanent beauftragten Architekten, die eine vermutete geheime Verbindung zwischen der Bastille und dem Gefängnis von Vincennes finden, und den Ärzten, die die bei den Arbeiten gefundenen Skelette untersuchen sollten. Natürlich blieben alle diese Untersuchungen ohne den erwünschten Erfolg: Man fand nicht das gewünschte angekettete Skelett, das sich als Opfer des Despotismus hätte verkaufen lassen, man fand lediglich einige Knochenreste, die vermutlich von verunglückten Bauarbeitern oder von protestantischen Gefangenen des 17. Jahrhunderts herrührten. Immerhin beerdigte man feierlich die gefundenen Knochen auf dem Friedhof von Saint-Paul und setzte ihnen einen Grabstein, der sie als »Opfer des Despotismus« ehrte. So wie man nach der Eroberung der Bastille kurzerhand zwei gar nicht existierende Gefangene erfand, so beförderte man diese ganz unspektakulären Funde ohne große Skrupel zu Objekten der Willkürherrschaft.

Die Arbeiter Palloys wurden auch angewiesen, bei ihren Arbeiten auf das etwaige Stöhnen von Gefangenen zu horchen, die man bislang nicht habe finden können. Nachdem schon der Chefingenieur der Stadt Paris vergeblich gesucht hatte, erschien eines Tages sogar Graf Mirabeau in Begleitung zweier ehemaliger Bastillewächter, um persönlich die Keller der Festung nach geheimen Verliesen zu untersuchen. Am 17. Juli, dem Tag, an dem der König in

Begleitung einer Hundertschaft von Abgeordneten die Stadt besuchte, begaben sich sogar adelige Abgeordnete auf die Plattform der Bastille und brachen eigenhändig einige Steine heraus, um sie unter dem Beifall der Menge in den Graben zu werfen. Junge Damen pflegten kleinere Steine mit dem Ruf »Freiheit« in die Tiefe zu werfen, andere ließen sich Schmuck daraus fertigen. Am 16. Juli hatte der berühmteste der ehemaligen Bastille-Gefangenen, Henri Maser de Latude, um die Erlaubnis nachgesucht, die Strickleiter, mit der er in der Nacht vom 25. auf den 26. Februar 1756 aus der Bastille entkommen war, im Archiv der Festung zu suchen. Konnte es sinnfälligere Beweise der neuen Lage geben?

Die Vermarktung der Bastille beginnt

Doch Palloy, der Patriot, war mit der Aufgabe der bloßen Zerstörung, die ihn beinahe zwei Jahre lang beschäftigen sollte, nicht zufrieden. Schon bevor er auf Geheiß des Rathauses am 21. Mai 1791 die Baustelle auflöste, auf der unter seiner Leitung insgesamt ca. 850 000 Livres ausgegeben worden waren, hatte er sich neuen Zielen zugewandt. Auslöser war dafür ein von seinen Arbeitern organisierter Festakt am 22. Februar 1790, während dessen sie ihren Eid auf die Grundsätze der neuen Verfassung ablegen wollten. Auf dem Schutthügel, den die zerstörte Bastille jetzt nur noch bildete, hatten sie einen Altar aufgebaut, eine Rede wurde gehalten und feierlich der Schwur abgelegt. Am nächsten Tag bewegte sich ein Zug von 700 Arbeitern zum Rathaus, um den Vertretern der Stadtverwaltung ein kleines Modell der Bastille zu überreichen, das einer der Steinmetze in den Diensten Palloys aus einem Steinquader der alten Festung herausgemeißelt hatte. Dieser Arbeiter mit Namen Dax sagte in einer kleinen Rede, »die Freiheit habe ihm die Idee eingegeben, dieses Modell anzufertigen«. Palloy, der Patriot, umarmte voller Stolz seinen talentierten Mitarbeiter. In diesem Augenblick des öffentlichen Erfolges dieser Idee muß Palloy der Gedanke einer weiteren Verwertung der Überreste der Bastille gekommen sein, jetzt kam es nur noch darauf an, das Geschäft mit den Trümmern der »Schreckensburg«, die zum Fanal der Freiheit geworden war, richtig anzukurbeln.

Zwar hatte ein Geschäftsmann schon im Juli 1790 in Zeitungsanzeigen für seine Gipsmodelle der Bastille zum Preis von 48 Livres geworben, aber so offensichtlich schnöde Geldschneidereien waren nicht die Sache eines wahren Patrioten wie Palloy. Er wollte als Zerstörer der Bastille in die Geschichte eingehen, und deshalb begann er, allen 83 Departments Frankreichs aus Steinen der Bastille gehauene Modellbastillen zuzusenden. Doch dies geschah nicht etwa formlos, sondern Palloy machte aus der Übersendung der Bastillemodelle einen hochpolitischen Akt, der vor allem den Zweck hatte, seinen Namen zum Synonym für die Zerstörung der Bastille werden zu lassen.

Zunächst gründete er die Gesellschaft der »Apostel der Freiheit«, deren Aufgabe darin bestand, im Winter 1790/91 in den Departementshauptstädten je drei fertig gepackte Kisten mit Bastille-Devotionalien zu überreichen, die von ausführlichen Schreiben Palloys begleitet wurden. Neben dem Modell und einer aus Bastille-Holz gefertigten Platte versandte er u.a. einen Plan und eine genaue Beschreibung der Bastille, ein Bild des Grabsteins für die gefundenen Skelette, das dreibändige Protokoll der Wahlmänner von Paris über die Ereignisse des 14. Juli, ein allegorisches Bild, das den König, Bailly und Lafayette vor der Ruine der Bastille zeigte, sowie schließlich die inzwischen von dem Wahlmann Dusaulx verfaßte Geschichte der Bastille und die Biographie des Mannes, der durch seinen Ausbruch aus der Festung zur Berühmtheit gelangt war – Maser de Latude.

Die Überreichung dieser Sendungen wurde in vielen Städten zu einem feierlichen Ereignis ausgestaltet, das Bastillemodell wurde durch die Straßen getragen und erhielt einen Ehrenplatz im jeweiligen Rathaus. Begeisterte Dankschreiben liefen bei Palloy ein und zeigten ihm, daß er die richtige Strategie verfolgt hatte und daß seine »Apostel« seiner Vorschrift gefolgt waren, nichts zu versäumen, was dem »Gemeinwohl und dem Interesse von M. Palloy nützlich sein könnte«. Ein Jahr später erweiterte Palloy diese Aktion durch die Versendung von Bastillesteinen, in die man den Text der Menschenrechtserklärung eingraviert hatte.

So wurde er ein in ganz Frankreich bekannter Mann, der aber auch durch billigere und für ein breites Publikum gedachte Erinnerungsstücke sein Geschäft zu machen versuchte. Aus Bastillesteinen gefertigte Bonbonnieren, Tintenfässer, Würfelbecher und kleine Bastillen, populäre Drucke und Spiele wurden angeboten.

Doch auch die Damen der besseren Gesellschaft bedienten sich der Steine der Bastille, freilich in angemessener Umgebung. Als im Jahre 1791 eine Engländerin die Marquise de Genlis besuchte, bemerkte sie an deren Hals ein Médaillon, das aus einem polierten Bastillestein gefertigt war. In der Mitte stand mit kleinen Diamanten geschrieben: *LIBERTE*. Darüber und darunter waren das Sternzeichen und der Umfang des Mondes vom 14. Juli ebenfalls mit kleinen Diamanten ausgeführt. Um das Médaillon herum zog sich eine Girlande aus Smaragden und sie war mit einer Kokarde aus kostbaren blau-weiß-roten Steinen mit dem Stein verbunden.

Auch Gedenkmünzen mit Szenen der Eroberung der Bastille wurden hergestellt. Zuweilen mochte man dem Produzenten auch glauben, daß sie tatsächlich aus den Eisenketten der Bastille geschlagen worden waren. Kurzum, Palloy schaffte es, seinen Namen populär zu machen, und zugleich gelang es ihm, die Eroberung der Festung in einer bislang völlig unbekannten Weise zu vermarkten. Freilich muß gesehen werden, daß der geschickte Unternehmer mit seinem Devotionalienhandel einen geradezu unglaublichen Bedarf in der Bevölkerung befriedigte. Auch die Verwendung des Bastillemotivs auf Tellern, Schüsseln und Krügen, auf Knöpfen und Pfeifenköpfen, auf Tabaksdosen und Gürtelschnallen, all dies weist in die gleiche Richtung: Es bedurfte der Einrichtung einer neuen Symbolwelt, um die Wucht des Ereignisses zu begreifen. Palloys nicht geringes Verdienst ist es, diesen ungeheuren Bedarf an politischer Symbolik zu erkannt zu haben.

Das Loblied auf die »Sieger«.

Die »Vainqueurs de la Bastille« finden sich

An diesem Abend des 14. Juli schienen alle gewonnen zu haben. Paris tauchte in einen unvorstellbaren Taumel der Begeisterung ein. Auf den Straßen sah man nicht nur die Umzüge mit den aufgespießten Köpfen der Opfer, sondern man sah auch, daß die Männer, die die Bastille erobert hatten, auf Wagen durch die Straßen zum Palais Royal gefahren, zuweilen auch von kräftigen Männern aus den Markthallen getragen wurden. Doch neben dem Jubel über die gefallene Bastille, der auch ein wenig durch den am Abend einsetzenden Regen gedämpft wurde, herrschte in dieser Nacht noch tiefe Unsicherheit. Immer wieder erschreckten Fehlalarme die Bevölkerung, die befohlene Beleuchtung der Häuser und das Licht der bis Mitternacht brennenden Straßenlaternen ließ, wie der präzise Beobachter Hardy festhielt, ab und zu Patrouillen sichtbar werden, die vermeintliche Angriffe abwehren und in der Stadt für Ordnung sorgen sollten. Die möglichen Einfallstraßen für einen Angriff wurden durch schnell errichtete Barrikaden gesichert.

Im Rathaus liefen die Fäden dieser Sicherheitsmaßnahmen zusammen, einige Mitglieder des Comité Permanent arbeiteten bis zur Erschöpfung. Um viertel nach zwei traf im Rathaus aus Versailles der Abgeordnete Dupont de Nemours ein und teilte dem Comité Permanent die Antwort des Königs auf die erste Deputation der Nationalversammlung mit. Darin hatte der König den Rückzug der Truppen vom Marsfeld angekündigt und seine Zustimmung zur Bildung der Miliz angedeutet. Aber auch diese Nachricht, die durchaus den Tatsachen entsprach, führte noch nicht zu einer wirklichen Beruhigung in der Stadt, obwohl die militärische Lage objektiv günstig war. Tatsächlich befanden sich die Regimenter seit etwa neun Uhr abends auf dem überhasteten Rückzug in Richtung Versailles. Gerade zu der Zeit, als der Abgeordnete das Rathaus erreichte, versuchten Soldaten des Regiments Salis-Salmade, in dem Dorf Sèvres notdürftige Unterkunft zu finden. Trotzdem waren es erst der Besuch der Abordnung der Nationalversammlung am nächsten Nachmittag und vor allem der Canossagang des Königs nach Paris selbst, die diese Unsicherheit beseitigen konnten.

Schon am späten Nachmittag war es im Rathaus zu bewegenden Szenen gekommen, als die gerade eingetroffene Gruppe der »Sieger um Hulin und Elie von den Wahlmännern empfangen und belobigt wurde. Auf der einen Seite die verschmutzten und manchmal blutverschmierten Kämpfer, von denen Elie noch den zerbrochenen Säbel in der Hand hielt, auf der anderen Seite die Honoratioren der Wahlmännerversammlung, die versuchten, den Helden des Tages ihren Dank abzustatten. Zwar erklärte Elie feierlich, daß er auf eine Belohnung verzichte, doch dagegen, daß man im Rathaus die Namen der Sieger festhielt, war nichts einzuwenden. Vor allem der Marquis de la Salle, der Befehlshaber der Bürgermiliz, kümmerte sich an diesem Abend darum, daß den Siegern militärische Auszeichnungen verliehen und ihre Namen verzeichnet wurden. Seit dem 15. Juli gehörten Hulin und vor allem Elie zu den Repräsentanten des Volkes, die bei allen feierlichen Anlässen zugegen waren. Als am 15. Juli die Delegation der Nationalversammlung nach Paris kam, schätzten sich die ehrenwerten Herren aus Versailles glücklich, Elie begrüßen zu dürfen, der sie noch einmal an den Ort des Geschehens führte.

Doch auch außerhalb des Rathauses halfen die Bürger den Siegern, wo sie es vermochten. Nicht nur, daß sie im Palais Royal hofiert und freigehalten wurden, man veranstaltete Sammlungen für sie, ja einigen wurden sogar von privaten Gönnern Renten bewilligt. In einem Fall führte die spontane Begeisterung sogar zu einer Verwechslung. Ein völlig unbeteiligter Soldat der Gardes Françaises, Henry Dubois, wurde durch einen Irrtum für den Mann gehalten, der dem Gouverneur der Bastille seinen Orden (»Das Kreuz des Heiligen Ludwig«) abgenommen habe. Erst ein Jahr später wurde der richtige Held öffentlich belobigt und befördert. Doch bei diesen Ehrungen sollte es nicht bleiben.

Schon am 17. Juli wurde im Distrikt Petits-Augustins, also im vornehmen Faubourg St. Germain und nicht etwa im Arbeiterviertel Saint-Antoine, während einer Distriktsversammlung ein Antrag gestellt und angenommen, der eine Reihe von Ehrungen für die »wahren Patrioten« vorsah, die an der Eroberung der Bastille teilgenommen hatten. Eine goldene Erinnerungsmedaille solle geprägt werden, der Eroberer, der als erster die Bastille betreten habe, solle sie als einziger am Bande tragen dürfen, seinem Namen solle der Titel »Chevalier de la Bastille« hinzugefügt werden, und er solle auch in den Genuß einer städtischen Pension kommen. Andere Distrikte wurden aufgefordert, sich diesem Vorschlag anzuschließen.

Wenige Tage später folgte der (nördlich der Bastille gelegene) Distrikt Madeleine-Trainel. Als Dank an die Männer, denen man diese »glückliche Revolution« verdanke, wurde hier vorgeschlagen, die Angehörigen der Gardes Françaises als Regiment in die städtische Miliz zu übernehmen und für ihren Unterhalt zu sorgen. Mit diesen beiden Vorschlägen aus verschiedenen Distrikten wurden zugleich zwei unterschiedliche Gruppen von Bastillesiegern angesprochen, deren Organisierung in ganz unterschiedlichen Bahnen verlaufen ist, die sich zuweilen sogar wie feindliche Brüder bekämpft haben und die noch 1833, als es zum letztenmal um Staatspensionen für die Bastillekämpfer ging, gegeneinander ausgespielt wurden.

Zum einen waren dies die Soldaten der Gardes Françaises, die sich sehr bald unter dem offiziellen Titel »Vainqueurs de la Bastille« organisierten, und zum anderen waren dies die zivilen Bastillekämpfer, die schon seit dem 15. Juli als relativ kleine, aber eigenständige Gruppe nachweisbar sind. In der Folgezeit verrichteten sie als militärisch organisierte Kompanie wechselnde Sicherungsaufgaben an der Bastille selbst, an den Quais oder in Montmartre, wo sie ausgerechnet mit der Kontrolle streikender Arbeiter betraut wurden. Auch als Begleitschutz für wichtige Getreidetransporte in die Hauptstadt wurden sie eingesetzt.

Sie standen unter dem Kommando Hulins, und diese Gruppe zeichnete sich durch ein Abzeichen aus, das – am blau-roten Band getragen – neben dem Datum des 14. Juli einen gestürzten Turm über dem Wappenschiff der Stadt Paris zeigte. Noch mehr aber trat diese Gruppe durch ständig wiederholte Anträge an die Nationalversammlung und die Versammlung der Stadt auf Ehrungen und Versorgungen hervor. Am 15. Oktober wurden die »Volontaires« endlich als von der Stadt besoldete Kompanie anerkannt. Am 6. Februar 1790, als der Abgeordnete Dusaulx, der offizielle Historiker des 14. Juli, seinen langatmigen historischen Bericht über den 14. Juli vortrug, hatten auch die »Volontaires« wieder ihren Auftritt.

Sie überreichten der Versammlung »den letzten Stein der letzten Fundamente« der Bastille, wie der Redner – stark übertreibend – ankündigte. Dusaulx beendete seine Rede übrigens mit der Forderung, einen jährlichen Feiertag zur Erinnerung an die Erstürmung der Festung einzurichten. Dieser Gedanke war keineswegs neu. Schon am 18. Juli 1789 hatte ihn der Marquis de Villette gefordert, zur Erinnerung an diese Revolution, »für die es kein Beispiel gibt«.

Demgegenüber hatten sich die militärischen »Vainqueurs«, also aus den Reihen der Gardes Françaises, ein rautenförmiges Abzeichen gegeben, auf dessen Außenseite »La Liberté conquise le 14 juillet 1789« zu lesen war. Doch auch die Freude dieser Soldaten über ihre »patriotischen Taten« während der letzten beiden Tage blieb nicht ungetrübt. Schon am Abend des 14. Juli machten sich ihre Anführer Gedanken über ihr weiteres Schicksal. Dieses war insofern ungewiß, als die Truppen sich ja dem Befehl ihrer Offiziere entzogen hatten, also desertiert waren, möglicherweise konnte man ihnen sogar Meuterei vorwerfen. Es müssen jedenfalls Sorgen dieser Art gewesen sein, die die Gardes Françaises bewogen, noch an diesem Abend der Freude dem Comité Permanent im Rathaus zu erklären, daß sie nicht in ihre Kasernen zurückkehren würden, weil man dort Unannehmlichkeiten befürchtete. Also wurden ihnen einige der großen Klöster in der Stadt als Quartier zugewiesen.

Daß die Frage der Disziplin für diese Soldaten ganz vordringlich war, wurde schon am nächsten Tag klar. Als die Deputation der Nationalversammlung der Stadt ihren Besuch abstattete, beging der Herzog von LaRochefoucauld-Liancourt die Unvorsichtigkeit, die Notwendigkeit eines Pardons des Königs für den Ungehorsam der Gardes Françaises zu erwähnen. Sofort beschwerten sich einige ihrer Wortführer über diese Formulierung und verwiesen darauf, daß sie mit ihrem Dienst für die Nation auch dem König gedient hätten, eines Pardons bedürfe es also gar nicht. Natürlich beeilten sich andere Redner wie Bailly, Lafayette oder der Graf Clermont-Tonnere, sofort die Mißstimmung zu überdecken: Deserteure seien allein die, die nicht desertiert seien, »die Soldaten der Freiheit können keine Deserteure sein«.

Schon am 21. erklärte der König Lafayette gegenüber eine Amnestie für alle desertierten Soldaten und erlaubte zugleich den

Angehörigen des Regiments der Gardes Françaises, in den Dienst der Stadt zu treten. Das war freilich nicht mehr als die Bestätigung der ohnehin schon erfolgten Auflösung des Regiments. Sein Kommandeur, der Duc de Châtelet, hatte bereits am 16. auf seine Position verzichtet, und seine ehemaligen Soldaten zogen ohne jede Ordnung in der Stadt umher; das Regiment bestand nicht mehr.

Vor dem erfreulichen Hintergrund der für sie jetzt befriedigend geregelten Disziplinfrage wurde es für die Gardes Françaises ein Leichtes, ihren Sieg und ihren wichtigen Übertritt zur Bürgermiliz gewinnbringend auszuschlachten. Als gar noch am 18. Juli – natürlich völlig grundlose – Gerüchte auftauchten, ihre Offiziere planten, sie mit Gift umzubringen, da war die Position dieses Korps schier unangreifbar geworden. Da half es auch wenig, daß im Distrikt Saint-Joseph der angeblich Vergiftete als Betrunkener entlarvt wurde. Nicht nur, daß man ihnen eine Summe von 150 000 Livres zur sofortigen Verteilung überließ, man erlaubte ihnen sogar, den mobilen und immobilen Besitz ihres Regimentes, also Kasernen, Einrichtungsgegenstände und Fahrzeuge, zu verkaufen und den Erlös unter sich aufzuteilen, eine erstaunlicherweise auf das Beuterecht des Krieges zurückgeführte Forderung, die die »Vainqueurs« gegenüber der Stadtverwaltung ins Feld führten. Als Ersatz dafür wurden ihnen gegen Ende des Jahres 1789 neue Quartiere in der Ecole Militaire zugewiesen.

Jeder der damals knapp dreitausend Soldaten des Regimentes kam so in den Genuß von etwa 400 Livres. Natürlich war in diesem unglaublichen Schacher unübersehbar, daß sich die Stadtverwaltung die (ehemaligen) Gardes Françaises als »die einzige einsatzfähige Truppe« erhalten wollte, wie dies Bürgermeister Bailly formulierte.

Viel wichtiger als die zuweilen unverständlichen Abgrenzungsbemühungen der beiden Korps war schließlich der Versuch der Nationalversammlung, zu einer gründlichen Bestandsaufnahme aller der Männer (und einer Frau) zu kommen, die beanspruchen konnten, als Sieger der Bastille zu gelten. Daneben wollte man aber auch die Ansprüche von Witwen und Waisen sichern. Am 19. Juni 1790 billigte die Nationalversammlung den Abschlußbericht einer speziellen Kommission, die seit dem 22. März getagt hatte und an der sowohl erfahrene Wahlmänner aus Paris wie auch einige der führenden »Volontaires« wie z. B. Hulin und Bonnemère mitarbeiteten. Ihre Aufgabe war es gewesen, eine möglichst genaue Liste aller der Personen zu erstellen, die einen Anspruch auf Teilnahme an der Eroberung nachweisen konnten. Man wollte die endlosen Streitereien beenden und klare Verhältnisse schaffen, um endlich die versprochenen Belohnungen verteilen zu können. Dabei war noch ganz unsicher, worin diese Belohnungen bestehen würden. In jedem Fall läßt der gesamte Vorgang erkennen, daß sich viele, zu viele darum bewarben, an der Bastille »dabeigewesen zu sein«. Als der bekannte Brauer Santerre aus Saint-Antoine sein Anrecht auf den Vainqueurtitel damit begründete, daß es seine Pferde gewesen seien, die die Wagen mit Stroh zur Bastille gezogen hätten, rief Rossignol ironisch, dann solle man doch die Pferde zu »Vainqueurs de la Bastille« erklären. Die um ihre Exklusivität besorgten wirklichen »Sieger« schrieben in einer Denkschrift für die Stadtverwaltung, mit den jetzt auftretenden falschen Siegern hätte man 20 Bastillen erobern können.

Natürlich war mit der Arbeit der Kommission, die übrigens öffentlich tagte, die Sache nicht aus der Welt geschafft. Sobald die Liste veröffentlicht war und die Pergamenturkunden verteilt wurden, meldeten sich einerseits neue Kandidaten für die Liste, andererseits aber stieß der Versuch, einen »revolutionären Adel« zu schaffen, auf heftigen Widerstand in der Stadt. Eine ganze Reihe von Distriktversammlungen protestierte gegen die Anmaßung der 863 »offiziellen« Sieger, allein die Festung erobert zu haben. Der Distrikt Oratoire meinte sogar, daß alle Einwohner von Paris das Recht beanspruchen könnten, »Vainqueurs de la Bastille« genannt zu werden. Die radikale Presse schloß sich dieser Bewegung sofort an, eine ausgeprägt anti-elitäre, das gemeinsame Erlebnis der Revolution betonende Stimmung breitete sich aus und verstärkte sich soweit, daß es am 25. Juni zu einer geradezu grotesken Szene kam.

Vor der Schranke der Nationalversammlung marschierte eine Abordnung entrüsteter »Vainqueurs de la Bastille« auf und legte mit großem Aplomb die bislang getragenen Ehrenzeichen auf den Tisch des Präsidenten. Angesichts der öffentlichen Diskussion um die »verdienten Anerkennungen« und weil es »das Wohl der Verfassung« erfordere, verzichtete man feierlich und mit kaum verhohlener Entrüstung auf die Ehrung. Die Nationalversammlung ließ es bei einer lobenden Protokollerwähnung bewenden, denn die Kosten für 863 gravierte Ehrensäbel und Gewehre, aber auch für die Wehrgehänge und die Patronentaschen wurden genau abgerechnet. Es war wohl eine unbeabsichtigte Ironie des Schicksals, daß die Gewehre wenig später, im November 1790, aus dem königlichen Artilleriearsenal in Maubeuge an die Stadt Paris geliefert wurden.

Die Liste der in zwölf Sitzungen gesammelten 871 Namen ist leider zu unvollständig, um sie unter Gesichtspunkten wie lokale Herkunft, Alters- und Berufsstruktur aufgliedern zu können. Auch die weiteren Versionen dieser Liste – zuletzt war man bei 954 Namen angekommen – weisen solche Defekte auf, so daß sich – auch wegen offensichtlicher Doppelnennungen – eine genaue Analyse verbietet. Gleichwohl bestätigen die vorhandenen Namensangaben den Eindruck, den schon die Namen der an der Réveillon-Affäre Beteiligten vermittelt haben: An der Bastille kämpften, wenn wir einmal von den Gardes Françaises, einigen desertierten Soldaten, drei Fabrikanten, vier Kaufleuten und einem Brauer absehen, im wesentlichen Menschen, die im Faubourg Saint-Antoine und in den benachbarten Stadtvierteln zu Hause waren. Es waren überwiegend kleine Händler, Handwerker und Angestellte, von denen der überwiegende Teil auch in die Milizlisten ihrer jeweiligen Distrikte eingetragen waren. Sie lebten zwar alle im Umfeld der Bastille, aber die meisten von ihnen waren noch auf dem Lande geboren und erst im Lauf ihres Lebens in die große Stadt gekommen und dort seßhaft geworden. Bemerkenswert ist darüberhinaus auch, daß sich unter den Siegern auch 11 Männer ermitteln lassen, die in Deutschland geboren waren. Aus Großblidersdorf an der Mosel, aus Düsseldorf, aus Bad Kreuznach, aus dem schwäbischen Fellheim, dem fränkischen Eyershausen und aus Bochum kamen die Männer, zumeist wandernde Handwerker, die bei der Eroberung der Bastille mitkämpften.

Marie Charpentier, eine Wäscherin aus Saint-Marcel, war die einzige Frau, die (zuerst unter ihrem Mädchennamen, obwohl sie verheiratet war) in die Liste aufgenommen wurde. Ob sie, wie die anderen »Vainqueurs«, auch die Uniform, den Säbel und das Gewehr abgeholt hat, die allen Siegern als Ehrengeschenk zugesprochen wurden, ist nicht bekannt. Aber auch sie diente als Gendarmin in der 35. Gendarmeriedivision, die so vielen der »Vainqueurs« zur zweiten Heimat wurde.

Das Fest der nationalen Verbrüderung am 14. Juli 1790

Im Beschluß der Nationalversammlung zur Ehrung der Bastillesieger fand sich u.a. das Privileg dieser Gruppe festgeschrieben, daß ihnen am Föderationsfest des 14. Juli 1790 ein Ehrenplatz zugewiesen werden sollte. Dieses Fest, das zum Vorbild aller weiteren revolutionären Festakte werden sollte, war der Ausdruck der neuen revolutionären Einheit der französischen Nation. Diesem Fest gelingt die Verwandlung des 14. Juli aus einem historischen Ereignis in einen zukunftsorientierten nationalen Feiertag, sein Verlauf begründet die Tradition der nationalen Orientierung. So wie in Paris in den Tagen nach dem 14. Juli von Bankiers, Fabrikanten und Klöstern größere Geldsummen aufgebracht wurden, um damit den Arbeitern zu helfen, die während der revolutionären Tage nichts hatten verdienen können, so hatten sich die Provinzen des Königreiches untereinander verbunden. Angesichts der Bedrohungen dieser Tage durch vermutete Räuber und das befürchtete Komplott der Aristokraten fanden Städte, Gemeinden und ganze Provinzen zueinander, verzichteten auf ihre heißgeliebten traditionellen Privilegien und schlossen in diesem Sinne sog. »Föderationen« unter sich ab, man verbrüderte sich feierlich.

Was lag näher, als diese Bewegung der Provinz auch nach Paris zu tragen, welcher Tag bot sich dafür mehr an als der erste Jahrestag der Erstürmung der Bastille? Er war ja der Ausgangspunkt dieser schnell in die Provinz vordringenden revolutionären Bewegung gewesen. Sie hatte das Regiment der Städte nach dem Pariser Vorbild demokratisiert, und sie hatte den Aufstand der Bauern gegen die Grundherren provoziert. Jetzt sollten Abgesandte der Nationalgarden aller 83 Departements (die inzwischen an die Stelle der alten Provinzen getreten waren) nach Paris reisen und dort vor König und Volk die neue Einheit der Nation der Gleichen demonstrieren.

Die einzelnen Etappen der Feierlichkeiten dieses großen Tages in Paris waren in ihrer Symbolhaftigkeit kaum zu überbieten. Schon der Festzug, der am Morgen die Abgesandten der Departements und viele andere Gruppen zum Festplatz auf dem Marsfeld führen sollte, deutete den Verlauf der Pariser Revolution an. Er nahm dort Aufstellung, wo noch die Reste der Bastille zu sehen

Abb. 20: 14. Juli 1790: Föderationsfest auf dem Marsfeld. Blick auf den Triumphbogen, durch den die Teilnehmer in das Stadion einmarschierten.

waren, und er bewegte sich dorthin, wo am 14. Juli die königlichen Truppen ihr Lager aufgeschlagen hatten, zum Marsfeld, ganz in der Nähe des Hôtel des Invalides. So wurde noch einmal die Polarisierung angedeutet, zugleich aber auch aufgehoben durch Zehntausende von Menschen, die jetzt, von Musikkapellen begleitet, diesen Weg noch einmal zogen.

Zugleich deutete der Weg von der Bastille zum Marsfeld aber auch den Verlauf dieses ersten »glücklichen« Jahres der Revolution selbst an. War mit der Bastille die drückende Vergangenheit besiegt und (beinahe) ausradiert worden, so erinnerte auch auf dem Marsfeld nichts mehr an das Militärlager vom vergangenen Jahr, hier wurde in Umrissen eine neue Welt erkennbar. Das weite Feld war zum Amphitheater geworden, ein riesiges Oval, an dessen Seiten man Wälle aufgeschüttet hatte. Sie waren mit Rasen abgedeckt und mit einfachen Holzbänken versehen worden, um möglichst vielen Menschen Platz zu bieten. In der Mitte befand sich außer einem Zelt für die königliche Familie ein Altar, an dem Talleyrand, der Bischof von Autun, die Messe feiern sollte. Von 83 Fahnenmasten flatterten die Fahnen der neuen Departements. Riesige Triumphbögen bestimmten den Eingang des Festgeländes. Die Kosten für dieses Fest beliefen sich auf 346 689 Livres.

Schon der Aufbau dieses »Theaters« und der Ablauf der übrigen notwendigen Vorbereitungen verblüffte alle Beobachter. Man hatte nicht nur binnen acht Tagen eine Schiffsbrücke über die Seine geschlagen, sondern die Arbeiten waren unter bemerkenswerter freiwilliger Beteiligung der Bevölkerung geleistet worden. Der spanische Botschafter Fernan Nuñez berichtete erstaunt nach Madrid, daß am 4. Juli etwa 50 000 Menschen bei der Arbeit gewesen seien, Männer und Frauen und – vor allem – »nicht aus dem niederen Volk, sondern aus dem Bürgertum«, sogar Träger höchster Orden sehe man dort arbeiten. »Mönche und Frauen arbeiten gemeinsam hier, und gestern hat man selbst die Kartäusermönche verpflichtet mitzuarbeiten. Am Mittwoch bin ich dorthingegangen, um mir die Arbeiten anzusehen, und ich glaubte mich am Turm von Babel zu befinden. An diesem Morgen erschien sogar der König zu Pferde, und er hat alles sehr gelobt.«

Noch genauer beschrieb Toussaint Mareux, der verhinderte Theaterdirektor aus dem Marais, die unglaubliche Szene in diesen Tagen, als vom Bürgermeister und General Lafayette bis zu den »Damen mit den Blumenhüten« alle Bürger der Stadt darin wetteiferten mitzuarbeiten: »Dieses bewegende Bild kann man unmöglich wiedergeben, man muß es gesehen haben, um es zu glauben.« Zehntausende von Menschen standen jeden Tag am Rand dieser riesigen Baustelle und mußten zuschauen, weil einfach nicht genug Arbeitsgeräte zur Verfügung standen. So entstand schließlich in Rekordzeit dieser riesige Zirkus, in seiner Umgebung errichteten 2–300 Wein- und Limonadenhändler, Restaurateure und Cafétiers ihre Buden.

Die Stadt Paris hatte die etwa 40–50 000 Gäste aus den Provinzen ohne Probleme aufgesogen, alle Bürger stellten privaten Wohnraum zur Verfügung. Am Tag des Festes sammelten sich die einzelnen Abteilungen des Festzuges auf der Rue Saint-Antoine und zogen dann an der Nationalversammlung vorbei über die Schiffsbrücke zum Marsfeld. Während des Übergangs über den Fluß schossen 100 Geschütze einen ohrenbetäubenden Salut. Die Spitze des Zuges traf dort um 12 Uhr ein, und es dauerte weitere 31/4 Stunden, bis die letzten der ca. 70 000 Teilnehmer ebenfalls das weite Rund betreten konnten. Fast 300 000 Menschen säumten das Feld, zum Teil hatten sie schon in der Nacht und am frühen Morgen ihre Plätze bezogen, um sich die beste Aussicht zu sichern.

Um halb vier konnte endlich die Messe beginnen, und erst nach ihrem Ende kam es zum Höhepunkt dieses Tages, als Lafayette, am erhöhten Altar stehend, den Eid auf die Prinzipien der neuen Verfassung ablegte. Sieben bis 8 Minuten lang schrieen fast 300 000 Menschen immer wieder im Chor »Wir schwören es«, in immer neuen Anläufen wiederholte sich dieser Satz, wie ein Orkan aus den verschiedenen Ecken der Versammlung aufsteigend. Dieses Schauspiel wurde jedoch noch gesteigert durch das Verhalten der Menge nach dem Eid des Königs auf die Verfassungsgrundsätze. Jetzt gerieten die Reaktionen der Zuschauer völlig außer Kontrolle, etwa eine Viertelstunde langen ertönte immer wieder das emphatische »Vive le Roi«. Die Menschen umarmten sich, schrien begeistert auf, als die Königin den Dauphin präsentierte, die Hüte der Nationalgardisten tanzten auf den Spitzen ihrer Degen.

In solch ergreifender Einigkeit ging das Fest zu Ende. Für die Teilnehmer des Festzuges war noch ein Imbiß vorbereitet worden, die erschöpfte Menge aber machte sich auf den langen Weg nach Hause in die Quartiere der Stadt, ohne jeden Zwischenfall. »Keine Wagen, keine Pferde«, beschrieb Mareux im Telegrammstil das Ende des Festes. »Noch nicht einmal ein Spazierstock. Überall herrschte die größte Ordnung. Am Abend, große Illumination in der ganzen Stadt; heute überall Tanzveranstaltungen, und am Sonntag großes Fest auf dem Marsfeld, Essen und Ball im Rathaus.« Auf dem Platz, auf dem einst die Bastille stand, hatte man eine große beleuchtete Tanzfläche mit dem Grundriß und den Umrissen der Bastille geschaffen. »Ici on danse« stand jetzt dort zu lesen. Am 17. Juli wurde unter Mitwirkung von 600 Musikern und Sängern ein dramatisches Musikwerk mit dem Titel »La Prise de la Bastille« aufgeführt. Eine Besprechung im »Journal de la Municipalité« sprach am nächsten Tag schwärmerisch davon, daß »diese

Musik so voller Bewegung und Wärme« und so vorzüglich aufgeführt worden sei, daß selbst ein Blinder habe glauben müssen, sich mitten im Lärm und Getöse eines Angriffs zu befinden.

So endete eine Woche nationaler und revolutionärer Begeisterung. Der moderne 14. Juli war geboren, die unverzichtbaren Bestandteile seiner späteren Variationen wie Tanz, Illumination und Feuerwerk waren erfunden und gruben sich in das Gedächtnis der Menschen ein.

All dies, was an diesem Verbrüderungsfest auf dem Marsfeld geschah, muß uns fremd erscheinen und scheint zugleich eine Anweisung auf die übersteigerte Revolutionsideologie von 1793/94 zu enthalten. Was es aber vollends unglaublich erscheinen läßt, ist die Tatsache, daß dieses Fest keineswegs in strahlendem Sonnenschein gefeiert werden konnte. In der Nacht vorher hatte es geregnet, und während des ganzen Tages hielt dieser Regen an, so daß die Menschen unter Regenschirmen und Pelerinen den Tag über ausharrten. Sehr bald sprach man von diesem Regen als den »Tränen der Aristokratie«. Er machte diesen 14. Juli 1790 erst zu einem unglaublichen Ereignis.

Nur Marc-Antoine Jullien war an diesem Tag nicht ganz glücklich. Unser junger, jetzt 15jähriger Revolutionär war seit einigen Wochen zum erstenmal verliebt und hatte sich wohl insgeheim erhofft, mit seiner Freundin die drangvolle Enge des Festes gemeinsam erleben zu können. Doch bedauerlicherweise war die Familie des Mädchens in Pontoise auf dem Land geblieben – und ohne die angebetete Adélaide hatte das Fest doch viel von seinem Reiz verloren.

Eine Pension für die »Sieger«?

In Paris schreibt man das Jahr 1831. Über 30 Jahre lang hatte man von den »Siegern der Bastille« nichts mehr gehört, nachdem ihnen von Napoleon noch einmal eine Auszeichnung verliehen worden war, ihre emsigen Bemühungen um eine Aufnahme in die Ehrenlegion aber erfolglos geblieben waren. Dessen Kaiserreich war überwunden, die Bourbonen seit 1815 restauriert, die Brüder des guillotinierten Ludwigs XVI. waren als Ludwig XVIII. und Karl X. zu Königen geworden. Die von Karl X. – dem ehemaligen Grafen von Artois, der Frankreich schon am 15. Juli 1789 verlassen hatte – am 26. Juli 1830 als innenpolitische Druckmaßnahme gegen liberale Regungen verfügte Auflösung der Abgeordnetenkammer führte zu Aufständen in Paris und zur Bildung einer Nationalgarde. An ihre Spitze trat der Mann, der vor 42 Jahren schon einmal die Bürgermiliz von Paris geführt hatte: der Marquis de Lafayette. Lafayette war es auch, der Louis-Philippe, den Sohn des 1793 hingerichteten Herzogs von Orléans, der Pariser Menge als neuen König vorstellte.

Eine monarchisch verkleidete Republik war das Ergebnis dieser Julirevolution, mit einem König, der eifrig bemüht war, sich der revolutionären Traditionen des Landes zu versichern: Wiedereinführung der Trikolore und Ehrung der Opfer dieser neuen Revolution durch eine Gedenksäule auf der Place de la Bastille, deren Grundstein der neue König eigenhändig legte. Als ihm zu dieser Zeit Leboucque, einer der Führer der Milizkompanien der Basoche von 1789, vorgestellt wurde, bedauerte er diesem »Patriarchen der Freiheit« gegenüber die Tatsache, daß er 1789 erst sechzehn Jahre alt gewesen sei, zu jung, um selbst schon mitzukämpfen.

In dieser Zeit vielfacher Anlehnungen an revolutionäre Traditionen sahen auch einige der alt gewordenen »Bastillesieger« aus den Reihen der Gardes Françaises den Zeitpunkt gekommen, um noch einmal an sich zu erinnern. Man sah sie wieder bei offiziellen Anlässen, sie trugen ihre Ehrendegen und ihre Auszeichnungen, sie profitierten von der Revolutionsmaskerade des neuen Regimes.

Charles de Lameth, der im Jahre 1790 im Namen der Nationalversammlung die Urkunden für die »Vainqueurs de la Bastille« unterschreiben durfte, hatte die Revolution von 1789 als die »ältere Schwester« der Revolution von 1830 bezeichnet. Fünf der alten Kameraden von 1789, die Herren Dupré, Barbet, Decombis, Thomas und Colville, erkannten die Gunst der Stunde, die sie brauchte. Warum nicht diese Situation ausnützen, und auf die alten Versprechungen gegenüber den »Siegern« zurückkommen? Die Erfahrung des »Sturms auf die Bastille« ließ sich jetzt zum »Sturm auf das Schatzamt« nutzen. Man wußte schließlich auch von alten Angehörigen der Gardes Françaises und »Bastillesiegern«, die in miserablen Verhältnissen lebten. Eine Staatspension, das könnte für viele die Rettung bedeuten!

Am 7. Februar 1831 legten diese Herren der Deputiertenkammer eine Petition vor, die zwar nicht direkt eine Pension für die noch lebenden »Sieger« forderte, jedoch auf die Einlösung alter Versprechen drang. Im November lag die Petition der Deputiertenkammer der Nationalversammlung vor, und es zeigte sich, daß der Appell an die revolutionäre Vergangenheit wohlberechnet war.

Die Petition entwickelte eine ganz eigentümliche Theorie des Ausbruchs der Revolution, die eigentlich als das Werk der Gardes Françaises zu verstehen sei. Besonders zwei der Petitionäre rückten sich ins rechte Licht, denn sie waren die Anführer jener beiden Abteilungen der Garden gewesen, die sich am Abend des 12. Juli das Gefecht mit dem Regiment Royal-Allemand unter Lambesc geliefert hatten. Eine Kommission wurde gebildet, die die Ansprüche der überlebenden Kämpfer prüfen sollte, und es war selbstverständlich, daß alte Revolutionshelden wie Lafayette und Charles de Lameth dieser Kommission angehören sollten. Aber auch der General Mathieu-Dumas, der als junger Mann am 14. Juli zu den Offizieren gehörte, die in der Ecole Militaire beim Hôtel des Invalides den Stab von Besenval bildeten, war Mitglied der Kommission.

Bemerkenswert war 1831/32, als die Kommission unter Mithilfe von Staatsarchivaren ihre Arbeit aufnahm, die erstaunlich hohe Anzahl von noch lebenden »Bastillesiegern.« Während Lameth in der ersten Kammerdebatte noch mit 28 Überlebenden rechnete – eine Zahl, die nach den ersten Recherchen auf 80 heraufkorrigiert wurde – übertraf das Ergebnis der Presseveröffentlichungen alle Erwartungen: 664 Bewerbungen trafen ein, sogar der in Not geratene Sohn Santerres, des Brauers aus Saint-Antoine, glaubte die Kommission auf seine Notlage und die Verdienste seines Vaters aufmerksam machen zu müssen. Nach längeren Nachforschungen wurden schließlich 401 »Vainqueurs de la Bastille« festgestellt, die auch im Mai 1832 eine einmalige Unterstützung von 500 Francs erhielten. Die versprochene lebenslängliche Pension wurde jedoch auf 250 Francs pro Jahr reduziert. Sie wurde damit – schwacher Trost für die Antragsteller – dem Ehrensold der Anghörigen der Ehrenlegion angeglichen.

Am 29. Juli 1832 dankte eine Deputation der »Sieger« unter Führung Hulins, dem noch lebenden Helden der Bastille, dem König für die erwiesene Gnade, etwas vorschnell, wie sich zeigen sollte. Denn die Diskussionen waren damit noch nicht beendet. Nach ausführlichen kritischen Debatten, auf die noch näher einzugehen ist, wurde das Projekt einer Pension für die Sieger endgültig am 23. April 1833 beschlossen, wobei angesichts andauernder Streitigkeiten über die wahre Identität der »Sieger« die Regierung ermächtigt wurde, alle Anträge noch einmal genau zu überprüfen. Diesem Auftrag kam die Regierung, der angesichts der wundersamen Vermehrung der »Vainqueurs de la Bastille« auch Zweifel gekommen waren, sehr genau nach. Vor allem durch die Streichung der Namen von über 300 Gardes Françaises von der Liste reduzierte sie die Pensionsempfänger auf 93 Namen. Dieses Mißverständnis hing damit zusammen, daß 1789 alle Angehörigen dieser Garden (damals noch etwa knapp 3000 Mann) pauschal zu »Bastillesiegern« erklärt worden waren, obwohl nur 63 Mann aus ihren Reihen wirklich an der Bastille gekämpft hatten.

So sehr auch die Nachricht von der in Aussicht gestellten Pension die Erinnerungsfähigkeit der alten Männer (und manchmal auch deren Söhnen) beflügelte und sie an den König, an Lafayette oder den Innenminister schreiben ließ, so wenig bedeutsam wäre dies für unsere Geschichte des 14. Juli und seine Beförderung zum nationalen Feiertag. Die Debatten der Jahre 1832/33 drehten sich jedoch nicht nur um die buchhalterische Genauigkeit der »Sieger«-Listen oder die Gesamtsumme, die der Staat für diese Ehrung aufzubringen hatte. Viel wichtiger war die Frage, ob den »Siegern der Bastille« als Revolutionären überhaupt eine Pension zustehen könne.

Zunächst schien die Angelegenheit eine parlamentarische

Selbstverständlichkeit zu sein. Nachdem schon der Berichterstatter der Petitionskommission der Kammer durch seine historischen Ausführungen über den Mut der Gardes Françaises den Geruch des Pulverdampfs der Revolution in den Saal zurückgebracht und Charles de Lameth die Annahme des Antrags empfohlen hatte, wollte sich auch der Marquis de Lafayette die Gelegenheit nicht entgehen lassen, etwas für seine alten Soldaten zu tun. Der weißhaarige Mann von jetzt 76 Jahren betonte noch einmal die Verdienste der Garden und beschwor die Namen der Männer, die aus diesem Korps hervorgegangen waren. Nach solch massivem Einsatz der Förderer wurde die Petition an den Ministerrat weitergeleitet, um zu einem Gesetzesvorschlag zu werden.

Zwei Monate später lag den Kammern das Gesetz vor, doch jetzt zeigte sich auch, daß die Versammlung keineswegs nur aus Freunden der alten Gardes Françaises und der Bastillesieger bestand. Die undankbare Rolle, gegen das geplante Gesetz zu sprechen, übernahm keiner der alten Männer der Revolution, sondern ausgerechnet der Sohn eines Mannes, dessen Rolle im Verlauf der Julitage des Jahres 1789 nicht unterschätzt werden darf. Es war Frédéric Gaëtan de LaRochefoucauld, der Sohn jenes liberalen Kammerherrn, der Ludwig XVI. in der Nacht vom 14. zum 15. Juli 1789 beraten hatte und der im Jahre 1827 gestorben war. Für den Sohn bestand nun gar kein Zweifel, daß die Gewährung einer Pension an die Sieger des 14. Juli an eine grundsätzliche Bewertung dieses »Ereignisses« gebunden war. Er unternahm es vor dem Kreis seiner erstaunten Kollegen, den Beweis dafür zu führen, daß der Sturm auf die Bastille keineswegs eine legitime Erhebung zur Wiedereroberung verlorener Rechte gewesen sei. Damals habe vielmehr der gerechteste König geherrscht, der die Justiz reformiert und die Stimmen des Dritten Standes in den Generalständen verdoppelt habe. Das sei die wirkliche Revolution gewesen. Von ihrem Weg habe der Aufstand vom 14. Juli nur abgeführt.

In jenen Tagen habe die Nationalversammlung bereits an der neuen Verfassung gearbeitet, die Erklärung der Menschenrechte sei schon vorbereitet worden, alles sei auf dem besten Wege gewesen. »Also, es ist nicht die Einnahme der Bastille, die die Revolution gemacht hat. Sie hat sie, im Gegenteil, von ihrem wahren Ziel abgelenkt und hat sie somit in die Exzesse der Anarchie hineingetrieben. Sie hat das Beispiel für Aufruhr, für Massaker und andere

Grausamkeiten gegeben.« Dieses Ereignis, so folgerte der »junge« – tatsächlich war er bereits über 50 Jahre alt – Herzog, sei nicht würdig, gefeiert zu werden. Schließlich empfahl der Redner, lieber den »Siegern der englischen Industrie« Prämien zu zahlen als den »Siegern der Bastille«, damit sei dem Frieden und dem Wohlergehen des Landes mehr gedient.

Dieser unverhüllte Angriff auf die Eroberung der Bastille und ihre Bedeutung für den weiteren Verlauf der Französischen Revolution ließ nun den Mann nicht ruhen, der 1789 in enger politischer Verbindung mit dem Vater des Herzogs von LaRochefoucauld gestanden hatte. Der »Held zweier Welten«, der Marquis de Lafayette, erhob sich zu seiner letzten großen parlamentarischen Schlacht, und es war geradezu von symbolischer Bedeutung, daß nun der Marquis selbst noch einmal gefordert war, das Andenken der Revolution von 1789 zu retten. Jetzt ging es nicht mehr nur um Pensionen, jetzt ging es um die Legitimität von 1789 und um den Platz dieser Revolution in der Geschichte Frankreichs.

Natürlich bestritt Lafayette, daß man den 14. Juli als Aufruhr bezeichnen dürfe, und er stützte sich dabei geschickt auf den Vater des »jungen« Herzogs von LaRochefoucauld, der gerade diese Erinnerung beschmutzt habe. Er verwende für diese Ereignisse lieber die Bezeichnung, die sein berühmter Vater verwendet habe, als er Ludwig XVI. in jener Nacht über die Eroberung der Bastille informierte. Damals habe Ludwig gerufen: »C'est une grande émeute!« – »Non, Sire«, habe der alte LaRochefoucauld-Liancourt geantwortet, »c'est une grande Révolution!« An dieser Stelle verzeichnete das Protokoll der Kammer Beifall und Zurufe »Sehr gut, sehr gut«. Lafayette bezweifelte, daß die damalige Revolution schon am 5. Mai, also mit dem Zusammentritt der Generalstände, beendet worden sei. Man müsse auch sehen, was außerhalb der Eroberung der Bastille noch geschehen sei. Die Nationalversammlung sei von Auflösung bedroht gewesen, er selbst habe zu jenen 12 Abgeordneten gehört, deren Gefangennahme schon beschlossen gewesen sei. Sein Entwurf zu einer Erklärung der Menschenrechte vom 11. Juli sei damals weniger ein Vorschlag für den ersten Artikel der Verfassung gewesen, sondern vielmehr eine Art politisches Testament angesichts der Bedrohung der Nationalversammlung. Für Lafayette stand fest, daß es die »edelmütige Revolution des Volkes von Paris« gewesen sei, die die Revolution selbst gerettet habe. Was der 4. Juli 1776 für Amerika und die Welt, sei der 14. Juli 1789 für die europäische Emanzipationsbewegung gewesen, deren Fortgang und Abschluß nichts hindern werde.

Bevor der Innenminister Graf d'Argout das Wort ergreifen konnte, sprang noch einmal Gaëtan de LaRochefoucauld auf und bestätigte in aller Klarheit, daß in der widersprüchlichen Orientierung der Revolution am 5. Mai oder am 14. Juli 1789 der entscheidende Unterschied der Meinungen liege. Nach einer längeren Debatte über die Formulierung der einzelnen Absätze des Gesetzestextes ergab sich an diesem 23. Januar 1833 endlich eine Mehrheit von 150:86 Stimmen für den Gesetzesvorschlag.

Einen Monat später aber sollte diese Grundsatzdebatte, die vor allem zwischen Gaëtan de LaRochefoucauld und Lafayette geführt worden war, noch ein Nachspiel haben, diesmal jedoch in der Pairskammer, der zweiten Kammer der französischen Nationalversammlung. Zuerst holte der Marquis de Dreux-Brézé weit aus, um zu beweisen, daß die Eroberung der Bastille der Sieg des Prinzips der Unordnung über das der Ordnung gewesen sei. Er sehe sich außerstande, Ermunterungsprämien für eine Revolte zu vergeben. Die französische Freiheit sei weder das Werk der Männer vom Ballhaussaal noch der des 14. Juli. Von diesem Tag sei allein die Anarchie ausgegangen.

M. Villemain, der jetzt für das Gesetz sprach, hatte es leicht, diesen Rundumschlag des Marquis gegen das Repräsentativsystem abzufangen, denn der Redner war der Sohn jenes Marquis de Dreux-Brézé, der am 23. Juni 1789 den Mitgliedern der Nationalversammlung befohlen hatte auseinanderzugehen und dem der Graf Mirabeau seinen wütenden Protest entgegengeschrien hatte. Er stellte die schlichte Frage, ob es der Graf nicht auch den Ereignissen dieser Revolution verdanke, jetzt in der Kammer sprechen zu dürfen: »Verleugnen wir nicht die Vergangenheit, die uns gemacht hat!« empfahl er seinem Kontrahenten. Das Verbrechen habe auf Seiten der staatlichen Macht gelegen, und hierin sei die Stärke der Revolution zu sehen. Villemain beklagte die Verbrechen, die in dieser Revolution geschehen seien, aber sie seien eine unvermeidliche Begleiterscheinung großer politischer Umwälzungen. »Aber wir akzeptieren das Prinzip dieser Revolution und werden es immer verteidigen.« Auch in den weiteren Diskussionen der Pairskammer erwies sich die Frage des Pensionsgesetzes für die

»Bastillesieger« immer weniger als eine Frage minutiöser biographischer Recherchen und objektiver Berechtigung, sondern mehr und mehr als eine Frage der politischen Moral – denn so die Gegner – das Gesetz rechtfertige das Prinzip der Auflehnung und der Revolte.

Am 15. März 1833, nachdem eine Kommission der Pairskammer noch einmal die Einwände der Gegner geprüft hatte, kam einer der Redner wiederum auf jene Schlüsselszene zurück, die sich in der Nacht vom 14. auf den 15. Juli im Schloß von Versailles abgespielt haben sollte. Der Comte de Pontécoulant erzählte die Geschichte des berühmten Zitats folgendermaßen: Der Herzog von LaRochefoucauld-Liancourt sei aus Paris zurückgekommen (was historisch nicht richtig ist, denn er war in Versailles geblieben), und der König habe ihm geklagt: »Ah! Monsieur de Liancourt, quelle affreuse révolte (welch schreckliche Revolte).« Darauf habe der Herzog gesagt, »Non, Sire, c'est une grande Révolution.« Eine neue Version der Szene war aufgetischt worden.

Jetzt war der alte Herzog von LaRochefoucauld-Liancourt bereits zum zweitenmal als Zeuge gegen seinen Sohn aufgerufen worden, und so war es wohl unvermeidlich, daß der angegriffene Sohn noch einmal auf dieses nächtliche Gespräch zurückkommen mußte. Den Anlaß dazu bot die letzte Behandlung des Gesetzesvorhabens in der Deputiertenkammer, nachdem die Pairs dem Vorhaben zugestimmt hatten. Am 23. April 1833 meldete sich noch einmal Gaëtan de LaRochefoucauld zu Wort, der sich jetzt darüber beklagte, daß das Zitat bei seiner zweiten Verwendung in der Pairskammer (durch den Comte de Pontécoulant) ganz verfälscht worden sei. Glücklicherweise habe er in den Papieren seines Vaters den Beweis der Richtigkeit seiner Aussagen gefunden. Zum einen habe der alte Herzog tatsächlich ein Manuskript über die Bildung der Nationalversammlung aus Drittem Stand, Klerus und Adel am 30. Juni 1789 mit den Worten abgeschlossen: »Ainsi a fini cette grande Révolution.« (So ist diese große Revolution zu Ende gegangen) Doch er habe diese Formulierung niemals auf die weiteren Ereignisse angewendet und schon gar nicht auf den 14. Juli. Der Herzog habe vielmehr selbst die folgenden Sätze niedergeschrieben:

»Man weiß, daß ich in dieser Nacht den König weckte, um ihm die Illusion zu nehmen, in der seine Minister ihn angesichts der Ereignisse dieses schicksalhaften Tages gelassen hatten, und ich muß sagen, daß ich den König von meinem Bericht tief betroffen sah, aber viel mehr beschäftigt mit den Folgen dieses Tages für Paris und Frankreich als mit den Folgen für sich selbst. Was habe ich gemacht, sagte er, daß mein Volk so gegen mich ist, ich habe ihm nur Gutes tun wollen. Welche Revolte! sagte er noch, und da sagte ich ihm, Ah! Sire, sagen Sie besser Revolution!«

LaRochefoucauld hatte seine Rede fleißig vorbereitet. Er war mit der Biographie seines Vaters einigermaßen vertraut, denn er hatte 1825 dessen Werke herausgegeben und erst vor 5 Jahren ein Buch über seinen Vater publiziert, in dem er übrigens die Geschichte der nächtlichen Begegnung genau so erzählt hatte, wie es heute üblich ist. Er hatte jetzt nicht nur erneut die Papiere seines Vaters gesichtet, sondern er hatte sich auch im Archiv des Rathauses sachkundig gemacht, um die Widersprüche zwischen den alten Listen der Bastillesieger (von 1790) und der jetzt erstellten Liste zu belegen. Trotzdem konzentrierte sich die unvermeidliche Entgegnung des Marquis de Lafayette wieder auf die berühmte Szene in Versailles und die damit angesprochene Funktion des 14. Juli für den Verlauf der Revolution. Lafayette räumte ein, beim Treffen des Königs mit LaRochefoucauld nicht dabei gewesen zu sein. Er wisse aber sicher, daß der König gesagt habe: C'est une grande révolte, worauf ihm der Herzog geantwortet habe: Non, Sire, c'est une grande révolution. LaRochefoucauld habe nicht das Wort »glorieuse« verwendet, aber das Wort »grande« habe er von ihm selbst gehört. Der Herzog habe später auch immer wieder Komplimente für dieses Zitat akzeptiert.

Verlassen wir damit die Kammerdebatten des Jahres 1833. Natürlich wurden diese Debatten nicht geführt, um die genauen Vorgänge in der Nacht vom 14. zum 15. Juli 1789 aufzuklären. Sie waren ein eher zufälliges Abfallprodukt einer zutiefst politischen Auseinandersetzung um den Platz der Revolution von 1789 in der modernen französischen Geschichte. Insofern ist es auch eher ein Nebenergebnis, daß einige alte Männer für ein paar Jahre ihres Lebens noch eine Pension für die Taten ihrer Jugend erhielten. Noch bis zum Jahr 1840 trafen die allerdings vergeblichen Bitten von Männern ein, die eine Belohnung für ihren Beitrag zur Revolution von 1789 erhofften.

Anfang Mai 1848 – nach der Februarrevolution dieses Jahres – hatten die »Sieger der Bastille« ihren letzten Auftritt. Aufgerufen durch einen Anschlag des Komponisten Alexandre Boucher, der vermutlich als elfjähriger Junge den 14. Juli in Paris erlebt hatte, versammelten sich ca. 60 Veteranen – oder Männer, die vorgaben, Veteranen zu sein –, um »ihre Anhänglichkeit an die neue »zweite« Republik zu bezeugen». Noch einmal zeigten sie ihre – in einigen Fällen leider ererbten – Ehrendegen, noch einmal wehte ihre Fahne, noch einmal verlas ihr Redner eine Adresse an die neue republikanische Regierung, deren Vertreter er unter Tränen umarmte. Es bedarf keiner großen Phantasie, um den Inhalt jener Petitionen zu erraten, die die Veteranen dem Regierungsvertreter übergaben.

So als habe er nur noch auf die Revolution dieses Jahres gewartet, starb im Oktober 1848 einer der letzten Überlebenden der Revolutionszeit. Der jetzt 73jährige Marc-Antoine Jullien, der an einem Dienstag vor 59 Jahren seine Lateinklausur hatte schreiben müssen, hatte noch im Februar einen Aufruf zu einer republikanischen Versammlung unterzeichnet und war damit zu den Zielen seines eigenhändig geschriebenen Flugblatts von 1789 zurückgekehrt. Unbekannt ist dagegen, wann der letzte »Vainqueur de la Bastille« starb. Im Jahre 1874, als ein Teilnehmer des Kampfes um die Bastille etwa 105 Jahre alt sein mußte, hieß es in einem Regierungshandbuch über die Staatspensionen lediglich, daß die Pensionen aus dem Gesetz des Jahres 1833 »zum großen Teil« erloschen seien. Waren die »Vainqueurs« wirklich unsterblich geworden?

Der 14. Juli als Symbol der Republik

Nach dem vermeintlichen Ende der Revolution, von Napoleon herbeigeführt, gab es keinen Anlaß mehr, den 14. Juli in herausragender Weise zu feiern. Nach der Restauration der Bourbonen versuchten Ludwig XVIII., Karl X. und Louis Philippe ihre jeweiligen Namenstage in den Rang von Feiertagen zu erheben, so daß hier alternative Feste entstehen sollten, ebenso wie der immer wieder begangene nationale Trauertag für Ludwig XVI. Doch keiner dieser Tage konnte wirklich populär werden, schon deshalb, weil die jeweiligen Regierungszeiten zu kurz bemessen waren. Am ehesten gelang dies noch Louis Philippe, weil sein Namenstag auf den 1. Mai fiel und so in die Maifeiern integriert werden konnte, aber auch hier bedurfte es immer wieder behördlicher Ermahnungen und Anstöße, um diesen Festtag bekannt oder gar populär zu machen. Nach der Revolution von 1848 gab es zwar Gedenktage für die Februarrevolution dieses Jahres und auch ein Fest der Republik, aber auch jetzt konnte sich keine neue Tradition etablieren.

Ein umso entscheidenderer Durchbruch gelang erst der 1870 ausgerufenen Dritten Republik, die sich zur Trikolore als Nationalflagge und zum 14. Juli als Nationalfeiertag bekannte und die Marseillaise zur Nationalhymne bestimmte. Mehr und mehr wurde dieser Tag anerkannt, die Schulverwaltung setzte sich dafür ein, und spätestens seit der Hundertjahrfeier der Revolution im Jahre 1889 wurde dieser republikanische 14. Juli zum Stiftungsfest der französischen Republik, dem auch die Bürger zustimmen können, die anderen politischen Lagern angehören. Jetzt erst wurden die Festlichkeiten üblich, wie sie heute für den 14. Juli unentbehrlich sind: Militärparaden, Bankette, festliche Illuminationen, Feuerwerke, öffentliche Tanzveranstaltungen. Der Unterpräfekt der Präfektur Riom schrieb im Juli 1896 stolz, daß der 14. Juli »immer mehr zum Brauchtum werde«, denn viele ländliche Gemeinden, die bis dahin den Tag jeweils am nächstfolgenden Sonntag begangen hatten, feierten ihn jetzt am Tag selbst. Der Versuch konservativer Gruppierungen, den 14. Juli mit einem Gedenktag für Jeanne d'Arc (30. Mai) zu schwächen, blieb nur eine Episode. Immer mehr trat im ländlichen Frankreich die Parade zum 14. Juli an die Stelle der Fronleichnamsprozession, sie verdrängte auch andere lokale Festbräuche.

Dieser Prozeß vollzog sich keinesfalls nur deshalb, weil die mächtige, zentralisierte Republik dahinter stand. Sicher, sie tat alles, um diese innere Stabilisierung durch den neuen Nationalfeiertag voranzutreiben, was relativ leicht war, wenn man z. B. dem Militär verbot, an den Fronleichnamsprozessionen teilzunehmen, die es bislang immer begleitet hatte. Aber hinter dem Verschwinden kirchlicher und lokaler Feste stand mehr. Es war der sich seit den siebziger Jahren beschleunigende Prozeß der Modernisierung gerade des ländlichen Frankreich durch Schule, Militär und Verwaltung. Der 14. Juli war geradezu der Ausdruck dieses nationalen Strebens nach Wiedererstarken durch den bewußten Schritt in die moderne Welt. Der Nationalfeiertag dokumentierte diese Grundhaltung, und diese Rolle brachte ihm natürlich weitere Zustimmung ein. Nicht mehr das Gedenken an den Bastillesturm stand jetzt im Vordergrund, sondern die schon im Föderationsfest von 1790 gepriesenen Werte der nationalen Einheit, der Stärke der Armee, der verfassungsmäßigen Ordnung. Nationale und republikanische Einheit als Voraussetzung nationaler Größe: So ließe sich die Sinngebung dieses Tages für die Dritte Republik beschreiben.

Das Datum des 14. Juli mußte in den schwierigen Geburtsjahren der Dritten Republik, die am 4. September 1870 nach der Gefangennahme Napoleons III. durch preußische Truppen von Favre und Gambetta ausgerufen worden war, eine wichtige stabilisierende Funktion erfüllen. Der republikanische Gedanke bedurfte tieferer Verankerung, er mußte zur eigentlichen Bestimmung Frankreichs stilisiert werden. Insofern war es nur folgerichtig, wenn die konservativen, eher zur Monarchie tendierenden Regierungen der ersten Jahre der Republik noch darauf verzichteten, den 14. Juli als neuen Nationalfeiertag gesetzlich zu fixieren. Wichtiger war es, daß das Bedürfnis nach einem nationalen Feiertag langsam in den Gemeinden entstand und so eine wichtige Grundlage für die Gesetzesinitiative des Jahres 1880 geschaffen wurde.

Nach der Niederschlagung der Kommune von Paris im Jahre 1871 und angesichts immer noch bestehender starker monarchisti-

Abb. 21: Republikanische Fahnenweihe im Jahre 1880, als der 14. Juli zum französischen Nationalfeiertag erklärt wird.

scher Strömungen wuchs dem 14. Juli wieder die Funktion zu, die schon das Jahr 1790 in den Mittelpunkt des Föderationsfestes gestellt hatte. Die Republik konnte nur Bestand haben, wenn eine neue Stufe der Verbrüderung zwischen den politischen Parteiungen erreicht würde. Wieder einmal war der 14. Juli dazu ausersehen, den Mythos der nationalen Einheit zu symbolisieren. Angesichts immer stärkerer Versuche der Gemeinden im ganzen Land und vor allem in Paris, den 14. Juli festlich zu begehen, war dann die Gesetzesinitiative des Jahres 1880 nur mehr der offizielle Vollzug eines von großen Teilen der Bevölkerung unterstützten Wunsches, nachdem schon ein Jahr zuvor die Marseillaise offiziell zur Nationalhymne erklärt worden war.

Als bereits der 14. Juli 1879 in Paris ohne jede behördliche Vorschriften durch den Fahnenschmuck der Häuser, die Illumination der Wohnungsfenster und die Schließung von Läden, Fabriken und Werkstätten (zumindest in den östlichen Arrondissements) begangen worden war, ergriff die Stadt Paris im Februar des folgenden Jahres die notwendige Initiative. Schnell griffen radikale Republikaner die Idee auf und legten der Nationalversammlung den berühmten Satz vor: »Die Republik setzt als jährlichen nationalen Feiertag den 14. Juli fest.« Das Gesetzgebungsverfahren wurde in großer Eile abgeschlossen, schon am 6. Juli wurde das Gesetz verkündet.

Es bleibt zu erwähnen, daß sich sowohl in der Deputiertenkammer als auch im Senat Widerstand gegen das Gesetz erhob. Wieder wurde dem 14. Juli der Vorwurf gemacht, der Tag des Aufruhrs gegen die Staatsgewalt, der Beginn der Anarchie gewesen zu sein. Während im Senat der Historiker Henri Martin mit dem Verweis auf den 14. Juli der Jahre 1789 und 1790 operiert hatte, griffen die konservativen Gegner auf die Ergebnisse der kurz zuvor erschienenen revolutionskritischen französischen Geschichte eines Hippolyte Taine zurück. Wer die Debatten nachliest, könnte glauben, der Text der Debatten des Jahres 1833, als es um die Pensionen ging, würde noch einmal verlesen. Diesen Eindruck mußte auch noch die Tatsache verstärken, daß es in der Nationalversammlung wieder einmal ein Träger des Namens LaRochefoucauld – wenn auch einer Seitenlinie – war, der den Antrag scharf kritisierte.

Doch auch dieses letzte Mal blieb der konservative Widerstand gegen den 14. Juli ohne Erfolg. Die Republik besaß nun einen nationalen Festtag, welcher der republikanischen Linken ihren 14. Juli 1789 des Bastillesturms und dem zögernden ländlich-konservativen Frankreich seinen 14. Juli 1790 des Föderationsfestes ließ. So wurde die versöhnende Funktion dieses Nationalfeiertages begründet, eine wichtige Voraussetzung für die wachsende Akzeptanz des Tages in der gesamten Bevölkerung. Zufrieden notierten die Zeitungen der 80er Jahre den einstimmigen Grundton der Freude, der ungestörten Festtagsstimmung, umrahmt vom Défilée der nationalen Fahnen und überstrahlt von den unverzichtbaren Feuerwerken.

Einen ersten Höhepunkt dieser republikanischen Einstellung zum 14. Juli bedeutete der 14. Juli 1889, die Hundertjahrfeier der Revolution. Vor dem Hintergrund der Weltausstellung dieses Jahres stürzte sich das offizielle Paris in einen langen Sommer aufeinanderfolgender Festivitäten, jetzt schon gesichert durch den Konsensus beinahe aller politischen Gruppierungen, der eine Kritik an den »Prinzipien von '89« unmöglich machte, was immer damit gemeint sein mochte. Der Sakralisierungsprozeß war schon zu weit fortgeschritten, um eine genaue Rückbesinnung für erforderlich zu halten. Von vornherein stand fest, daß die Ausstellungshallen auf dem Marsfeld ein besonderes Wahrzeichen erhalten sollten. Verschiedene Projekte wurden diskutiert, obwohl von Anfang an der Plan Gustave Eiffels im Vordergrund stand, einen schlanken, über 300 Meter aufragenden Turm als symbolische Verbindung von politischer und industrieller Revolution zu bauen. Eine erdrückende Steinpyramide mit Reliefszenen aus der Revolution und eine eine ebenfalls auf 300 Meter Höhe projektierte Stahlguillotine vermochten dagegen nicht die Zustimmung der Regierung zu finden. Der ernsthaft erwogene Plan, die Bastille an zentraler Stelle der Weltausstellung wiederaufzubauen, scheiterte vermutlich eher an den Einsprüchen der geladenen Nationen, die ohnehin dem überbordenden Revolutionsgedächtnis kritisch gegenüberstanden, als am beißenden Spott der Konservativen, die einen Wiederaufbau zur Erinnerung an einen Abriß für einen Widerspruch in sich hielten und das Projekt lächerlich machten. So wurde ein Bastillenachbau aus Holz und Pappe an den Rand des Ausstellungsgeländes gedrängt.

Der Erfolg dieses Festsommers war den Veranstaltern gewiß, doch allen kritischen Beobachtern fiel auf, daß die technischen

Attraktionen der Weltausstellung und die vielbestaunte Präsentation exotischer Völker in dieser europäischen Kapitale das Gedenken an die eigentliche Revolution verdrängten. Der illuminierte Eiffelturm zog die Menschenmassen in seinen Bann und verdrängte die von Wissenschaftlern arrangierte große historische Ausstellung und ihre grundlegenden wissenschaftlichen Arbeiten zur Revolutionsgeschichte. Ein Erfolg stand jedoch fest: Die schließlich doch erreichte Teilnahme auch der Vertreter monarchischer Staaten half mit, die Revolution zum unstrittigen nationalen Erbe einzuschmelzen. All dies dokumentierte den vermeintlichen Triumph des republikanischen Gedankens. Wehmütig erinnerte man sich im Jahre 1939 an die einstige Hochstimmung, als bei regnerischem Wetter und unter den unsicheren innenpolitischen Bedingungen der zerbröckelnden Volksfront der 150. Jahrestag der Erstürmung der Bastille begangen wurde.

Der 14. Juli 1945 war ein Fest der Sieger über den geschlagenen Nationalsozialismus, so wie schon der 14. Juli 1919 seine besondere Bedeutung durch die Siegesfeiern über die niedergeworfenen Mittelmächte erhalten hatte. Die vergangenen Nationalfeiertage unter deutscher Besetzung hatten die Revolutionserinnerung an die ersehnte Befreiung französischen Territoriums gebunden und ihr damit einen zusätzlichen Impuls verschafft. Das heimliche Bekenntnis zur freien Nation durch das Tragen blau-weiß-roter Kleidungsstücke oder kleiner Kokarden, das (verbotene) nächtliche Hissen der Nationalflagge auf einem Denkmal, das verbotene Tanzen an diesem Tage, all dies waren bewußte Akte des Widerstandes gegen die Besetzung. So war es nur folgerichtig, wenn am 14. Juli 1945 unvorstellbarer Jubel den Weg der siegreichen Soldaten begleitete, deren Parade General de Gaulle auf historischem Boden, auf der Place de la Bastille abnahm. Josef Goebbels, der 1944 noch versprochen hatte, »1789« aus der Geschichte auszuradieren, war glänzend widerlegt worden, der Sieg über das »germanische Monster« gab der Erinnerung an 1789 die besondere Weihe. Beide Siegesjahre, 1919 wie 1945, haben schließlich dazu beigetragen, den 14. Juli aus seiner eigentlichen Bedeutung herauszulösen und ihn zu nationalisieren. Was zunächst als Gedenken an eine Revolution des Volks von Paris gegen die Gewaltherrschaft gefeiert worden war, war unter dem Druck der beiden Weltkriege zu einer Ehrung der wehrhaften Nation geworden, in deren Mittelpunkt die

Abb. 22: Plakat zum 150. Jahrestag der Französischen Revolution im Jahre 1939

Armee stand. So kann es nicht erstaunen, wenn der Auftritt der Armee mit Flugzeugen, Panzern und Fremdenlegionären die Nationalfeiertage der letzten Jahrzehnte geprägt hat. Der tapfere Versuch des Präsidenten Valéry Giscard D'Estaing, 1974 nur Fußtruppen paradieren zu lassen, weil sich die Eroberung der Bastille zu Fuß vollzogen habe, fand wenig Zustimmung und konnte keine neue Tradition begründen.

Wenn am 14. Juli dieses Jahres die Mirage-Düsenbomber ihre blau-weiß-roten Streifen über die Champs-Elysées legen und die nach den siegreichen Schlachten der großen europäischen Kriege genannten Panzer an den Zuschauern vorbeirasseln werden, wird es besonderer Mühe bedürfen, die Erinnerung an jenen fernen 14. Juli des Jahres 1789 wach werden zu lassen. Vielleicht spricht manches dafür, an diesem Tag die unvermeidlichen Kerosin- und Dieselschwaden der Champs-Elysées zu meiden und sich an der Place de la Bastille auf die Suche nach den Spuren der alten Festung zu begeben.

Spuren der Bastille?

Paris, 14. Juli 1988, ein kühler Julitag, nicht unähnlich jenem Dienstag vor 199 Jahren. Für die wartenden und paradierenden Truppen in ihren schweren Uniformen am Morgen dieses nationalen Feiertages mag das nicht unangenehm gewesen sein, am Abend aber erweist sich die Kühle der nationalen Sache als wenig förderlich. Nirgendwo will die rechte Feststimmung aufkommen, weder in St. Germain vor der Kirche St. Sulpice noch an der Place de la Bastille selbst. Auch der Bal populaire, den, wie auch in den anderen Stadtteilen üblich, die Sapeurs-Pompiers, die Feuerwehrleute, in ihrem Stützpunkt in der Rue de Sévigné im Maraisviertel ausrichten, findet nur wenig Zuspruch. Die Band auf der blau-weiß-rot dekorierten Bühne kämpft tapfer gegen die Kühle an, die Sängerin animiert zu einer Polonaise. Draußen erinnern die Kanonenschläge, die von jungen Männern vor die fahrenden Autos geworfen werden, an einen deutschen Neujahrstag. Am nächsten Morgen werden die Kommentare der Tageszeitungen nur gedämpfte Festtagsfreude konstatieren. Auch das offizielle Großereignis, ein »Son et Lumière«-Spektakel mit dem Titel »Ein Jahr vorher« am Palais Chaillot, dessen Feuerwerk bis zum Marais herüber zu sehen war, fand nur die Hälfte der erwarteten Zuschauer. Vielleicht bereitet sich die Stadt durch besondere Zurückhaltung auf das kommende große Jubeljahr vor?

Langsam gehe ich von der Rue de Sévigné die wenigen Schritte zum Bastilleplatz hinunter. Aus den Metroausgängen drängen sich erwartungsvoll Gruppen von Touristen, schauen ratlos in ihre Stadtpläne und fragen nach der Bastille. Kann man überhaupt noch etwas davon sehen? Sie werden wahrscheinlich einen ersten Rest der Bastille auf dem Bahnsteig der Métro in Richtung Bobigny übersehen haben, ein kurzes Stück der äußeren Befestigung ist hier freigelegt und ein Grundriß zeigt dort unten, an welcher Ecke oder Straßenmündung der heutigen Place de la Bastille man die alte Festung vermuten muß. Doch jetzt bei Dunkelheit und starkem Autoverkehr werden die Fremden kaum die Pflastersteinmarkie-

BASTILLE, Place de la

Michelin-Stadtplan Nr. 14 - Falte 33 : J 17 - K 17 - *Metro : Bastille*

Folgenschwere Ereignisse trugen sich an diesem Platz zu, wo früher die Bastille stand und den heute die **Julisäule** (Colonne de Juillet) überragt.

Die Bastille. – Karl V. ließ sich 1370-82 die Wohnburg St-Antoine erbauen ; sie wurde von der Bevölkerung Bastille (kleine Bastion) genannt. Während der Bürgerkriege wurde sie siebenmal belagert und ergab sich sechsmal.

Später wurde sie Gefängnis und in ihren Verließen waren berühmte Männer ohne Gerichtsverfahren, nur aufgrund des königlichen Haftbefehls *(Lettre de cachet)* inhaftiert. So geschah es dem Mann mit der Eisernen Maske, Bassompierre, Voltaire, Mirabeau.

Das königliche Privileg erlosch 1784 und die Bastille leerte sich bis auf 82 Invaliden und 32 Wachen.

Sturm auf die Bastille. – In der revolutionären Stimmung hatte die Abberufung des populären Ministers Necker zur Folge, daß das erregte Volk am 14. Juli 1789 morgens zunächst das Hôtel des Invalides *(s. S. 71)* und das Arsenal *(s. S. 152)* stürmte und sich dann zur Bastille bewegte, um auch dort Waffen zu holen. Die Schweizergarde warf

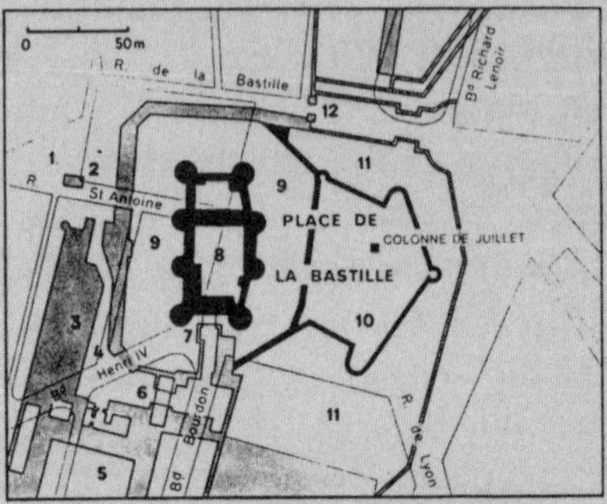

Die Bastille im 18. Jh.

1) Ehem. Place de la Bastille
2) Wache
3) Kaserne
4) Vorhof
5) Arsenal
6) Erste Zugbrücke
7) Hauptzugbrücke
8) Großer Hof
9) Festungsgraben
10) Bastion
11) Graben der Stadtmauer
12) St-Antoine-Stadttor

Abb. 23: Aus: Michelin Reiseführer Paris, 6. Aufl. 1986, S. 153

rung auf dem Platz erkennen, die den ehemaligen Standort der Bastille knapp zur Hälfte andeutet. Die Gedenksäule für die Julirevolution des Jahres 1830, die heute den Platz beherrscht, markiert ziemlich genau den Mittelpunkt der dreieckigen, nach Osten gerichteten Bastion. An der Westseite des Platzes, dort wo der Boulevard Henri IV und die Rue St. Antoine auf den Platz treffen, stand einst die Festung, die zweite Ziehbrücke war genau da, wo die Mittellinie des Boulevard auf den Platz stößt. Auf der linken Seite der Rue St. Antoine, gut 100 Meter vor der Place de la Bastille, steht das Denkmal für Caron de Beaumarchais, den Spekulanten und Dichter, der seit 1788 in der Nachbarschaft der Bastille wohnte und am 15. Juli 1789 das Archiv der Bastille nach brauchbarem Material durchsuchte. Er schaut genau auf die andere Straßenseite, wo sich auf der Höhe des Hauses Nr. 5 der Eingang zum ersten Hof der Bastille befand.

Wandert man so einmal um die imaginäre Bastille herum, wird man überrascht davon sein, daß dieser Bau längst nicht so massig gewesen sein kann, wie dies die Schriftsteller beschrieben haben. Ich denke an Restif de la Bretonne, der, wenn er dort vorbeikam, gar nicht wagte, zur Bastille aufzuschauen. Vor dem gigantischen Bau der Bastilleoper, die in den letzten Jahren auf der anderen Seite des Platzes aufgetürmt wurde, müßte die Festung geradezu zierlich gewirkt haben.

Ist das schon alles, was von der Bastille heute noch zu sehen oder zu ahnen ist? Um den Platz herum noch ein paar beziehungslose Anklänge, ein »Cinéma Bastille«, ein »Café de la Bastille«, ein Restaurant »Le canon«. Wer mehr sehen und mehr nachempfinden will, kann den Boulevard Henri IV bis zur Seine hinuntergehen. Dort unten, in der schattigen Gartenanlage der Place Henri Galli, findet sich ein von Blumen überwachsenes steinernes Viertelrund, ein Kranz aus jenem »Turm der Freiheit«, in dem der Marquis de Sade wohnte. Wer weiter an Hôtel de Ville und Louvre vorbei die Quais der Seine hinunterspaziert, wird sich an der Vorstellung erfreuen können, daß der seit 1787 im Bau befindliche Pont de la Concorde mit Steinen der Bastille errichtet wurde. Auch wurde Meister Palloy noch während der Abrißarbeiten mit Reparaturen am Pont-Neuf betraut, für die er ebenfalls Abbruchmaterial benutzte. Sicher werden auch andere Objekte in dieser bauwütigen Zeit von dem günstig gelegenen Steinbruch profitiert haben.

Eher durch einen Zufall haben das Uhrwerk und die Glocken der Bastille die Zeit überdauert. Zusammen mit dem anderen, noch verwertbaren Abbruchmaterial im Wert von etwa 50 000 Livres kamen diese Teile in eine Gießerei in Romilly-sur-Andelle und haben dort erstaunlicherweise den großen Bedarf der Nation an kriegsverwendbarem Edelmetall überdauert. Sie befinden sich heute in privater Obhut und werden in diesem Jahr in Paris gezeigt werden. Mit Fug und Recht durften vom gesamten Abbruch nur jene Steine aufbewahrt werden, die durch die Devotionalienproduktion Palloys ihre besondere Weihe erhielten. Die nachgebildeten »Bastillen« überdauerten in einigen Stadt- und Provinzialmuseen, der »Bastillesieger« Aubin Bonnemère schenkte seinen »letzten Stein« der Bastille seiner Heimatstadt Saumur, die ihn 1880 aus gegebenem Anlaß in die Wand des Rathauses einmauern ließ.

Wer mehr als Steine und Glocken sehen will, muß mehr wagen. Er könnte in die USA fliegen, wo sich in Mt. Vernon, dem Wohnsitz George Washingtons in der Nähe von Washington D. C., einer der Bastilleschlüssel erhalten hat, den ihm Lafayette verehrt hatte. Doch bleiben wir in Paris, hier ist mehr zu finden. Ich meine damit noch nicht einmal das Messingabzeichen der »Vainqueurs de la Bastille«, das man als Replik für 350 FF. bei den Münz- und Ordenshändlern ausgerechnet in den Arkaden des Palais Royal kaufen kann. Man muß bloß die wenigen Schritte bis zur Arsenalbibliothek gehen, wo die Gefangenenakten der Bastille liegen, in die Nationalbibliothek, wo Palloys Schlußrechnung über den Abriß und seine Zeichnungen aufbewahrt werden, in das Nationalarchiv, wo das Verhörprotokoll von Felix Desnot liegt, in das Hôtel Carnavalet, wo vor allem die Bilder von der Eroberung gezeigt werden, oder in die Historische Bibliothek der Stadt Paris, wo all die gedruckten Berichte der Bastillesieger und anderer Augenzeugen zu finden sind.

Man muß die vielen Protokolle lesen, in denen städtische Beamte nach dem 14. Juli jene Einzelheiten des Tages festgehalten haben, die in Rechnungsbüchern und Protokollen unterzubringen waren. Jedes Viertelpfund Pulver, das der tapfere Abbé Lefèvre im Rathaus austeilte, ist genau verzeichnet, wir wissen, was der Schreiner Lamarchand für die langen Planken berechnete, auf der die Kapitulation des Gouverneurs ergriffen werden konnte, und leicht läßt sich auch addieren, wieviele Hemden dem Major der Bastille bei der Eroberung abhanden kamen. Die Buchhaltung dieses großen Tages ist zuweilen von grotesker Detailfreude, und wer sich in diese Details versenkt, kommt schnell an den Punkt, wo er der steinernen Reste nicht mehr bedarf: Der 14. Juli wird wieder lebendig.

War da nicht eben ein Kanonenschuß zu hören?

Nachbemerkung

Jeder weiß heutzutage, daß ein Buch, das für eine breitere Öffentlichkeit gedacht ist, ohne jene kleingedruckten Anmerkungen geschrieben sein muß, in denen Historiker üblicherweise den prekären Stand ihrer Kenntnisse oder den heftigen Streit der Fachleute über das jeweilige Thema zum Ausdruck bringen. Da also erst Anmerkungen ein Buch zum wissenschaftlichen Werk machen, kann es sich bei diesem Buch folglich nicht um ein solches handeln. Dabei wäre das Thema des 14. Juli 1789 wie kaum ein anderes geeignet für Unmengen solcher Anmerkungen. Kaum eine wichtige Tatsache, die diesen Tag betrifft, ist widerspruchsfrei belegt, und gerade der Verlauf des Kampfes um die Bastille ist im Detail schwierig zu rekonstruieren, wenn man die üblichen Präzisionsmaßstäbe historischer Forschung anlegt. Alle Beteiligten glaubten jeweils anderes gesehen zu haben, vorzugsweise die eigenen Heldentaten. Obwohl wir in der Literatur inzwischen Darstellungen von kanonischer Geltung finden, muß deutlich gesagt werden, daß viele Einzelheiten umstritten sind und der Verlauf des Tages nicht widerspruchsfrei berichtet werden kann.

Obwohl also Anmerkungen fehlen, versichere ich indes, daß das Buch auch ohne diese wissenschaftlichen Ansprüchen insoweit genügt, daß die hier rekonstruierten Ereignisabläufe, die zitierten Äußerungen und die vorgetragenen Interpretationen den verfügbaren Quellen entsprechen. Für jene engagierten Leser, die sich mit den Ausführungen des Buches nicht zufriedengeben wollen, die Zweifel haben und ihnen auch nachzugehen bereit sind, habe ich wenigstens eine gegliederte und kommentierte Literaturliste beigefügt, die für die ersten Fragen gewiß ausreichen wird. Sie kann hoffentlich auch deutlich machen, welche Fülle von Quellen und Darstellungen für dieses Thema zur Verfügung steht und welche erstaunlichen Widersprüche über den Verlauf dieses Tages bestehen. Leider zeigt schon ein schneller Blick auf diese Liste, daß nur der wirklich weiterkommen wird, der die überwiegend französischen Texte lesen kann.

Die Veröffentlichung dieses Buches gibt mir die willkommene Gelegenheit, mich bei denen zu bedanken, die durch ihre Anregungen und ihre Mitarbeit zu diesem Unternehmen beigetragen haben. Wichtige Anstöße verdanke ich vor allem meinen Schülern, die sich in den letzten Jahren in ihren Dissertationen mit verschiedenen Fragestellungen der französischen Geschichte des 18. Jahrhunderts beschäftigt und mich auf diese Weise immer stärker in ein Forschungsgebiet hineingezogen haben, das mir zunächst weniger vertraut war. Für die unmittelbare Mitarbeit an diesem Buch möchte ich vor allem Ulrike Wilke danken, die durch die Beschaffung und die gründliche Aufbereitung der Quellen und der Literatur ganz wesentliche Voraussetzungen für die Niederschrift des Buches geschaffen hat. Gudrun Gersmann hat mir aus ihrer intimen Kenntnis der Archives de la Bastille und der anderen Pariser Bibliotheken und Archive viele wichtige Materialhinweise gegeben. Beide haben darüberhinaus das Manuskript einer kritischen Lektüre unterzogen. Der gleichen Mühe unterzog sich ebenfalls mein Freund Michael Erbe (Berlin), dem ich herzlich dafür danke.

Beim Verlag Klett-Cotta gilt mein Dank Hannelore Winkert für die Betreuung im Lektorat und Wolfgang Wagner für die Herstellung. Schließlich möchte ich mich für das beharrliche Interesse bedanken, das Dietrich Kerlen meinem Projekt von Anfang an entgegenbrachte. Sein Plädoyer für eine populäre Geschichte des 14. Juli 1789 hat mich darin bestärkt, ein Buch für alle zu schreiben, die an diesem Tag interessiert sind. Es bleibt zu hoffen, daß es wirklich ein Buch für alle geworden ist.

Bochum, im Oktober 1988 — Winfried Schulze

Hinweise auf Quellen und Literatur

1. Bibliographien und Nachschlagewerke

- Schmitt, Eberhard, Einführung in die Geschichte der Französischen Revolution, München 1976 (Zugang zur modernen Forschungsdiskussion und deren Hilfsmitteln, umfangreiche Bibliographie)
- Funck-Brentano, Frantz, Bibliographie critique de la prise de la Bastille, Paris 1899
- Tourneux, Maurice, Bibliographie de l'histoire de Paris pendant la Révolution Française, Paris 1890–1913, 5 Bände u. Register (Titel nach Sachgebieten geordnet, chronologische Reihenfolge)
- Tuetey, Alexandre, Répertoire général des sources manuscrits de l'histoire de Paris pendant la Révolution Française, Paris 1890, 11 Bände (für das Jahr 1789 ist der Bd. 1 zuständig)
- Boursin, E., Dictionnaire de la Révolution Française, Paris 1893, (Lexikon mit Informationen zu Einzelphänomenen und Persönlichkeiten der Revolution)
- Hillairet, Jacques, Dictionnaire historique des rues de Paris, Paris 1963, 2 Bände (unverzichtbar für die Geschichte von Straßen und Gebäuden in Paris)
- Martin, André/Walter, Gérard, Catalogue de l'histoire de la Révolution Française, Paris 1936 (komplettes , 6 Bde. umfassendes Verzeichnis aller einschlägigen Schriften, die sich in der Bibliothèque Nationale in Paris befinden, alphabetisch nach Autoren geordnet)
- Reinhard, Marcel, Nouvelle histoire de Paris. La Révolution. 1789-1799, Paris 1971
- Babeau, Albert, Paris en 1789, Paris 1889
- Monin, Hippolythe, L'Etat de Paris en 1789, Paris 1889
- Brette, Armand, Atlas de la censive de l'Archevêché dans Paris, Paris 1906 (Detailpläne von Paris aus dem Jahre 1786)

– Vgl. auch die umfangreiche Übersicht über die Quellen zum 14. Juli in: J. Flammermont: La journée du 14 juillet 1789. Fragment des mémoires inédits de L.-G. Pitra, Paris 1892, S. I–CCLXXVIII

2. Gesamtdarstellungen der Französischen Revolution

– Furet, François und Richet, Denis, Die französische Revolution, Frankfurt/Main 1968 (auch als Taschenbuch)
– Lefebvre, Georges, Quatre-vingt-neuf, Paris 1970, Ausgabe mit Vor- und Nachwort von Albert Soboul (erschien erstmals 1939 zur 150-Jahr-Feier der Revolution)
– Griewank, Karl, Die Französische Revolution 1789-1799, 4. Aufl. Köln-Wien 1972
– Göhring, Martin, Geschichte der Großen Revolution, Tübingen 1950-51
– Soboul, Albert, Die große Französische Revolution, Frankfurt/Main 1979
– Freiheit, Gleichheit, Brüderlichkeit. Bilder von der Französischen Revolution. Mit Erläuterungen und einem Nachwort von Ingo Groth, Dortmund 1982
– Reichardt, Rolf (Hg.), Ploetz – Die Französische Revolution, Würzburg 1988
– Schulin, Ernst, Die Französische Revolution, München 1988

3. Geschichte der Bastille

– Bournon, Fernand, Histoire générale de Paris, La Bastille. – Histoire et description des bâtiments. – Administration. – Régime de la Prison. – Evénements historiques, Paris 1893 (umfangreicher Quellenanhang; übersichtlich durch ein Personen- und Sachregister)
– Fournel, Victor, Le Patriote Palloy et l'exploitation de la Bastille, Paris 1892 (über die Bastille nach dem 14. Juli 1789)
– Funck-Brentano, Frantz, La Bastille et ses secrets, Paris 1979
– ders., La Bastille à la veille de la Revolution, in: Revue historique, 15. Jg., Bd. 42 (1890), S. 291–316

– Lemoine, Henri, Le Démolisseur de la Bastille. La Place de la Bastille, son histoire de 1789 à nos jours, Paris 1930 (Biographie von Palloy)
– Kircheisen, Friedrich M., Die Bastille, Berlin 1927 (im 2. Teil des Buches Übersetzungen von Dusaulx, L'œuvre des 7 jours; Fleville, Die Verteidigung der Bastille; Renneville, Meine Leidensjahre (Anfang 18. Jahrhundert); Latudes spektakulärer Ausbruch aus der Bastille)
– Linguet, Simon-Nicolas-Henri, Mémoires de la Bastille, London 1783
– Mémoires historiques et authentiques sur la Bastille, 3 Bände, Paris 1789
– Petitfils, Jean-Christian, La vie quotidienne à la Bastille du moyen âge à la révolution, Paris 1975
– Reichardt, Rolf, Bastille, in: Handbuch politisch-sozialer Grundbegriffe in Frankreich 1680-1820, Heft 9, München 1988, S. 7-74 (Begriffsgeschichtliche Analyse mit besonderem Gewicht auf den verschiedenen Phasen der Diskussion über die Bastille)

4. Generalstände und Nationalversammlung

– Ancien Moniteur. Depuis la réunion des Etats-Généraux jusqu'au Consulat, Nachdruck Bruxelles 1840 (offiziöse Zeitung, wichtig für die Darstellung der Verhandlungen der Generalstände/Nationalversammlung)
– Archives Parlementaires de 1787 à 1860. Recueil des débats législatifs et politiques des chambres françaises, Paris 1867 ff. (wichtig sowohl für die Verhandlungen des Jahres 1789 als auch für die Debatte über die Pensionen 1832/33)
– Chassin, Charles-Louis, Les élections et les cahiers de Paris en 1789, Paris 1888-1889, Band I: La Convocation de Paris aux Etats-Généraux, Band II: Les Assemblées primaires et les cahiers primitifs, Bd. III, 1889 (wichtig für die politische Geschichte in Paris zwischen April und Juli 1789)
– Egret, Jean, La Pré-Révolution française, Paris 1962 (grundlegend für die Auseinandersetzungen zwischen Königtum, Parlamenten und Provinzialversammlungen)

– Maier, Hans/Schmitt, Eberhard (Hg.), Wie eine Revolution entsteht. Die Französische Revolution als Kommunikationsereignis, Paderborn 1988
– Manceron, Claude, Le sang de la Bastille, 1787/1789, Paris 1987 (kommentierte Quellensammlung)
– Michaud, Jean, Les Etats-Généraux et le 14 juillet 1789, Paris 1960

5. Abhandlungen zum 14. Juli

– Beraud, Henri, Le 14 juillet, Paris 1929
– Bord, Gustave, La Prise de la Bastille et les conséquences de cet événement dans les provinces jusqu'aux journées des 5 et 6 octobre 1789, Paris 1882
– Caron, Pierre, La tentative de contre-révolution de juin-juillet 1789, in: Revue d'Histoire Moderne 8, 1906/07, S. 5–34 u. 649–678 (beste Behandlung der politischen Geschichte im Frühsommer 1789)
– Chauvet, Paul, 1789. L'insurrection parisienne et la prise de la Bastille, Paris 1946
– Chaussignand-Nogaret, Guy, 1789 – La Bastille est prise, Paris 1988 (mit Abdruck von Dusaulx, L'oeuvre de sept jours,1790)
– Flammermont, Jules, La journée du 14 juillet 1789. Fragment des mémoires inédits de Louis-Guillaume Pitra, Paris 1892
– Godechot, Jacques, La Prise de la Bastille, 14 juillet 1789, Paris 1965 (u. a. auszugsweiser Abdruck der Berichte Humberts, von Flühes, des Journals des Regiments Salis-Samade, und der Memoiren Baillys, Standardwerk)
– Martin, Gaston, Le 14 juillet 1789, Paris 1939
– Lecocq, Georges, La Prise de la Bastille et ses anniversaires d'après des documents inédits, Paris 1881
– Mistler, Jean, le 14 juillet 1789, Paris 1963
– Vuillaume, Maxime, L'horloge et les cloches de la Bastille, Tours 1896

6. Augenzeugenberichte und zeitgenössisches Material zum 14. Juli

– Bailly, Jean-Sylvain, Mémoires d'un témoin, 2 Bände, Paris 1804

– Bailly/Duveyrier (Hgg.), Procès-Verbal des séances et délibérations de l'Assemblée générale des électeurs de Paris, réunis à l'Hôtel de Ville de Paris le 14 juillet 1789, Paris 1790 (der grundlegende Text des offiziellen Protokolls der Wahlmännerversammlung)
– Beffroy de Reigny, Histoire de France pendant trois mois, Paris 1789; (Autor bekannt als Cousin Jacques; zu diesem Werk gibt es mehrere Suppléments; als historische Quelle wenig wertvoll)
– Bojanowski, Paul von, Die Erstürmung der Bastille am 14. Juli 1789 (nach einer handschriftlichen Mitteilung), Weimar 1865 (deutsche Übersetzung des Berichts des Wahlmanns Pitra)
– Bremer, Johann Gottfried, Die innersten Geheimnisse der französischen Revolution (aufgedeckt und detailliert von einem Augenzeuge vom Stande), Berlin 1792
– Brette, Armand, Relation des événements depuis le 6 mai jusqu'au 15 juillet 1789, in: La Révolution Française 23, 1892, 6.–18. Mai – S. 348–368; 19. Mai – 5. Juni – S. 443–471; 6. Juni – 24. Juni – S. 520–547; Jahrgang 24, 1893: 25. Juni – 5. Juli – S. 69–84; 6. Juli – 15. Juli – S. 162–178 (zumeist Berichte aus Versailles)
– Browning, Oscar (Hg.), Despatches from Paris, 1784-1790, Bd. II (1788–1790), London 1910
– Campe, Joachim Heinrich, Briefe aus Paris. Während der französischen Revolution geschrieben, herausgegeben von Helmut König, Berlin 1961 (Campe erreicht Paris erst am 3. August 1789, die Briefe sind an seine Tochter gerichtet)
– Charpentier, La Bastille Dévoilée, Paris 1789 (Quellensammlung zur Geschichte der Bastille, u. a. Darstellung der Bastilleeroberung aus der Sicht der Invaliden)
– Chateaubriand, Mémoires d'Outretombe, Paris, Gallimard 1962-64
– Civbays (Hg.), Une lettre d'une garde française sur la prise de la Bastille, 25. Juli 1789, in: Annales Historiques de la Révolution Française, 1924 (S. 464 Brief des Soldaten Pierre Bardin)
– Clement, O., Les événements de 1789 vus par des horlogers suisses, in: Annales Historiques de la Révolution Française 1962 (S. 78–85 Brief des Henri Berthoud)
– Desmoulins, Camille, Oeuvres, Paris 1836 (darin der Brief an seinen Vater über die Ereignisse des 12., 13., 14. und 15. Juli 1789 vom 16. Juli)

– Dusaulx, De l'Insurrection Parisienne et de la Prise de la Bastille, Paris 1821
– Feuillet de Conches, F. (Hg.), Louis XVI, Marie-Antoinette et Madame Elisabeth. Lettres et documents inédits, Paris 1864
– Flammermont, Jules (Hg.), Correspondance secrète du comte de Mercy-Argenteau avec l'empereur Joseph II, Paris 1891
– ders., Les correspondances des agents diplomatiques étrangers en France avant la Révolution, Paris 1896
– ders., Relations inédites de la Prise de la Bastille, Paris 1886 (Duc de Dorset, Mercy-Argenteau)
– de Flue, Louis, Relation de la Prise de la Bastille, le 14 juillet 1789, in: Revue rétrospective de Taschereau, Bd. IV, S. 284–298; (Bericht aus der Sicht des Offiziers der Schweizer in der Bastille)
– Garmy, R. (Hg.), Encore une lettre sur les événements de juillet 1789, 24 juillet 1789, in: Annales Historiques de la Révolution Française 1954, S. 171–173
– Grouchy (Hg.), Le 14 juillet raconté par des diplomates étrangers, in: Nouvelle Revue rétrospective, Bd. 9, 1898, S. 1–28 [darin die Depeschen von Comte de Salmour (Sachsen), Marquis de Cordon (Sardinien), Simolin (Rußland), Chestret (Liège), Antonio Capello (Venedig), Baron de Staël (Schweden)]
– Guiffrey, J. J., Documents inédits sur le mouvement populaire du 14 juillet 1789 et le supplice de M. de Launey, gouverneur de la Bastille, et de Berthier de Sauvigny, in: Revue historique, Bd. I, 1876, S. 497–508 (Protokoll des Verhörs des Kochs Desnot) Jeanvrot, Le 14 juillet. Histoire de la fête nationale et de la prise de la Bastille, Paris 1896
– Landauer, Gustave (Hg.), Briefe aus der französischen Revolution, 2 Bände, Frankfurt/Main 1919
– Lescure, Correspondance secrète inédite sur Louis XVI, Marie-Antoinette, la Cour et la Ville, de 1777–1792, Bd. 2, Paris 1866
– Markov, Walter, Revolution im Zeugenstand. Frankreich 1789–1799, 2 Bände, Frankfurt/Main 1987 (Band 1: Aussagen und Analysen, Band 2: Gesprochenes und Geschriebenes)
– Pernoud, Georges – Flaissier, Sabine (Hgg.), Die Französische Revolution in Augenzeugenberichten, München 1976 (dtv)
– Dr. Rigby's letters from France in 1789, edited by his daughter Lady Eastlake, London 1880 (Dr. Edward Rigby bereist mit drei

Kollegen Frankreich und trifft am 7. Juli 1789 abends in Paris ein)
– Rudé, Georges E., Un témoignage oculaire des événements des 12 et 13 juillet 1789 à Paris, in: Annales Historiques de la Révolution Française, 1953, S. 73-75 (Protokoll des Verhörs des Kerzenherstellers Jean Nicolas Pepin)
– Léouzon le Duc, Louis (Hg.), Correspondance diplomatique du Baron de Staël-Holstein, Paris 1881
– Thompson, John M., English Witnesses of the French Revolution, Port Washington, N.Y., 1970
– Williams, Helene-Maria (Hg.), Correspondance politique et confidentielle inédite de Louis XVI, Bd. I, Paris 1803
– Young, Arthur, Travels in France. During the years 1787, 1788, 1789, London 1913

7. Memoiren und Biographien

– Aulard, F.-A. (Hg.), Mémoires secrèts de Fournier l'Américain, Paris 1890
– Arnaud, Raoul, La vie turbulente de Camille Desmoulins, Paris 1928
– Bailly, Jean-Sylvain, Mémoires, Paris 1821
– Berville, Saint-Albin (Hg.), Mémoires de Antoine Comte de Rivarol, Paris 1824
– Besenval, Pierre-Victor, Mémoires de Besenval, Paris 1805
– Broglie, Herzog Albert de (Hg.), Memoiren des Fürsten Charles Maurice Talleyrand, Band I, Köln und Leipzig 1891-92
– Duc des Cars, Mémoires de Madame la Duchesse de Tourzel, Gouvernante des enfants de France pendant les années 1789-1793, 1795, publiés par le Duc de Cars, 2 Bände, Paris 1883
– Castries, René Duc de, Mirabeau. Das Drama eines politischen Genies, Stuttgart 1963
– Champion, Maurice (Hg.), Mémoire autographe de M. de Barentin, Chancelier et Garde de Sceaux, sur les derniers conseils du Roi Louis XVI, Paris 1844
– Chapuisat, Edouard, Necker (1732–1804), Paris 1938
– Davenport, Beatrix C., A Diary of the French Revolution by Gouverneur Morris 1752-1816, Boston 1939

– Duruy, Georges (Hg.), Paul Barras, Memoiren, Bd. I, Ancien Régime – Revolution, Stuttgart 1895
– Elliot, Grace (Dalrymple), Journal of my life during the French Revolution, London 1859
– Ferrières, Charles Eli Marquis de, Mémoires relatives à la Révolution Française, Paris 1821
– Gascar, Pierre, Der Schatten Robespierres. Eine subjektive Geschichte der französischen Revolution, Düsseldorf 1892 (Das ist die Geschichte Marc-Antoine Julliens)
– Gottschalk, Louis – Maddox, Margaret, Lafayette in the French Revolution. Through the October Days, Chicago-London 1969
– Jasinski, Beatrice W. (Hg.), Correspondance generale de Madame de Staël, Bd. I, Lettres de jeunesse, Paris 1962
– De Launey, Louis, Une famille de la bourgeoisie parisienne pendant la Révolution, Paris 1921
– Lever, Evelyne, Ludwig XVI, Stuttgart 1988 (erschienen bei Klett-Cotta in der Reihe »Biographien zur Französischen Revolution«)
– Lucas-Dubreton, J. (Hg.), Madame de Genlis, Mémoires I, Paris 1928
– Morellet, André, Mémoires inédits de l'abbé Morellet sur le dixhuitième siècle et sur la Révolution, Paris 1822
– LaRochefoucauld-Liancourt, Frédéric-Gaëtan, La Vie du duc de LaRochefoucauld-Liancourt, Paris 1827
– Ruault, Nicolas, Gazette d'un Parisien sous la Révolution. Lettres à son frère 1783-1796, Paris 1976
– Rüttenauer, Benno (Hg.), Die Memoiren des Herzogs von Lauzun, München 1912
– Barrucaud, V., La vie véritable du citoyen J. Rossignol, Paris 1896
– Russel, John (Hg.), Memorials and Correspondance of Charles James Fox, New York 1970
– Sayous, Pierre André (Hg.), Mémoires et Correspondance de Mallet du Pan, Paris 1851
– Tourneux, Maurice, Mémoires de Marmontel, Bd. III, Paris 1891 (dort die Darstellung von Elie, »sous-lieutenant au régiment de la Reine-Infanterie«)
– Mémoires de Weber concernant Marie-Antoinette, 2 Bände, Paris 1822; (Memoiren von Weber, dem Milchbruder der Königin, bereits 1806–7 in London veröffentlicht)

8. Über die »Sieger der Bastille«

– Durieux, Joseph, Les vainqueurs de la Bastille, Paris 1911; (Auflistung der Vainqueurs in alphabetischer Reihenfolge mit biographischen Details, darin auch die ca. 10 deutschen Sieger)
– Fournel, Victor, Les hommes du 14 juillet. Gardes Francaises et vainqueurs de la Bastille, Paris 1890
– Prillard, Pierre, La glorification des vainqueurs de la Bastille, in: Actes du Congrès National des Sociétés Savantes, Section d'Histoire Moderne et Contemporaine 100, Paris 1977, S. 461–474
– Vauthier, Gabriel, Les Vainqueurs de la Bastille après 1830, in: Annales Historiques de la Révolution Française, 1919, S. 257–261

9. Wirkungen und Nachgeschichte des 14. Juli

– Lüthy, Herbert, Frankreichs Uhren gehen anders, Zürich-Stuttgart-Wien 1954
– Cottret, Monique, La Bastille à prendre. Histoire et mythe de la forteresse royale, Paris 1986
– Sanson, Rosemonde, Les 14 juillet, fête et conscience nationale 1789-1975, Paris 1976
– Trouillas, Paul, Le complexe de Marianne, Paris 1988
– Sédillot, René, Le coût de la Révolution française, Paris 1987

Die Distrikte von Paris im Jahre 1789

1 Saint-André-des-Arts
2 Cordeliers
3 Carmes-Déchaussés
4 Prémontrés
5 Saint-Honoré
6 Saint-Roch
7 Jacobins Saint-Honoré
8 Saint-Philippe-du-Roule
9 Abbaye-Saint-Germain
10 Petits-Augustins
11 Jacobins-Saint-Dominique
12 Théatins
13 Saint-Louis-en-L'Isle
14 Saint-Nicolas-du-Chardonnet
15 Saint-Victor
16 Blancs-Manteaux
17 Capucins-du-Marais
18 Enfants-Rouges
19 Petits-Pères-Nazareth
20 Saint-Etienne-du-Mont
21 Val-de-Gràce
22 Saint-Marcel
23 Saint-Nicolas-des-Champs
24 Sainte-Elisabeth
25 Filles-Dieu
26 Saint-Laurent
27 Barnabites
28 Notre-Dame
29 Saint-Séverin
30 Saint-Germain-l'Auxerrois
31 Oratoire
32 Feuillants
33 Capucins Saint-Honoré
34 Saint-Eustache
35 Petits-Pères
36 Filles Saint-Thomas
37 Capucins de la Chaussée-D'Antin
38 Mathurins
39 Sorbonne
40 Saint-Jacques-du-Haut-Pas
41 Petit-Saint-Antoine
42 Minimes
43 Trainel
44 Sainte-Marguérite
45 Grands-Augustins
46 Sainte-Jacques-l'Hôspital
47 Bonne-Nouvelle
48 Saint-Lazare
49 Saint-Jean
50 Saint-Gervais
51 Saint-Louis-la-Culture
52 Enfants-Trouvés
53 Saint-Merry
54 Sépulcre
55 Saint-Martin-des-Champs
56 Récollets
57 Saint-Jacques-la-Boucherie
58 Saint-Leu
59 Saint-Magliore
60 Saint-Joseph

Verlagsgemeinschaft Ernst Klett Verlag –
J. G. Cotta'sche Buchhandlung

Printed in Germany
Schutzumschlag: Klett-Cotta-Design
Übernahme der vom Autor
elektronisch erfaßten Daten
und Fotosatz aus der 10/12 Punkt Bodoni OLD FACE
von Steffen Hahn, Kornwestheim
Gedruckt auf säurefreiem und holzfreiem Werkdruckpapier
und gebunden bei May & Co., Darmstadt
Zweite Auflage 1989

CIP-Titelaufnahme der deutschen Bibliothek

Schulze, Winfried:
Der 14. [vierzehnte] Juli 1789:
Biographie eines Tages / Winfried Schulze –
2. Aufl. – Stuttgart: Klett-Cotta, 1989
ISBN 3-608-91494-3

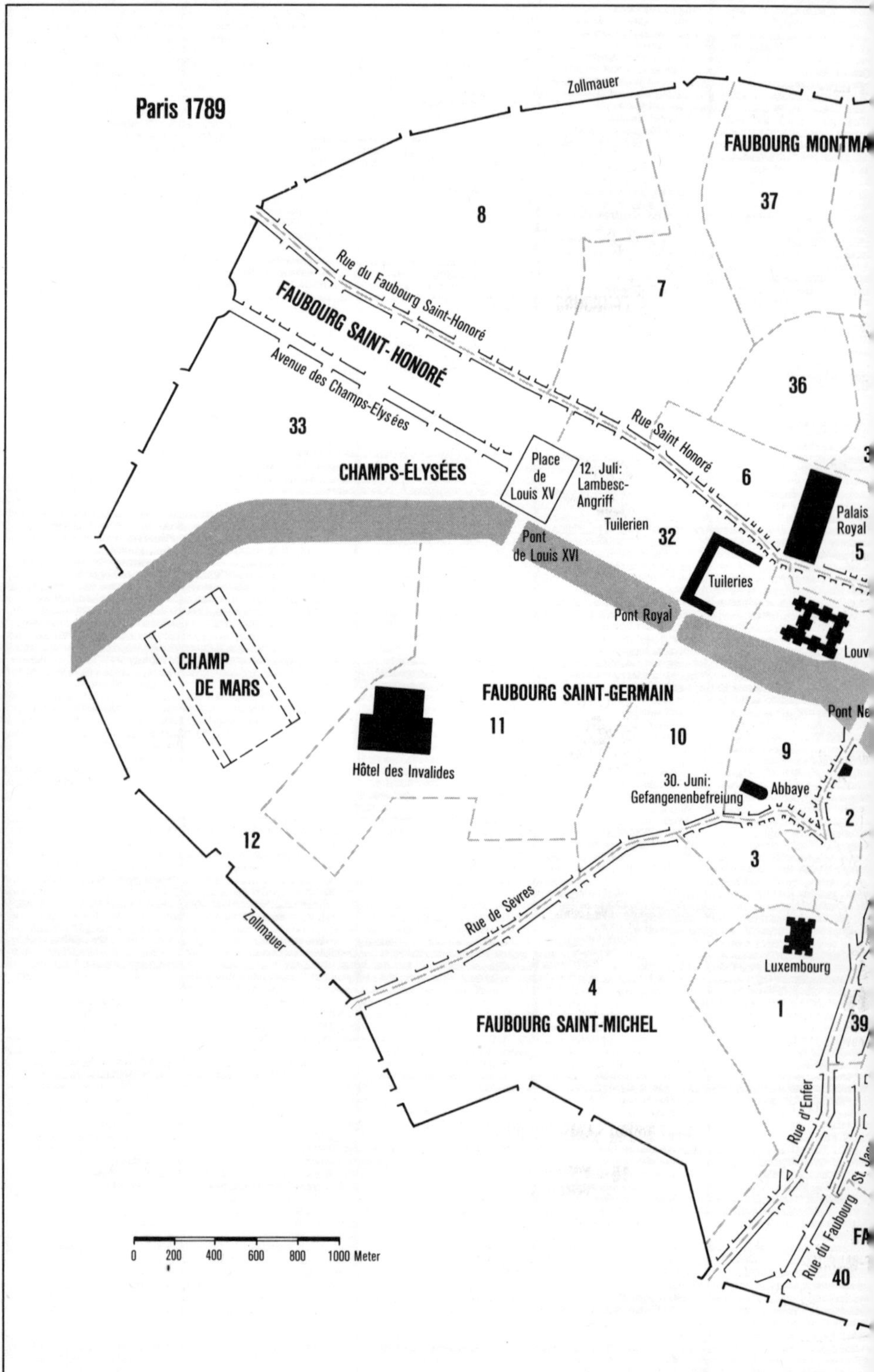
Paris 1789
Zollmauer
FAUBOURG MONTMA
37
8
7
Rue du Faubourg Saint-Honoré
FAUBOURG SAINT-HONORÉ
Avenue des Champs-Elysées
36
33
Rue Saint Honoré
Place de Louis XV
12. Juli: Lambesc-Angriff
6
CHAMPS-ÉLYSÉES
Tuilerien
32
Palais Royal
5
Pont de Louis XVI
Tuileries
Pont Royal
Louv
CHAMP DE MARS
FAUBOURG SAINT-GERMAIN
Pont Ne
11
10
9
Hôtel des Invalides
30. Juni: Gefangenenbefreiung
Abbaye
2
12
3
Rue de Sèvres
Zollmauer
Luxembourg
4
FAUBOURG SAINT-MICHEL
1
39
Rue d'Enfer
Rue du Faubourg
40
0 200 400 600 800 1000 Meter